Irish Sunshine

AMY EWING

IRISH SUNSHINE

Traduit de l'anglais (États-Unis) par
MARC LESAGE

NEW ADULT

Titre original :
THE IRISH GOODBYE

HARPERCOLLINS FRANCE
83-85, boulevard Vincent-Auriol, 75646 PARIS CEDEX 13.
www.harlequin.fr

ISBN 978-2-2805-0834-6 — ISSN 2271-0256

Pour Ali, qui a cru en cette histoire dès le tout début.

1

— Mesdames et messieurs, bienvenue à Dublin. Il est 8 h 45 heure locale. Merci de garder votre ceinture attachée et de rester assis jusqu'à l'extinction de la consigne lumineuse.

Cordelia frotta ses paupières gonflées par une nuit d'insomnie et regarda à travers le hublot tandis que l'avion roulait jusqu'à son point de stationnement. Le ciel au-dessus de sa tête était empli de minces nuages gris. Avec un peu de chance, ils finiraient par se dissiper et laisser le soleil de juin ramener un peu de gaieté. En attendant, la météo était à l'image de son humeur. Maussade et fluctuante.

Au moment de prendre son vol à l'aéroport de New York, elle était excitée comme une puce. Mais maintenant qu'elle avait atterri en Irlande, elle avait l'estomac noué. Est-ce qu'elle n'avait pas fait une erreur ? Partir de chez elle, quitter ses amis et tout ce qui la rattachait à l'Amérique, traverser l'océan, tout ça pour passer l'été sur une petite île au milieu de nulle part... L'idée lui semblait géniale quand elle avait pris sa décision, des semaines auparavant.

— Tu as besoin de faire un break.

Voilà ce que lui avait dit Liz, sa meilleure amie. Posée sur son canapée, Cordelia passait en revue les photos qu'elle avait prises dans West Village, au cours de la matinée.

— Ça va, t'inquiète, avait-elle insisté.

Tout était bon à jeter à la poubelle, à croire qu'elle avait oublié les fondamentaux – la règle des tiers, l'espace négatif, tout ce qui fait qu'une photo sort du lot.

Liz avait rétorqué :

— Cord, si tu continues de froncer les sourcils, tu vas te faire des rides. Tu devrais partir quelque part. Sur une île au soleil, tiens. Programme plage et cocktails… C'était quand, la dernière fois que tu t'es vraiment éclatée ? Ou que tu as pensé à autre chose qu'au boulot ?

Merci pour le coup bas… Liz était la mieux placée pour savoir que les deux années écoulées l'avaient mise à rude épreuve.

Autrefois, rien ne l'arrêtait… Cordelia James, photographe de rue. La star de sa promo à l'école des beaux-arts. La protégée du grand Philip Watson. Elle avait passé des journées entières à arpenter les rues de New York, son appareil au poing, toujours prête à saisir la bonne image au bon moment avant de la partager sur son compte Instagram aux milliers d'abonnés. La célébrité aidant, l'argent était arrivé : elle avait monté une expo dans une galerie branchée, du côté de Chelsea. De riches acheteuses s'étaient arraché ses œuvres « cool et dérangeantes », pile ce qu'elles cherchaient pour décorer les murs de leurs apparts XXL. Elle avait même signé un contrat pour publier un de ces beaux livres qu'on laisse traîner sur sa table basse. Ça avait plutôt bien marché. Mais l'éditrice avait préféré que les choses s'arrêtent là.

Et puis le père de Cordelia était mort. Son fan numéro un, son plus ardent défenseur. Il lui avait transmis son amour de l'art, il l'avait encouragée dans son rêve de devenir photographe professionnelle, sans jamais insister pour qu'elle se cherche un « vrai travail » – ça, c'était l'idée fixe de sa mère. Sa mort avait été aussi soudaine que brutale. Un jour, il lui écrivait qu'il avait décroché des places pour une comédie musicale à Broadway. Et le lendemain, il... il n'était plus là.

Rupture d'anévrisme, au beau milieu de son cours sur Shakespeare.

Pendant des mois, Cordelia n'avait même pas eu la force de toucher à son appareil photo. Lorsqu'elle avait fini par s'arracher à cet océan de douleur pour reprendre une vie normale, petit à petit, tout avait changé. Philip était parti pour Chicago, la galerie qui l'exposait l'avait remplacée par d'autres talents prometteurs et son compte Instagram n'intéressait plus grand monde. Pire : son outil de travail avait cessé d'être le prolongement d'elle-même. Lorsqu'elle regardait à travers l'objectif, elle n'arrivait plus à voir.

Elle était devenue impatiente. Or le secret de la photo de rue, c'est la patience. Ça, et la bonne humeur. Cordelia avait perdu l'une et l'autre depuis un bon moment. Elle avait l'impression d'être un vieux chiffon qu'on a essoré trop fort. Flasque, tout chiffonné. Pitoyable.

Elle avait donc écouté les conseils de Liz et cherché une destination de vacances. Problème : les hôtels aux Bermudes et aux Bahamas coûtaient les yeux de la tête. D'accord, elle avait un peu d'argent de côté et le modeste héritage de son père. De là à tout claquer dans un séjour cinq étoiles...

Et puis une annonce avait attiré son regard.

Venez découvrir un merveilleux cottage niché au cœur d'Inishmore et de son cadre enchanteur.

Une rapide recherche Google lui avait appris qu'il s'agissait de l'île principale de l'archipel d'Aran, trois cailloux qui se dressaient au large de la côte ouest de l'Irlande.

Location gratuite et possibilité de rémunération en échange de quelques menus services pour une personne âgée des environs. Séjour obligatoire du 1er juin au 31 août.

Elle s'était empressée de se porter volontaire.

Une dernière secousse et l'avion s'arrêta. L'esprit de Cordelia, lui, tournait à plein régime. Elle s'y voyait déjà. La « personne âgée » dont parlait l'annonce était sans doute une vieille dame pleine de sagesse qui la prendrait sous son aile. Elle l'encouragerait comme son père avait toujours su si bien le faire, et sa mère, jamais. Elle passerait ses journées à explorer les collines forcément verdoyantes de la campagne irlandaise, armée de son appareil, elle renouerait avec son âme d'artiste, ses photos de paysages merveilleusement burinés mettraient le public à ses pieds. Et le soir, elle se poserait au coin du feu avec sa nouvelle amie et l'écouterait parler de ses jeunes années. Elle reviendrait transformée. Plus heureuse et en paix avec le monde.

Cela ne serait jamais arrivée si elle était restée à New York.

Ça va être génial, se dit-elle en détachant sa ceinture.

Sous le siège devant elle, elle attrapa un *tote bag* à rayures. À l'intérieur, les deux choses auxquelles elle tenait comme à la prunelle de ses yeux. La première était son portable qui la reliait à ses amis et sa famille. Il lui tardait de désactiver le mode avion pour écrire à Liz et à son frère Toby.

La seconde était son Fujifilm X100V. Un modèle compact, parfait pour les photos en milieu urbain et idéal pour partir en voyage. Mais surtout, c'était le dernier cadeau que lui avait fait son père, un mois avant sa mort.

— Et tu n'en profiterais pas pour... pour laisser ton appareil chez toi ?

Toby avait posé la question du bout des lèvres quand elle lui avait parlé de son voyage.

Partir sans son appareil ? Autant lui demander de se couper une jambe. Il faisait partie d'elle, en un sens. Et l'Irlande allait sûrement la réconcilier avec la photo.

Enthousiasmée par cette perspective, Cordelia prit le chemin du tapis à bagages d'un pas léger. À cet instant, son téléphone vibra.

TU AS ATTERRI, C'EST BON ???

Sacrée Liz, une vraie mère poule !

Cordelia : Je viens de descendre de l'avion. J'attends mes bagages.
Liz : Je parie dix dollars qu'il pleut.

La réponse n'avait pas tardé.

Liz était convaincue qu'il pleuvrait pendant tout le séjour. C'était elle qui avait eu l'idée de ce grand voyage mais, dans les faits, elle le vivait plutôt mal. Pour la première fois depuis bien longtemps, elles ne passeraient pas l'été ensemble. Pas de virée à Jones Beach, pas de bains de soleil à Central Park (comme si Cordelia pouvait bronzer avec sa peau couleur lavabo), pas de concerts en plein air, pas de cocktails sirotés du haut d'un *rooftop*, face au coucher du soleil. Pour se venger, Cordelia lui avait rappelé les joies de l'été new-yorkais : l'humidité étouffante, l'odeur de poubelles laissées au soleil, la clim qui tombe en panne sans prévenir.

Perdu. Mais c'est couvert.

Un emoji clin d'œil et hop envoyé !

Tout en attendant sa valise, Cordelia écrivit à Toby pour le prévenir qu'elle était arrivée à bon port puis se replongea dans le périple qui l'attendait. Rejoindre l'archipel d'Aran n'était pas une mince affaire ; elle devrait prendre un taxi pour rejoindre le centre de Dublin, un train jusqu'à Galway, à l'autre bout du pays, puis un bus pour Rossaveal. Et de là, le ferry jusqu'à Inishmore.

La journée serait longue. Et depuis qu'elle était descendue de l'avion, le stress pointait le bout de son nez. Pas à cause du voyage qui se profilait : elle serait largement à l'heure pour son train. Elle aimait être très en avance, encore un trait qu'elle avait hérité de son père. Non, c'était plutôt un mélange d'espoir et d'impatience. Après cet été, plus rien ne serait comme avant. Elle en avait la certitude.

À son arrivée à la gare d'Heuston, Cordelia entendit son ventre gargouiller. Elle paya le taxi, qu'elle remercia, puis acheta un sandwich et un café qu'elle eut tout juste le temps d'avaler avant qu'on annonce la voie de son train. Son bagage rangé, elle se cala au fond de son siège et contempla la campagne irlandaise qui défilait sous ses yeux.

Le paysage était exactement comme on l'imagine : des prés d'un vert intense longés par de petites routes sinueuses, de jolies maisons et un ciel ponctué de nuages ombrés de gris. Des moutons partout. Le temps n'arrivait pas à se décider. Le soleil jouait à cache-cache avec les nuages : sur des dizaines de kilomètres, les couleurs étaient ternes, et puis brusquement la nature était baignée d'une lumière étincelante. L'herbe déroulait un tapis couleur émeraude, et les arbres semblaient dorés à l'or fin.

D'instinct, Cordelia sortit son appareil de son étui. Elle avait fait imprimer une étiquette avec l'empreinte du pouce de son père et l'avait placé à l'endroit où elle posait le sien quand elle braquait son objectif. Elle laissa échapper un soupir en le touchant.

Un instant plus tard, elle reçut une photo de Toby. Voir apparaître les visages de sa nièce et de son neveu lui mit du baume au cœur. Timing parfait.

Miles était reconnaissable à ses lunettes et sa touffe de cheveux crépus. Sa grande sœur Grace, elle, avait des traits délicats, encadrés par deux longues couettes. Un look de petite fille sage, mais pour combien de temps encore ? Elle quittait l'enfance pour approcher à grands pas du cap tant redouté de l'adolescence.

« Tu nous manques, tata ! », ont dit les petits.

Elle répondit aussitôt :

Cordelia : Demande-leur de ne pas trop pousser pendant l'été. Grace va bientôt me dépasser !
Toby : À qui le dis-tu. Nikki te passe le bonjour.

Il envoya une photo de lui et de son épouse, une magnifique femme noire avec une cascade de tresses autour de son visage, un grand sourire mais une pointe d'agacement au fond des yeux. Toby avait insisté pour qu'ils échangent régulièrement des photos. Comme si elle avait décidé de passer les dix prochaines années sur une autre planète ! En réalité, ça la réconfortait.

Trois mois dans un pays inconnu. Cordelia n'en revenait toujours pas.

L'annonce était accompagnée de la photo de celle qui l'avait passée : Alison Murphy, qui semblait être à peu près du même âge qu'elle, avec la trentaine en ligne de mire. Épaisse chevelure tirant sur le roux, des taches de rousseur et un large sourire d'une blancheur immaculée : très jolie. *Je dirige le Leeside, un bed & breakfast, à Kilronan*, lui avait-elle écrit quand Cordelia l'avait contactée pour obtenir des renseignements. *On ne chôme pas pendant l'été, j'aurai du mal à me libérer. Il me faut quelqu'un au cottage pour passer voir ma grand-mère, en cas de besoin. Elle a bientôt 80 ans et ça m'angoisse un peu de la savoir isolée, sans personne dans les parages. On lui dépose son courrier au cottage, alors si tu pouvais le lui apporter chez elle, ce serait super. Elle s'appelle Róisín.*

Ça se prononçait « Rochine », Cordelia avait dû vérifier.

Le job avait l'air assez simple, cela dit. Sur ses heures de liberté, elle pourrait explorer les environs, accompagnée de son fidèle appareil. Ce qu'elle avait coutume de capturer dans son objectif, c'était surtout la vie urbaine et ceux qui en étaient l'âme. Mais sortir de ses petites habitudes ne lui ferait pas de mal. Et qui sait ? Elle se découvrirait peut-être une passion pour les grands espaces.

Le trajet en bus fut moins agréable que celui en train, avec des secousses et des virages en épingle à la pelle. Ils avaient traversé des petites bourgades sur des routes pas bien larges, leur véhicule était passé au chausse-pied !

Les nuages avaient officiellement gagné leur bras de fer contre le soleil lorsque le ferry apparut sous ses yeux. Cordelia y monta à côté d'un grand type aux cheveux d'un noir profond et aux yeux bleus. Il parlait au téléphone d'une voix grave et agacée. Elle surprit quelques mots (« Je t'ai dit que je vais le faire, p'pa, qu'est-ce qu'il te faut de plus ? ») avant de rejoindre le pont supérieur. Cela suffit à lui serrer le cœur : elle aurait tout donné pour entendre la voix de son père au bout du fil, même si c'était pour se prendre la tête avec lui. Elle trouva un siège et laissa son regard se perdre dans le mouvement des vagues, gris ardoise ou bleu trouble.

La traversée étant censée durer une heure, Elle prit un autre café au petit restaurant. Le *jet lag* se faisait sentir, elle avait les paupières lourdes, et son cerveau commençait à ressembler à de la bouillie. Pourvu qu'elle n'ait pas à rendre service à la fameuse mamie Róisín aujourd'hui... ou même à passer un coup de balai. Une petite bruine se mit à tomber en chatouillant les vagues, mais lorsque le ferry entra dans le port de Kilronan, elle avait laissé place à une brume légère.

Cordelia sentit son cœur accélérer alors qu'elle faisait la queue pour descendre. Elle avait récupéré sa valise, et Alison avait promis de venir la chercher. Au moment de s'engager sur la passerelle, elle aperçut le type aux cheveux noirs qui venait du pont supérieur, son portable toujours vissé à l'oreille.

Elle posa le pied sur la langue de béton du quai et se dirigea vers le parking bondé. Kilronan était la ville principale de l'île. Mais ça ne voulait pas dire grand-chose. Une multitude de maisons peintes en couleurs vives se pressaient autour du port, ça faisait comme un mur jaune et rose. Un bâtiment en pierre semblait abriter un magasin de pulls en laine du coin. Ça ferait un cadeau sympa pour la famille, tiens !

L'endroit était pittoresque, exactement comme elle l'avait imaginé. Et que de monde ! *Tu vois, Liz ?* Cordelia ne savait plus où donner de la tête. Deux vieilles dames discutaient devant le marché tandis qu'un petit chien marron furetait près de l'entrée. Un jeune homme adossé au mur rose d'une maison fumait une cigarette. Très photogénique.

Les doigts presque tremblants d'excitation, elle plongea la main dans son sac. Le grand moment était arrivé. La façon dont elle faisait de la photo allait changer, elle le sentait.

Avant d'accrocher l'appareil autour de son cou, elle se décala légèrement sur sa droite pour avoir pile le bon angle. Mais dans la précipitation elle oublia de regarder où elle mettait les pieds et heurta la personne derrière elle. Avec effroi, comme si elle se détachait de son corps pour observer la scène, elle vit son appareil lui échapper… et s'écraser sur le béton, rebondir une fois, deux fois, puis s'arrêter, le boîtier renversé.

— Faites attention !

Le type aux cheveux noirs… Il l'écarta sans un regard et s'éloigna, son téléphone toujours collé à l'oreille.

Cordelia était sous le choc, incapable de réagir. Finalement, elle reprit son souffle et cria :

— Hé !

Mais il avait déjà disparu au milieu du flot de personnes qui descendaient du ferry. Cordelia s'empressa de récupérer son précieux outil de travail. Pas la peine qu'il se fasse piétiner par des dizaines de touristes…

Aussi délicatement que si elle tenait un oisillon entre les mains, elle le retourna. À cet instant, son cœur manqua un battement, et son champ de vision sembla se rétrécir. Des taches de lumière lui donnaient le tournis.

L'objectif était fendu.

Elle colla l'œil contre le viseur. Avec un peu de chance, ça irait… Mais elle avait beau régler l'ouverture, dans un sens puis dans l'autre, la mise au point ne se faisait plus. Tout était flou, informe.

Son appareil était bon à jeter.

2

Niall O'Connor n'avait aucune envie d'être ici.

Il était déjà d'une humeur massacrante quand une abrutie de touriste s'était plantée au milieu du passage pour prendre une photo de ce magasin de pulls à la con. Sans doute une Américaine - ils avaient le chic pour être au mauvais endroit, au mauvais moment. Alors qu'il se prenait le coude de cette andouille dans les côtes, il maugréa et reprit sa conversation avec son meilleur ami, Colin.

— C'est bon, je viens de descendre du ferry. Tu es où ?

Un coup de klaxon lui donna la réponse. Colin lui faisait de grands gestes, l'air guilleret. Niall laissa échapper un soupir. Grâce à son vieux pote, l'été lui semblerait moins long. Déjà que ce retour forcé lui pesait, il n'aurait pas supporté de se retrouver tout seul. Il regrettait déjà Dublin, son pub favori, les rues noires du monde et les promenades sur Grafton Street au petit matin pour aller...

Il laissa ce souvenir entraîner ses pensées, comme une pierre ferait des ricochets sur la surface d'une eau calme, de plus en plus loin.

Un mois qu'il aurait dû se résoudre à prendre un autre chemin. À croire qu'il était un masochiste qui s'ignorait... Il avait dû attendre l'âge vénérable de trente et un ans pour découvrir qu'il avait ça en lui, sympa ! Pendant des semaines,

Niall avait refusé de répondre au téléphone, il avait passé ses journées à dormir et ses nuits à s'abrutir devant la télé, en se gavant de cochonneries. Colin avait fini par s'en mêler et avait organisé une opération de sauvetage : il se laissait aller, ça devenait malsain.

« Tu es en train de vriller, mec », c'étaient ses mots exacts. Effectivement, il avait perdu la tête. Et pas que ça : il avait aussi perdu ses projets, ses rêves, son avenir, l'amour de sa vie. Tout, et d'un seul coup. Alors comment aurait-il pu réagir autrement ? Il avait été réduit en bouillie, passé au rouleau compresseur puis découpé en petits morceaux, en mode tartare de saumon. Bizarrement, personne ne l'avait jeté par-dessus le bastingage du ferry pour nourrir les mouettes.

En chemin vers la voiture de Colin, il passa devant Alison Murphy. Elle semblait chercher quelqu'un dans la foule.

— Salut, Alison, ça va ?

Elle écarquilla les yeux puis son visage s'adoucit.

— *Hiya*, Niall !

Il sentit son estomac se nouer. Elle était au courant. Tout le monde sur cette île paumée était au courant et connaissait l'histoire de A jusqu'à Z. *Merci, p'pa*, songea-t-il avec amertume. Encore que. Il était bien content de ne pas avoir à prévenir les uns et les autres. Ça aurait été une vraie torture. Il imaginait la scène d'ici.

Oh ! salut, Niall, ton pub pour bobos tourne bien ?

Pose la question à mon ex-associé et à mon ex-petite amie. Ce sont ces deux traîtres qui gèrent l'affaire, maintenant. Ils m'ont évincé du truc. J'ai perdu tout le fric que j'avais investi, et mes économies ne sont plus qu'un souvenir. Des mois que ça durait, manifestement, et je n'ai rien vu venir. Mais c'est gentil de demander, merci !

— Tu viens chercher un nouveau locataire ? s'empressa-t-il de lancer avant qu'elle lui conseille de s'accrocher ou de relever la tête.

— J'ai trouvé quelqu'un pour s'occuper du cottage pendant tout l'été, dit-elle.

— Jusqu'au mois d'août ?

Qui pouvait bien avoir envie de passer trois mois sur Inishmore ? C'était l'emmerdement assuré. En ce qui le concernait, s'il avait pu être ailleurs, il n'aurait pas hésité une seconde. Seulement, voilà : son père avait besoin d'aide pour tenir le pub – selon la version que lui avait donnée sa mère, du moins. Owen O'Connor tenait-il vraiment à avoir son fils unique près de lui ? Pas sûr. Mais si oui il se ferait sûrement un plaisir de lui mettre ses échecs sous le nez. *La marche était trop haute pour Niall*, c'était l'une de ses expressions favorites pour le dénigrer. Alors qu'il avait simplement voulu ouvrir un pub avec une carte un peu recherchée, pas décrocher trois étoiles au Michelin !

Mais sa mère – qui ne manquait pas de jugeote – avait eu la seule idée qui pouvait rendre ce retour acceptable : elle avait embauché Colin pour assurer le spectacle au pub pendant la saison estivale. L'établissement était dans la famille depuis des générations. Les fondamentaux ? De la bière de qualité et des plats réconfortants. Mais surtout, de la bonne musique. En bon optimiste qui se laissait porter par le vent, Colin ne pouvait qu'accepter son offre au lieu de tourner de ville en ville.

— Il me faut quelqu'un pour veiller sur ma grand-mère, expliqua Alison. Avec le *bed & breakfast*, je n'aurai pas une seconde de liberté.

La vache. Niall n'aurait pas voulu être à la place de l'heureux élu, quel qu'il soit. Il aimait Róisín de tout son cœur, mais c'était une vraie tête de mule qui refusait de se laisser marcher sur les pieds. Et quelqu'un souhaitait passer tout un été à s'occuper d'elle ? Il avait du mal à le croire. Alison avait dû trouver un truc pour faire passer la pilule. Ou mentir. Il était prêt à parier qu'elle n'avait strictement rien dit à la principale intéressée : Róisín aurait hurlé en apprenant que sa petite-fille avait embauché une gouvernante.

Très amusante, cette histoire. Il faudrait qu'il passe lui rendre visite un de ces quatre, pour voir ce qu'elle en pensait. Comme elle n'avait pas sa langue dans sa poche, ça risquait d'être drôle…

Quelques secondes plus tard, Niall finit presque broyé entre des bras interminables. Colin Doyle était une grande asperge dégingandée, mais il mettait tellement d'enthousiasme dans tout ce qu'il faisait qu'il semblait prendre deux fois plus de place. Résultat : pour la première fois depuis bien longtemps, Niall relâcha la pression. Des semaines durant, sa poitrine s'était comprimée comme un ressort, encore et encore. Mais ça l'avait empêché de sombrer.

— Content de te voir, grogna-t-il.

Colin le libéra de son étreinte et lui donna une tape sur l'épaule.

— Tu verrais ta tête, mec, l'angoisse ! Allez viens, une fois posé, tu pourras te détendre.

Il jeta un coup d'œil au grand sac qu'il portait en bandoulière.

— Tu n'as rien pris d'autre ?

Niall haussa les épaules. Le sac contenait le peu qu'il avait pris en partant de chez lui, un mois plus tôt. Il venait de tomber nez à nez avec Deirdre et Patrick qui s'envoyaient en l'air sur le carrelage flambant neuf de ce qui devait être la cuisine du pub de ses rêves. Il avait foncé jusque chez eux, fourré ce qui lui était tombé sous la main dans un sac, et ciao. Il avait passé la première semaine à l'hôtel, puis un pote qui était en déplacement avait généreusement proposé de lui prêter son appart. Mais c'était temporaire, et la perspective de se trouver un toit, seul et sans avenir, était un crève-cœur. Pire : Dublin, cette ville qu'il aimait tant, semblait s'être retournée contre lui. Car désormais, le souvenir de Deirdre surgissait au moindre coin de rue. Il s'était installé dans la capitale dès qu'il avait pu, l'année de ses dix-huit ans, après le lycée. C'était son lieu de cœur, son sanctuaire, l'endroit où il pouvait être lui-même et vivre ses rêves. Il avait travaillé dans un nombre incalculable de restaurants, il avait appris des tas choses, il avait épargné jusqu'au moindre centime et il s'était serré la ceinture tout en nourrissant un secret espoir : un jour, il serait son propre patron, il créerait son propre menu.

Toutes ces années de dur labeur allaient enfin porter leurs fruits. Et puis du jour au lendemain le voile s'était déchiré.

La gorge serrée par ce souvenir, le ressort qu'il avait au fond de lui se comprima un peu plus. Colin évita d'insister et désigna la vieille Volkswagen verte de la mère de Niall, qu'il avait empruntée pour venir le chercher.

— La vache, elle ne nous rajeunit pas, cette bagnole, grogna-t-il en jetant son sac sur la banquette arrière.

À l'intérieur, ça sentait encore le skaï et la menthe poivrée. Niall se revit gamin, quand sa mère lui passait un bonbon sur le chemin de la maison, les dimanches, après l'église. Elle était si gaie...

— Comme au bon vieux temps, pas vrai ? lança joyeusement Colin en se mettant au volant. La dernière fois qu'on a habité ensemble dans la même ville, ça remonte à quand ?

— Kilronan, une ville ? N'exagère pas...

— Tu comptes passer l'été à faire la gueule ?

— Oui.

Les bras croisés, Niall regarda par la vitre. Colin mit le contact et murmura :

— Super...

Quelques minutes plus tard, ils laissaient la foule du port derrière eux et roulaient vers les collines d'Inishmore. La voiture remonta tranquillement Cottage Road dont les murets en pierre tranchaient avec le vert intense du paysage. Appareil photo autour du cou, des touristes se promenaient sous la pluie - tiens, ça lui rappelait la fille du quai. Les locaux vaquaient à leurs occupations ou s'arrêtaient au bord de la route pour discuter.

— Alison Murphy m'a dit que quelqu'un avait loué le cottage pour toute la période estivale, fit-il remarquer distraitement. Pour s'occuper de Róisín.

— Ha ha, bonne chance à l'heureux élu ! s'esclaffa Colin. Je parie que c'est un Australien tendance hippie. Mais c'est vrai que si elle tombe de sa carriole, à son âge...

— Parce qu'elle continue ses tours à cheval pour les touristes ?

— Parce que tu crois qu'elle va lever le pied un jour ?

Niall grimaça. Róisín Callahan était férue de mythologie locale. Les sirènes, les *banshees* et les *púcas*, c'était sa passion. D'ailleurs, pour elle, toutes ces créatures existaient. Chaque année, au moment de *Pátrún*, on lui demandait de ne pas faire peur aux enfants avec ses récits sanglants. Et chaque année, elle racontait l'histoire du *Dullahan*, le chevalier sans tête dont la venue était un présage de mort. S'il décidait de s'arrêter devant chez vous accompagné de son destrier noir...

Des années plus tard, Róisín continuait de n'en faire qu'à sa tête, alors ? Décidément, rien n'avait changé sur cette île...

Finalement, la ferme aux murs jaunes où Niall avait passé sa jeunesse apparut. Comme il fallait s'y attendre, sa mère était plantée sur le pas de la porte et leur fit de grands gestes en les voyant passer.

— Je lui ai dit qu'on viendrait après avoir posé tes bagages, dit Colin en la saluant en retour. Ton père est au pub, avec Pocket.

Impec. Niall n'était pas pressé d'affronter son père. Même s'il avait hâte de voir la chienne de la famille. La dernière fois, c'était quand il était venu pour Noël, deux ans plus tôt.

— Comment est la baraque ? demanda-t-il.

— Pas mal, franchement. Le vieux Fagan l'a bien retapée. Ce n'est pas le Ritz, mais ça fera l'affaire. Tu vas adorer la cuisine, le plan de travail est immense.

Le clin d'œil que lui adressa son pote lui fit esquisser un sourire. Une cuisine bien conçue et il se sentait chez lui.

— Attends, je rêve ou tu as souri ? Toi ? Je ne pensais pas voir un truc pareil avant un bon mois.

— Ha ha. Quel talent de comédien, Colin. Tu devrais changer de métier.

— Ton père me laisserait organiser une soirée *stand-up*, à ton avis ?

Colin accompagna sa vanne d'un rire sonore, assez contagieux. La tête que ferait Owen O'Connor si on lui proposait de transformer son pub bien aimé en *comedy club* !

La maison qu'ils avaient louée avait un temps appartenu à un vieil ami du père de Colin qui avait préféré s'installer à Doolin pour se rapprocher de sa fille et de ses petits-enfants. Elle était coincée entre chez les parents de Niall, au sud, et chez Róisín, qui habitait au sommet de la colline, au nord. C'était une construction solide aux murs blancs à un étage, avec une porte rouge et un toit en ardoise. Des années qu'ils n'avaient pas été colocs ! À l'époque, Colin étudiait au conservatoire de Dublin, et Niall bossait dans un pub. Finalement, chacun s'était installé de son côté. Colin faisait le déplacement partout où on réclamait ses services ; pour sa part, il avait emménagé avec Deirdre. Bref, vivre avec son meilleur ami, c'était un peu comme retrouver le bon vieux temps. Avec une différence de taille : la maison semblait bien plus confortable que l'appart riquiqui qu'ils partageaient dans le quartier de Ranelagh.

Colin gara la voiture, et Niall attrapa son sac à l'arrière.

— Bienvenue au château !

Son pote ouvrit la porte d'un grand geste. L'intérieur était tout simple mais bien agencé : une grande pièce à vivre, un couloir étroit jusqu'à la cuisine et une volée de marches qui menait à l'étage.

— J'ai pris la meilleure chambre, hé hé !

En montant, Niall s'aperçut que les deux pièces étaient identiques. Un carré, avec deux fenêtres et des lits en métal. Il lâcha son sac sur le matelas et ouvrit le battant de sa petite armoire qui émit un grincement. À l'intérieur, ça sentait la naphtaline. Le souvenir de Deirdre surgit sans crier gare, comme un direct en plein dans le bide. C'était si brutal qu'il fut le premier surpris. La seule fois où il l'avait convaincue de venir sur l'île, en trois ans de vie commune, ils s'étaient installés chez ses parents. Lorsqu'elle avait voulu accrocher ses affaires dans l'armoire de sa chambre, il l'avait vue froncer les sourcils.

— Ta mère a des actions dans une usine de naphtaline, ou quoi ? avait-elle lancé. Je vais sentir comme ma grand-mère jusqu'à la fin du séjour.

La mâchoire serrée, Niall sentit le ressort se resserrer et il claqua la porte de l'armoire. Sans même prendre la peine de défaire son sac, il descendit dans la cuisine. L'électroménager était vieillot mais fonctionnel. Et effectivement, le plan de travail était immense, Colin n'avait pas exagéré. Un îlot central recouvert de tek trônait dans la pièce, avec deux tabourets de bar d'un côté, des casseroles et des poêles en étain étaient accrochées juste au-dessus. À côté de la gazinière, un bloc de couteaux. Niall en prit un pour l'examiner. Hum, un peu émoussé...

— Tu as déjà pris tes marques ?

Colin était posté à l'entrée de la pièce. Niall secoua la tête.

— Plus tard. Il vaudrait sans doute mieux que je fasse une grande lessive.

Bizarrement, le parfum de Deirdre flottait encore autour de lui, comme si elle était juchée sur son épaule ou cachée dans sa poche, et qu'elle le suivait partout. Il passa la main sur la barbe qui ombrait légèrement ses joues. Même ici, même à des centaines de kilomètres de Dublin, il sentait encore la trace de son parfum au jasmin.

— On devrait passer voir ma mère, dit-il.

L'idée même d'aller quelque part, de faire quelque chose, de voir quelqu'un l'épuisait déjà, pourtant.

En deux grandes enjambées, Colin vint lui donner une tape amicale sur l'épaule.

— Avant qu'on y aille, tu prends une douche. Tu as l'air au bout de ta vie, Niall. Si ta mère te voit dans cet état...

Une fois douché, rasé et changé (merci Colin pour la chemise), ils prirent la voiture. Direction : la vieille ferme au bout de la route.

Ils auraient pu y aller à pied, mais il s'était remis à pleuvoir.

— J'espère que ta mère a fait un rôti, dit son pote en se frottant les mains. J'ai les crocs.

— On est dimanche. Et le dimanche, c'est toujours rôti.

Un grand sourire fendit le visage de Colin.

— Je sais. À ton avis, pourquoi je suis devenu pote avec toi à l'école primaire ? Pour ta bonne humeur communicative ?

Niall lui donna un coup de poing dans l'épaule.

Alors qu'il venait de se garer, sa mère se précipita dehors en leur faisant de grands gestes. Cela suffit à le réconforter. Fiona O'Connor avait les yeux bleus, comme lui, mais avec une masse de cheveux bruns et bouclés qu'aucun bandeau, aucun foulard ne pouvait contenir. Elle avait passé un tablier à fleurs par-dessus un pantalon gris et un pull rouge en laine d'Aran.

— Quelle belle journée, hein ? lança-t-elle avec un large sourire.

Elle n'attendit même pas qu'il sorte de l'habitacle pour le prendre dans ses bras.

— Mon grand garçon.

— Salut, m'man.

Il inspira à fond. Elle sentait bon le pain et le romarin.

— Qu'est-ce que tu as préparé de bon ?

— Du pain cuit dans le four et je m'occupe du rôti pour le dîner. Mais il reste un peu de ragoût d'agneau si tu as un petit creux. Il y a aussi du thé bien chaud, de la confiture et des *scones*.

Elle leva le nez vers le ciel.

— Róisín devrait passer nous déposer des carottes et un chou ou deux. Mais j'espère qu'elle renoncera, avec ce temps pourri.

Puis, avec un grand sourire, elle salua Colin.

— Toi, tu as une petite mine. Tu vas me faire le plaisir de manger quelque chose.

— Avec plaisir, Fiona !

Chez les O'Connor, l'accueil, c'était sacré.

Sitôt qu'il mit le pied dans la maison, Niall fut assailli par des centaines de souvenirs. Le piano droit sur lequel sa mère jouait le matin, par exemple. Toujours avec une partition ouverte sur le pupitre – un chant d'église, généralement. On voyait encore les petits traits que sa mère avait tracés sur le montant d'une porte pour indiquer sa taille, avec son âge à côté. Un journal était plié dans un fauteuil près de la fenêtre. Encore une vision de son enfance : le samedi, il suppliait son père d'interrompre sa lecture pour qu'ils jouent ensemble au football, dans la cour.

Et puis il y avait les odeurs, le vrai coffre aux trésors de la maison. Ça sentait la viande mijotée, le pain frais et les herbes fraîches, les patates rôties et l'ail, avec le doux parfum du thé en guise de touche finale : tout se mélangeait et venait lui rappeler ces innombrables repas autour de la table en bois de la salle à manger. Il repensa aux fois où il regardait son père assaisonner le poulet. Où il avait appris à émincer des oignons dans les règles de l'art. Où il s'amusait à enfoncer son poing dans une grosse boule de pâte à pain, les cheveux couverts d'un voile de farine.

Niall déglutit difficilement. La cuisine... C'était là qu'il avait testé ses toutes premières recettes. Son père ne l'aurait jamais laissé mener des expériences culinaires hasardeuses au pub familial, pas dans un lieu aussi sacré ! Sa mère avait été son premier cobaye, elle se portait volontaire chaque fois qu'il inventait une nouvelle recette en mixant des ingrédients et des plats du monde entier. Comme son *colcannon*, une recette de purée traditionnelle qu'il twistait à sa façon, avec des fanes de chou kale et de la crème aigre. Ou comme son filet de saumon irlandais relevé d'une sauce pimentée, pour que ça tabasse. Lorsqu'il était parti vivre à Dublin, Colin avait pris le rôle de goûteur.

Et puis il y avait eu Deirdre. Grâce à elle, son rêve avait pris vie. Un pub gastronomique rien qu'à lui, où il pourrait servir ses propres recettes. Loin de l'ombre oppressante de son père et de ses idées bien arrêtées sur ce que devait être un pub irlandais, un vrai.

Elle avait tellement cru en lui qu'il avait fini par gagner en confiance en lui. Mais pile au moment où il était sur le point de réaliser son rêve elle l'avait fait éclater comme une bulle de savon. *Pof.* D'un coup, la couleur et la joie avaient déserté sa vie. Patrick et elle l'avaient évincé de son propre pub. Cela dit, pour rien au monde il n'aurait voulu bosser avec eux. Mais c'était son menu qu'ils allaient servir.

À l'heure qu'il était, Niall aurait dû être à Dublin pour préparer en douceur l'ouverture, pas sur une île paumée pour servir des pintes à des touristes idiots. Voilà un mois qu'il n'avait rien cuisiné lui-même. Un désespoir sans fin et des emballages de plats à emporter : c'était ça, les ingrédients de sa vie.

Seulement, dès qu'il prit place à table et que sa mère posa une assiette de ragoût accompagnée d'une tranche de pain frais sous son nez, Niall eut une faim de loup. L'agneau était tendre, la sauce riche et bien relevée, les carottes croquantes à souhait. Il dévora son repas comme s'il n'avait rien avalé depuis des mois, enveloppé par la voix de sa mère. Elle lui racontait les nouvelles : Cian Byrne avait repris le Seaview, l'autre restaurant de Kilronan, et Aoife O'Shea essayait de remonter la pente depuis la mort de son mari, à l'automne. Soudain, il laissa échapper sa cuillère dans son bol, se prit la tête entre les mains et fondit en sanglots.

Pour la première fois depuis des lustres, il avait le ventre plein. Le ressort qui comprimait sa poitrine se desserra légèrement. Il sentit les bras de sa mère se refermer autour de lui, cette voix douce qui le rassurait. Tant pis si Colin le voyait dans cet état. Il se sentait vidé, brisé.

— Ça va aller, murmura-t-elle en le caressant dans le dos. Libère-toi, c'est bien, n'hésite pas. Tu es à la maison. Ça ne peut qu'aller mieux. Tu verras.

Niall aurait aimé la croire. Mais sincèrement il avait des doutes Au fond de lui, quelque chose s'était brisé, et il voyait mal comment recoller les morceaux.

3

Cordelia était complètement sous le choc.

C'était tout juste si elle entendait la voix d'Alison tandis qu'elles roulaient à travers les reliefs de l'île. Au prix d'un effort monstre, elle était parvenue à ne rien laisser paraître au moment des présentations, au port. Un poids la broyait, on aurait dit que ses poumons comprimaient le fond de sa gorge pour l'étouffer. Son appareil était cassé, et elle n'avait aucun moyen de le faire réparer.

— Tout va bien ?

Cordelia sursauta. Tiens, la voiture s'était arrêtée. Elles étaient garées devant un minuscule cottage en pierres grises surmonté d'un toit de chaume. Avec la pluie qui ruisselait sur le pare-brise, on voyait trouble.

— Désolée, dit-elle avec une boule dans la gorge.

La mine enjouée d'Alison laissa place à l'inquiétude.

— Ne t'inquiète pas. La journée a été longue. Ce... C'est le voyage qui t'a fatiguée ?

Cordelia n'eut pas le cœur à mentir.

— Il est cassé, répondit-elle en montrant son appareil.

Ne craque pas, ne craque pas...

— En descendant du ferry, un connard m'a bousculée, je l'ai laissé tomber et...

Elle déglutit difficilement.

— Mon père me l'avait offert avant de mourir.

Il n'en fallut pas plus. Quelque chose se brisa au fond d'elle. Ce périple interminable, l'épuisement, l'océan qui la séparait de chez elle, le fait d'avoir perdu cet objet si important pour elle, tout lui tomba dessus d'un coup. Le visage enfoui entre ses mains, elle se mit à sangloter. À côté d'elle, Alison lui tapota gentiment l'épaule, sans un mot.

Cordelia prit une grande inspiration qui se mua en frisson.

— Je... je suis désolée, dit-elle en hoquetant.

Elle s'essuya le nez avec sa manche et ajouta :

— Moi qui voulais faire bonne impression...

— Ne t'excuse pas, enfin. Après une si longue journée, tu n'avais pas besoin de ça.

Le regard d'Alison était rempli de compassion.

— On devrait tous pleurer un bon coup de temps en temps. Et là, c'est pour une bonne raison. Mais comme dit toujours ma grand-mère le soleil brille plus fort après l'orage. Viens, je vais te faire visiter le cottage. Une douche chaude te fera le plus grand bien. Pendant ce temps, je préparerai du thé, et on trouvera une solution pour ton appareil.

Un sourire timide s'esquissa sur ses traits doux.

— On n'est pas complètement coupés du monde, tu sais.

— Merci, dit Cordelia en reniflant. Pardon, vraiment, tu voulais peut-être qu'on passe voir ta grand-mère ou...

— T'inquiète.

Alison leva la tête vers le sommet de la colline. Une grande maison en pierre découpait sa silhouette sombre contre les nuages.

— Rien ne presse.

Le temps de sortir du coffre la valise de Cordelia, elles foncèrent se réfugier à l'intérieur. Leurs manteaux dégoulinaient, elles les accrochèrent à la patère sur la porte.

L'intérieur était aussi minuscule que sur les photos du site Internet. À l'entrée s'ouvrait un espace qui servait à la fois de salon et de salle à manger, un canapé d'un bleu délavé était calé contre un mur et une lampe à l'abat-jour décoré de papillons était posée sur une pile de vieux bouquins. Une table en bois était entourée de trois chaises et un tapis tressé occupait le sol. Des voilages blancs en dentelle pendaient aux fenêtres, et on avait placé un fauteuil juste à côté de la petite cheminée. Alison conduisit Cordelia jusqu'à sa chambre puis partit s'occuper du thé. Au-dessus du lit, une fenêtre donnait sur un jardinet qui s'ouvrait sur un champ verdoyant, entouré par des murets en pierre.

Elle entendait presque la voix de son père dans son oreille.

Tu n'as pas l'impression d'être dans tes livres d'enfant, Cordie ? Alors pas la peine de pleurer, ce qui est fait est fait. Lève-toi, sors et profite de ta journée.

Profiter ? Elle voyait mal comment profiter de quoi que ce soit. Sans son appareil, elle n'était rien.

Cordelia attrapa son portable pour raconter ce qui s'était passé à Liz. Elle n'était pas encore prête à annoncer la nouvelle à Toby. Ce serait quoi, le pire ? Qu'il prétende que c'était un signe ou qu'il sorte une formule bidon, du style : « Papa, il est dans ton cœur, pas dans un appareil. »

Alors qu'elle comptait le reposer, son téléphone vibra. Elle jeta un coup d'œil à l'écran et… oh, mince. Sa mère. Elle avait complètement oublié de la prévenir.

Toby m'a dit que tu étais arrivée sans encombre.

Ouh là. En matière de reproches à peine voilés, on était sur du niveau pro. Cordelia répondit :

Désolée, maman, c'était la folie.

Elle laissa échapper un soupir, puis ajouta :

Gary va bien ? Comment se passe votre séjour ?

Elle se fichait de savoir comment allait le petit ami de sa mère. Mais Toby la tannait constamment pour qu'elle soit sympa avec lui. Alors elle faisait des efforts. Pas toujours couronnés de succès, mais elle essayait.

Depuis qu'elle s'était mise avec ce Gary, six mois plus tôt, sa mère Louise était devenue une grande romantique. À l'entendre, la vie sentimentale de sa fille était un désert et elle ne supportait pas. Comme si être en couple était le seul moyen d'être heureux...

D'accord, Cordelia partait peut-être du principe que son père et sa mère avaient vécu une grande histoire, et quand on trouve l'amour de sa vie, on ne bazarde pas tous ces souvenirs pour sortir avec un ancien *marine* rencontré sur un site pour célibataires « jeunes autrement ».

Oh ! c'est un régal !

Sa mère assortit sa réponse d'une photo d'eux sur un bateau. Ils passaient une semaine chez Gary, en Floride. Elle avait un léger coup de soleil sur l'arête du nez et portait un large chapeau. Gary était en chemise hawaïenne et Ray-Ban, le bras négligemment posé autour des épaules de sa mère.

Vous avez l'air en super forme !

Cordelia n'ajouta le point d'exclamation qu'après coup. *Tu vois, Toby ? J'arrive à être gentille.*

En réponse, elle reçut une guirlande d'émojis : un cœur rouge, un chat qui faisait un bisou et un arc-en-ciel. Depuis que Gary lui avait appris à s'en servir, sa mère en mettait partout. Nikki trouvait ça mignon. Toby trouvait ça marrant. Et elle trouvait ça... malaisant.

La salle de bains était accessible par la chambre. Cordelia put enfin se débarrasser de sa tenue de voyage. Elle ouvrit le robinet et se plongea avec délices dans la baignoire en porcelaine, coincée entre les murs étroits. Si elle avait été à New York, elle aurait apporté son appareil chez Leslie Greer sur la 58e Rue, la boutique où elle avait acheté tout son équipement. Si quelqu'un pouvait le sauver, c'était bien elle.

Le choc commençait à s'estomper sous l'effet de cette apaisante cascade d'eau chaude. Évidemment qu'on pourrait le réparer. Ce n'était qu'un objectif, et la mise au point ne se faisait plus. Leslie aurait une solution. À son retour, tout s'arrangerait.

Problème : il faudrait que Cordelia attende des mois. Elle avait pris un engagement auprès d'Alison, elle ne pouvait pas tout plaquer à cause d'un objectif fendu. La photo, elle avait ça dans les veines et dans le cœur. Une semaine sans appareil, c'était gérable. Mais pas un été entier...

Elle laissa échapper un soupir. Elle n'avait aucune envie de dépenser de l'argent, surtout depuis qu'elle avait pioché dans une partie de l'héritage de son père pour se payer ce voyage. Mais à l'évidence, elle n'avait pas le choix...

Le robinet fermé, elle s'enveloppa dans une serviette. Elle effaça la buée sur le miroir au-dessus du lavabo et observa son reflet. Les cernes sous ses yeux ressemblaient à des valises et ses cheveux retombaient sur son épaule comme une corde molle. Les taches de rousseur sur sa joue gauche détonnaient sur sa peau pâle. Le signe d'Andromède, avait coutume de dire son père. Leur disposition rappelait celle de la constellation, c'était vrai. À partir de son œil gauche, leur tracé suivait sa mâchoire et bifurquait vers sa joue.

Elle prit une grande inspiration. *Du calme.* Alison méritait de la voir sous un meilleur jour. Elle venait d'enfiler un jogging confortable et un T-shirt *oversize* quand une odeur de bacon grillé envahit la chambre.

Tandis que son estomac grondait, elle se laissa guider par ces effluves, jusqu'à la cuisine.

La pièce n'était guère plus grande que le reste de la maison, avec une fenêtre qui offrait le même panorama que celle de sa chambre, un évier riquiqui et une gazinière juste à côté. Un mini-frigo bourdonnait, des placards vert menthe occupaient le mur, et la peinture s'écaillait par endroits.

— Les bons repas font digérer les mauvaises nouvelles, dit Alison en montrant les tranches de bacon qui grésillaient dans une poêle. Encore un dicton de ma grand-mère.

— J'ai hâte de la rencontrer, dit poliment Cordelia.

Alison gloussa.

— Je te préviens tout de suite, elle a son petit caractère. Ne sois pas étonnée si tu la trouves un peu... bizarre.

— Oh. Eh bien... soit.

Une théière électrique bouillait sur le petit plan de travail. Dans un grand saladier, Alison avait cassé des œufs qu'elle fouettait avec entrain.

— Ta douche t'a fait du bien ? Tu as retrouvé des couleurs, on dirait.

— Oui, avoua Cordelia. Merci beaucoup et encore désolée pour tout à l'heure, je...

Sa jeune proprio lui agita son fouet sous le nez.

— Pas besoin de t'excuser, je t'ai dit. J'ai perdu mes deux parents quand j'étais gamine. Penser à eux me fait encore chialer, parfois. Il n'y a rien d'anormal.

Quelle franchise ! L'étonnement laissa néanmoins vite place à la gratitude. Voilà qui leur faisait un point commun. Pas des plus agréables, loin de là, mais on ne choisit pas toujours...

— C'est vraiment trop gentil, dit Cordelia en désignant la gazinière.

— Pas de souci. Avec ce qu'il y a dans le frigo, tu peux tenir un jour ou deux. Ensuite, il faudra que tu passes à l'épicerie, en ville. Il y a des vélos dans l'abri de jardin, à côté de la maison de ma grand-mère, n'hésite pas. Une omelette, ça te va ? Mon répertoire de recettes n'est pas très étendu. En dehors des petits déjeuners que je prépare pour mes clients...

Une foule d'émotions contradictoires s'empara de Cordelia. La faim, la tristesse, l'effarement, l'épuisement. Alors elle se contenta d'un hochement de tête. Dans un coin, on apercevait une petite table avec deux tabourets. Elle s'assit – elle se laissa tomber, plutôt. La théière commença à siffler. Alison l'éteignit puis lança son omelette, qu'elle agrémenta de quelques lamelles de champignons, et leur servit une bonne tasse de thé. Le parfum du thé noir remplit la pièce en se mêlant agréablement à celle des champignons et du bacon.

Alors Cordelia vida son sac et raconta toute l'histoire. Ce qui l'avait poussée à passer l'été sur cette île, la frustration qui la tenaillait sans cesse à New York, la sensation de se retrouver dans une impasse après la mort de son père. D'être nulle.

Quand elle termina, Alison dit :

— Bien. Je me demandais pourquoi une New-Yorkaise avait répondu à mon annonce. Tu as besoin d'un break, j'ai l'impression. Et tu es au bon endroit pour ça.

Après avoir ajouté un peu de fromage de chèvre dans les œufs, elle plia l'omelette en deux. Elle la fit glisser sur une assiette, la releva de fines herbes et disposa deux tranches de bacon juste à côté.

— Mange. Ça te fera du bien. Et, maintenant, voyons ce que nous pouvons faire pour ton appareil.

— Je connais quelqu'un qui pourrait le réparer, dit Cordelia. En attendant, je ferais mieux d'en acheter un neuf, pour le temps de mon séjour.

Tandis qu'Alison dégainait son portable, elle attrapa sa fourchette, prit une bouchée et... mmh, un vrai régal. Elle avala la moitié de son omelette avant que sa proprio ait le temps d'écrire *boutique photo* dans la barre de recherche.

— On peut commander des articles à Doolin et les faire expédier ici. Ça ne prendra que quelques jours. C'est quoi, le modèle de ton appareil ?

— Un Fujifilm X100V, dit Cordelia avec du bacon plein la bouche.

Alison fit une nouvelle recherche et pâlit.

— Tu n'as pas un appareil banal.

Cordelia ressentit enfin les effets bénéfiques d'un bon repas maison sur un estomac vide et ceux d'une compagnie amicale. Elle s'autorisa à sourire.

— Les bons appareils, ça coûte cher. Même s'ils ne sont pas énormes.

Alison fronça les sourcils.

— Visiblement, il faudra le faire venir de Dublin. Ça prendra une semaine, minimum.

Une semaine ? Une boule lui serra l'estomac. Mais elle se sentait capable de tenir capable de tenir une semaine sans appareil, oui ou non ? Avec un peu de chance, ça ne lui ferait pas de mal. Et puis ce serait l'occasion de crâner devant Toby.

Quand son portable vibra, elle lut la réponse de son amie. Du Liz pur sucre.

MAIS NAAAN, JURE ?!?! C'EST QUI CE CONNARD ? LUI, JE VAIS LE RETROUVER ET LE POURRIR JUSQU'À LA FIN DES TEMPS. MERDE, JE SUIS TELLEMENT DÉSOLÉE.

Puis, sans aucune transition :

Liz : Au fait, ça va ?
Cordelia : Ça va, oui. Le choc est passé. Alison m'aide à commander un nouvel appareil à Dublin. J'apporterai celui de mon père à Leslie en rentrant.
Liz : TROP BONNE IDÉE !

Oui, Liz adorait écrire en majuscules.

Je suis super fière de toi, ma belle, tu gères ça comme une championne. Comment est le cottage ? Et la mamie ? Il pleut, ça y est ?

Cordelia fut obligée de rire.

— C'est ma meilleure amie, expliqua-t-elle à Alison. Elle pense que je suis folle d'être venue ici. Elle est sûre qu'il va pleuvoir tout l'été.

Avec un grand sourire, Alison montra la fenêtre. La pluie ruisselait sur les carreaux.

— Elle n'a pas tout à fait tort. Mais il y aura du soleil aussi, pas de panique.

Elle avait sorti un épais dossier qu'elle posa sur la table.

— Là-dedans, tu as tout ce qu'il y a à savoir sur l'île, les choses à faire, les sites intéressants, etc. Tu as aussi le mot de passe du wi-fi, et j'en passe. Comme je te l'ai écrit par mail, ce serait super que tu puisses faire un peu de ménage au cottage et apporter le courrier à ma grand-mère. Elle se fait aussi livrer de l'engrais et de la bouffe pour animaux, tu peux déposer le tout dans le petit abri de jardin. Frappe à la porte une ou deux fois par jour, qu'elle sache que tu es là.

— Pas besoin de l'emmener en promenade, ou autre ?

Alison éclata de rire.

— Tu peux toujours essayer…

Cordelia ouvrit la bouche pour répondre... mais poussa un bâillement sonore à la place.

— Tu devrais te reposer. La journée a été longue. Mais si tu es partante, je peux t'emmener dîner chez O'Connor demain. C'est le pub préféré des gens d'ici. On peut y aller à pied et pour un peu de *craic*, il n'y a pas mieux.

— Pour un peu de... crack ?

Elle avait bien entendu, ou... ?

— Non, de *craic*. C'est de l'irlandais. De *fun*, si tu préfères.

— Oh. Super, alors.

Pendant une seconde, elle s'était crue dans *Breaking Bad*...

— Je t'ai écrit le nom de la boutique de Dublin, ajouta Alison. Fais livrer l'appareil à mon *bed & breakfast*, je le recevrai directement.

Après le départ de sa proprio, Cordelia prit une autre tranche de bacon et se resservit du thé avant de se glisser sous les couvertures pour appeler Liz en FaceTime.

Son amie décrocha à la deuxième sonnerie.

— Ah, Cord ! Comment tu te sens ?

Liz avait la peau mate et des cheveux bouclés d'un noir d'ébène, rasés sur un côté et coupés au carré de l'autre. Elle avait les lèvres colorées d'un rouge pétard - sa teinte signature - et son piercing au nez brillait dans les lumières tamisées de son appart. La voir apparaître lui serra le cœur.

— Pas terrible, mais ça va mieux, répondit-elle dans un soupir. Ce n'était pas le moment idéal pour claquer des centaines de dollars, mais je ne peux pas rester sans appareil, Liz.

— Je sais, poulette, répondit son amie d'un ton compatissant. Ce n'était pas la meilleure façon de commencer ton été. Tu as rencontré des Irlandais sexy, au moins ?

Cordelia plissa les yeux.

— Maman, tu veux bien sortir du corps de Liz, s'il te plaît ?

— OK, OK, j'arrête. La maison est comment ? C'est joli, malgré la pluie ?

— Très drôle. C'est joli même avec la pluie.

Elle se tourna pour que Liz puisse voir la chambre.

— Wouah, on dirait la maison des sept nains de Blanche-Neige.

— Tu as vu ?

Soudain, Liz fronça les sourcils.

— Mince, faut que je file. Je retrouve Meena pour déjeuner. Dors bien et, demain, tu te réveilleras en pleine forme, je parie.

— Oui. Sans doute. Mon bonjour à Meena.

Liz sembla hésiter. Cordelia se demanda si elle doutait de sa sincérité. Mais avant qu'elle commence à se faire des films, un sourire rayonnant éclaira son amie.

— Compte sur moi. Gros bisous !

— À toi aussi.

Cordelia raccrocha et regarda la nuit qui tombait derrière la fenêtre. Un coup de fil à Liz et elle avait déjà le mal du pays. Tout en finissant son thé, elle passa la commande pour son nouvel appareil. Il serait livré au *bed & breakfast* d'Alison, comme convenu.

Il n'était que 7 heures du soir, mais peu importe. Elle posa son appareil sur sa table de chevet et toucha l'empreinte du pouce de son père.

— Je t'aime, papa, murmura-t-elle.

Là-dessus, elle lança un épisode d'une vieille série documentaire qui suivait des médecins légistes. Mais cinq minutes plus tard, elle avait déjà sombré dans un sommeil profond, sans rêves.

*

Elle se réveilla en sursaut le lendemain, à l'aube.

Les rayons du soleil filtraient à travers la fenêtre. Pendant une seconde, elle se demanda où elle était. Sagement posé sur sa table de chevet, son appareil l'observait à travers son objectif fendu. Parfait pour lui mettre le moral à zéro de bon matin...

Lève-toi, sors et profite de ta journée. Rien de mieux qu'une bonne balade pour se remettre les idées en place, c'était la devise de Christopher James. Que disait son portable ? Deux messages et des photos de la part de Toby. Grace habillée de pied en cap et prête à partir pour un stage de gymnastique. Miles montrant fièrement la dent de lait qu'il venait de perdre. Sa mère avait écrit pour lui faire suivre un lien vers un article : « *Cinq astuces infaillibles pour trouver l'amour pendant vos vacances.* »

Aucune envie de répondre...

Une fois douchée et habillée, Cordelia jeta un coup d'œil dans le frigo et les placards. La bonne humeur revenait doucement. En ouvrant la fenêtre de la cuisine, elle savoura la caresse d'une brise chaude sur son visage. Le soleil brillait dans un ciel bleu pâle. Pas un seul nuage à l'horizon. Elle prit une photo qu'elle envoya à Liz puis se plongea dans le dossier que lui avait passé Alison.

À l'intérieur, on trouvait les horaires des navettes qui assuraient les liaisons avec les deux autres îles de l'archipel, Inishmaan et Inisheer, ainsi qu'une liste des activités à faire sur place : vélo, visites culturelles, randonnées sur les falaises et balades sur la plage. Elle étudia la carte de la ville de Kilronan. Aucun risque qu'elle se perde : sa proprio avait indiqué l'emplacement du cottage, et à l'évidence, il se trouvait sur la seule et unique route menant au centre-ville. Le pub O'Connor était également signalé.

Cordelia décida d'aller faire un tour au marché. Ensuite, il serait peut-être temps de faire la connaissance de cette fameuse Róisín. Sentir son *tote-bag* étonnamment léger la troubla, et elle alla toucher l'empreinte de son père avant de sortir.

En cours de route, son téléphone vibra.

Alison : Comment va, ce matin ?
Cordelia : Beaucoup mieux, merci. Je fais un petit tour au marché puis j'irai apporter le courrier à ta grand-mère.
Alison : Super, merci. Pour ce soir, rendez-vous au pub à 18 heures ? Désolée si c'est un peu tôt mais, demain, réveil aux aurores pour préparer les petits déj' de mes hôtes.

Cordelia s'empressa de répondre. Aucun problème de son côté !

Un auvent à tissu rayé se déployait à l'extérieur du marché et des paniers remplis de produits variés accueillaient les clients. Elle prit quelques aliments de base.

De retour au cottage, elle avait le cerveau légèrement embrumé. Le *jet lag*, forcément… Avant de se poser, elle s'engagea sur le chemin de terre menant à la grande maison en pierre. On aurait dit la réplique de son cottage, mais en plus grand. Une couronne de marguerites était accrochée à la lourde porte en bois.

Elle tapa à la porte. Pas de réponse. Un banc était placé à côté de la porte. Elle s'assit et patienta. Róisín s'était peut-être absentée… Au bout d'un petit moment, elle se résigna à glisser l'enveloppe reçue au courrier sous le paillasson et rentra piquer un somme avant le dîner.

Le pub O'Connor était plein mais pas bondé lorsque Cordelia poussa la porte, cinq minutes avant l'heure convenue. Des affiches Guinness ainsi que des maillots de foot ornaient les murs et un long comptoir en zinc proposait une bonne douzaine de bières à la pression. Des miroirs étaient accrochés derrière les alcools forts, soigneusement alignés, et de vieilles lampes pendaient au plafond. L'espace accueillait quelques tables, dont la moitié était occupée, ainsi qu'un canapé et deux fauteuils regroupés auprès de la cheminée endormie. Dans un coin, une petite estrade surélevée faisait office de scène : un grand échalas à l'épaisse tignasse châtain jouait de la guitare et chantait du Ray LaMontagne d'une belle voix claire. Où était Alison ? Ne la voyant pas, elle alla s'asseoir au bar.

Deux sièges plus loin, un vieil homme avec un nez gros comme une citrouille et des joues rouges la salua. Elle répondit par une grande spécialité new-yorkaise, le demi-sourire poli mais au message clair : « Je prends acte de ton existence mais fous-moi la paix. Bien cordialement. »

Raté.

— Comment vous vous appelez, jolie demoiselle ? demanda-t-il.

— Laisse-la tranquille, Darragh, lui répondit une voix bourrue. Je vous sers quelque chose ou vous souhaitez regarder le menu ?

Cordelia se tourna, prête à commander un grand verre de vin, et tomba au fond de deux yeux bleu marine, encadrés par une abondante masse de cheveux noirs.

— Eh, mais... je vous reconnais ! Espèce de connard !

4

Niall était un peu gêné pour répondre.

— Pardon, mais… on se connaît ?

Darragh gloussa, et d'autres habitués se retournèrent pour profiter du spectacle.

— Tu as cassé mon appareil ! cria la fille.

La moitié du bar les regardait, à présent. La honte… Mais il ne comprenait toujours pas ce qui poussait cette meuf à l'agresser.

— Je ne sais pas de quoi tu parles, dit-il.

Et c'était la vérité, juré.

— Hier, à la descente du ferry.

Elle était tellement en colère qu'on pouvait presque voir de la vapeur s'échapper de ses oreilles. Et il fallait voir ses joues rouges ! C'était plus comique qu'intimidant.

— Tu m'as bousculée, j'ai laissé tomber mon appareil photo, et il s'est cassé.

À l'entendre, on aurait dit qu'elle avait été victime d'un braquage ou qu'on avait écrasé son chat. Mais ça y est, il la remettait.

— Euh… c'est toi qui m'as bousculé, plutôt, répliqua-t-il.

— Absolument pas.

Elle ne manquait pas d'air, mais bon, inutile de la contrarier un peu plus. Peut-être qu'il marchait un peu vite, mais s'il fallait faire attention à tous les touristes qui descendaient du ferry...

— Écoute, je suis désolé. C'était un accident, OK ?

Niall eut droit à un regard noir pour toute réponse.

— Tu ne te rends pas compte que...

— Eh, c'est juste un appareil photo, non ?

Niall se força à prendre un ton léger. Désamorcer la situation inciterait les piliers du pub à retourner à leur bière. Il s'était senti assez observé lorsqu'il avait attaqué le boulot, cet après-midi. La conversation avec Seamus Donovan avait été lunaire. Un vrai festival d'allusions moqueuses...

— Et si je t'en paie un en échange ? Ça coûte combien, une centaine d'euros ?

À vrai dire, il ne les avait pas, mais Colin accepterait peut-être de les lui prêter...

— Plus de mille dollars, rétorqua-t-elle. Mais la question n'est pas là.

Hein ?! Il avait mal compris...

— Pardon ? Qu'est-ce qui te prend de te trimbaler avec un truc aussi cher ?

— C'est mon problème, dit la fille d'un ton sifflant. Si tu n'avais pas foncé comme un taureau dans l'arène, ce ne serait pas arrivé.

Soudain, la porte s'ouvrit, et Niall vit Alison Murphy entrer. Ah, parfait ! Lui qui cherchait un moyen d'échapper à cette cinglée...

— Tu cherches une table, Alison ?

À son grand désarroi, il la vit foncer vers l'Américaine et s'asseoir à côté d'elle.

— Désolée, je suis en retard...

Alison s'arrêta net en voyant l'expression de la fille. Pas étonnant, elle avait du métal en fusion au fond des yeux...

— Qu'est-ce qui se passe ?

— Ce mec..., grogna l'autre en le montrant du doigt. C'est le connard qui a cassé mon appareil.

Darragh et le reste de la bande pouffaient dans leurs pintes de bière. *C'est ça, marrez-vous, les mecs...*

Niall se pencha et grogna :

— Écoute, c'est la deuxième fois que tu me traites de connard, mais il n'y aura pas de troisième. J'ai dit que j'étais désolé pour ton appareil.

— Peut-être, le coupa-t-elle, Mais tu ne m'as pas présenté d'excuses.

— Alors je te présente mes excuses, ça te va ? Maintenant, si ce n'est pas trop te demander, tu veux bien baisser le volume, s'il te plaît ? Votre première tournée est pour moi.

— Un verre de vin, ça te tente ?

Alison avait saisi qu'un coup de main serait le bienvenu...

— Leur cabernet est vraiment top.

La fille renifla et accepta du bout des lèvres. Alison enchaîna :

— Niall, voici Cordelia James. C'est elle qui va occuper le cottage pendant l'été. Cordelia, voici Niall O'Connor.

L'Américaine cligna les yeux.

— O'Connor ? Comme... comme le pub ?

Niall écarta les bras, la mâchoire crispée. Dans le genre sourire naturel, on avait connu mieux.

— Tout juste. Alors deux verres de cabernet, deux !

Avant que la fameuse Cordelia continue de le pourrir, il fonça à l'autre bout du bar.

Colin venait de jouer le dernier morceau de sa *setlist* et le rejoignit.

— Qu'est-ce que tu lui as fait, à cette meuf, pour qu'elle soit aussi vénère ?

— On s'est rentrés dedans à la descente du ferry, elle a laissé tomber son appareil, et il s'est cassé. À l'évidence, c'était un modèle haut de gamme. J'ai bien essayé de m'excuser, mais ce n'était pas très convaincant, d'après ce qu'on m'a fait comprendre.

Comment pouvait-on claquer autant de fric dans un appareil alors que des smartphones faisaient des super photos ?

Colin émit un sifflement.

— Tu as intérêt à lui payer ses consos pour la soirée.

— C'est prévu.

— Pas désagréable à regarder, en tout cas.

Son pote coula un regard approbateur en direction des deux jeunes femmes.

— Tu dis ça de tout le monde, fit remarquer Niall.

Ce n'était pas qu'une formule – Colin était bi, et même s'il n'avait jamais eu de relation sérieuse, il avait dû coucher avec la moitié de Dublin, les filles et les garçons.

— Ne sois pas si coincé, Niall. Tu as le cœur en miettes, OK, mais tu n'es pas mort. Un jour ou l'autre, il faudra que tu te remettes en selle.

— Quand ça arrivera, ce ne sera pas avec une Américaine qui m'a traité de connard deux fois en dix secondes, répliqua-t-il.

— D'accord, d'accord, si tu le dis. Je la vois discuter avec Alison, tu m'expliques ?

— C'est elle qui occupe le cottage.

— Oh ! génial !

Devant la mine de Niall, Colin effaça son sourire enjoué et se corrigea :

— Oh ! pas génial.

Toujours aussi sombre, Niall ajouta :

— Espérons qu'elle aille dîner ailleurs, ces prochains soirs. Darragh et le reste de la bande sont déjà pénibles, avec leurs regards en coin et leurs sous-entendus. Seamus n'a pas arrêté de me prendre la tête. *Pauvre Niall, pas capable de garder une meuf. Pauvre Niall, pas capable de lancer son pub. Pauvre Niall, pas capable de s'occuper des clients de son père...* Pas besoin d'en rajouter, je suis assez soûlé.

— Le pauvre Niall, il a besoin de s'envoyer en l'air, surtout.

Colin haussa un sourcil devant son air consterné.

— Quoi ? Seamus fermerait sa gueule, au moins.

— Niall !

La voix de son père résonna dans la cuisine.

La mâchoire serrée, Niall prit une brève inspiration et lança :

— J'arrive.

Il posa les deux verres devant Alison et l'Américaine en colère. Sans doute un peu trop fort car quelques gouttes giclèrent.

— Désolé, marmonna-t-il en gardant les yeux baissés. Je reviens tout de suite prendre votre commande.

— Rien ne presse ! lui lança Alison.

Tandis qu'il se dirigeait vers la cuisine, il sentit distinctement le regard noir de Cordelia, planté comme un poignard entre ses omoplates.

Son père servait du *chowder* dans deux bols en céramique. Le reste de la soupe de poisson mijotait sur le gaz.

— Apporte ça à la 12, dit-il d'un ton abrupt. Et c'était quoi, la cuisson du steak de la 5 ? Tu ne l'as pas notée. Ta tête, elle est où, Niall ?

À Dublin, où j'aurais dû ouvrir mon restau et me marier avec Deirdre, songea Niall avec amertume. Il attrapa les bols en marmonnant une excuse. Depuis bien longtemps, il avait compris qu'avec son père, il valait mieux baisser les bras que prendre les armes. Face à Owen O'Connor, on est toujours perdant.

En sortant de la cuisine, Niall vit Alison et Cordelia en pleine conversation devant leur cabernet. Cordelia lui adressa un bref coup d'œil. Oui, effectivement, elle était jolie. Et très américaine : de grands yeux noisette, des cheveux d'un blond de miel, une peau douce avec une pointe de rose sur les pommettes. Mais il avait vu défiler pas mal de filles dans son genre à Dublin. Les touristes américaines étaient des prétentieuses exigeantes qui ne savaient pas parler sans gueuler. Et manifestement, il venait de rencontrer la pire de toutes. Il la gratifia d'un regard furieux (*Moi aussi, je sais parler avec les yeux !*) et alla servir ses deux bols de soupe.

— Sa fiancée l'a trompé avec son associé ?

Oups, Cordelia avait presque crié. Mais c'était plus fort qu'elle. Ça, c'était de l'info croustillante, on se serait cru dans un film !

Alison répondit par un hochement de tête solennel et avala une gorgée de vin.

— Affreux, hein ? Il a quitté l'île l'année de ses dix-huit ans, sans jamais se retourner. Son père est dur avec lui, depuis toujours. Lorsqu'il a ouvert son restau à Dublin, les gens n'ont parlé que de ça à Kilronan. Mais il y a un mois, tout a capoté. Du coup, le voilà de retour pour la saison estivale.

— Trop triste...

Au même moment, Niall sortit de la cuisine avec deux bols de soupe, et elle lui adressa un regard compatissant. Enfin, qui se voulait compatissant. Il lui répondit d'un œil mauvais.

— Il est toujours aussi chiant ?

Alison gloussa.

— Il a toujours eu son petit caractère, disons. On est amis depuis l'école primaire. Pas grand monde ne vit à l'année sur l'île. Les enfants ne courent pas les rues. Et puis il y avait Colin. C'est lui, là-bas, sur la scène. Ohé, Colin !

Elle salua le guitariste d'un grand geste.

— On a grandi ensemble, tous les trois. Quand Niall a commencé à travailler au pub, les meufs qui venaient visiter l'île craquaient toutes pour lui. Tu les aurais vu rougir, glousser et battre des paupières. Il est beau gosse, il faut dire.

— On parle de moi ?

Le fameux Colin surgit et passa un bras autour des épaules d'Alison qui se chargea des présentations.

— Cordelia est photographe. Elle vient de New York.

— New York ? Génial. Un de ces quatre, j'irai. Ce serait mon rêve de jouer là-bas, il y a tellement de salles mythiques.

Le vin aidait Cordelia à se détendre, elle avait envie de montrer un visage plus avenant maintenant que Niall était sorti du décor.

— Ma préférée, c'est le Bitter End, sur Bleecker Street, dit-elle.

— Ils jouent de la musique irlandaise, là-bas ? demanda Colin avec un clin d'œil.

— Aucune idée. Mais je parie qu'on en joue ailleurs dans New York. J'aimerais bien en écouter, en tout cas.

— Ça tombe bien, on organise un grand concert la semaine prochaine. Un *seisiún*, comme on dit dans le coin. Ce sera ici, au pub. Tu devrais venir. Alison sera là. Róisín aussi. Tu l'as déjà rencontrée ?

Colin débordait d'énergie, une vraie tornade. Et il était d'une bonne humeur contagieuse : elle souriait jusqu'aux oreilles, c'était plus fort qu'elle.

— Euh, non, avoua-t-elle. J'ai voulu lui apporter son courrier plus tôt dans la journée, mais quand j'ai frappé à la porte, personne n'a répondu.

Colin émit un sifflement.

— Tu ne vas pas être déçue. C'est une vraie légende, dans le coin. Demande-lui qu'elle t'emmène faire un tour en carriole. Elle te racontera tout ce qu'il y a à savoir sur l'île. Sur Inishmaan. Sur Inisheer. Sur le *púca*. Sur les *banshees*. Sur…

— Hé ho !

À l'autre bout du bar, Niall indiquait le cadran de sa montre.

— J'arrive, t'inquiète ! lui lança Colin. Déso, mais le devoir m'appelle. On se voit la semaine prochaine au concert, ça marche ? Fergus viendra avec son *bodhran*. Ce sera trop bien.

— Oh ! je…

Cordelia jeta un coup d'œil en direction de Niall. On aurait dit une statue, sculptée dans la roche. Le regard aussi froid qu'un iceberg.

— Bah, ne t'en fais pas. Il aboie beaucoup mais il ne mord pas. Il est en phase de réadaptation, disons.

— C'est ce que je lui ai expliqué, fit remarquer Alison.

Cordelia sentit la gêne l'envahir, mais Colin eut un haussement d'épaules.

— Je l'ai prévenu que tout le monde serait au courant. Impossible de garder un secret sur Inishmore.

Une grande tape sur l'épaule de Cordelia, et il ajouta :

— Enfin bref, je compte sur toi. Vendredi prochain, 19 heures tapantes. Et toi - il agita le doigt sous le nez d'Alison -, veille à ce qu'elle tienne sa promesse.

— C'est ça. Allez, file !

Alison déposa un bisou sur sa joue. Le temps d'un dernier clin d'œil, Colin rejoignit la scène en slalomant au milieu des tables.

— Qu'est-ce qui vous ferait plaisir ?

Cordelia sursauta. Niall venait de surgir derrière elles.

— Pour moi, le burger, s'il te plaît, dit Alison.

— Très bien. Et pour toi ?

Il avait un torchon jeté sur l'épaule et la lumière se reflétait dans ses yeux bleus. Ils étaient d'autant plus troublants qu'ils tranchaient avec le noir profond de ses cheveux. Une fine barbe ombrait sa mâchoire anguleuse qui avait toujours l'air serrée. Était-ce une séquelle de cette sale période qu'il avait traversée… ou sa mine habituelle ? Elle comprenait ce que les filles pouvaient trouver séduisant chez lui. Mais elle se voyait mal attirée par quelqu'un d'aussi ombrageux - et trop fier pour daigner s'excuser.

— Je vais prendre les moules, merci, dit-elle poliment.

Sur ces mots, Cordelia attrapa son verre et lui tourna le dos pour regarder Colin jouer sous la lumière tamisée.

5

Niall se chargeait de nettoyer les tables et de remonter les chaises quand son père sortit de la cuisine avec deux bols de soupe de poisson.

— Assieds-toi.

Il s'arrêta et s'exécuta. Son père leur servit deux pintes avant de prendre place à côté de lui.

— Mange.

Tu me prends pour un chien, ou quoi ? Mais il s'exécuta quand même. Trop fatigué pour se battre. Ça manquait de sel et d'herbes fraîches, mais tant pis. Il prit une grande gorgée de bière et attendit que son père aille droit au but, qu'on en finisse. Il n'avait qu'une envie : retrouver Colin et Pocket. Après des semaines d'inactivité, cette première journée l'avait éreinté.

Owen O'Connor n'était pas pressé. Il avala lentement sa soupe, une cuillérée après l'autre, puis sirota sa bière d'un air songeur. Finalement, Niall en eut assez de ce silence et lança :

— C'est bon, p'pa, vas-y.

Son père haussa un sourcil broussailleux.

— Pardon ?

— Je sais que tu as un truc à me dire, alors vas-y. Sans quoi, je rentre.

— Très bien.

Owen se cala au fond de son siège, les bras croisés sur son large torse.

— Je t'avais prévenu que cette fille te mettrait dans la mouise.

Et c'est parti... Niall se prit la tête entre les mains.

— Tu aurais dû te méfier. Avec ses grandes idées, elle t'a retourné le cerveau. Elle aurait voulu que tu coupes les ponts avec nous.

— Mais non, pas du tout, rétorqua Niall entre ses dents. Le pub, c'était mon idée. Mon rêve. Deirdre m'a donné envie de croire que je pouvais le réaliser.

Owen O'Connor renifla bruyamment.

— On peut dire qu'elle a réussi son coup.

— C'est quoi, le but de cette conversation ? M'enfoncer un peu plus ?

— Là où je veux en venir, c'est que quand la marche est trop haute...

— Oh ! pitié, p'pa, on voit les choses différemment, toi et moi, mais ce n'est pas une raison pour dire que la marche est trop haute ! Tu ne portais pas Deirdre dans ton cœur ? Eh bien, je m'en fous, parce que je l'aimais. Je l'aimais, OK ? Je comptais l'épouser, et on était heureux tous les deux. Et maintenant c'est fini. Tu comprends, ça ? C'est fini. Alors la dernière chose dont j'ai besoin, c'est que tu me fasses la leçon en mode pourquoi tu avais raison et pourquoi j'avais tort. Je sais que j'avais tort. Tous les jours, je me le répète, ça me ronge en permanence. Mais ne compte pas sur moi pour revenir à Kilronan et tenir le pub. C'est ton rêve, pas le mien.

Owen tapa du poing sur la table.

— Encore ces histoires de rêves ! C'est pas bientôt fini ? Tu crois que mon père m'a demandé si j'en avais, des rêves ? À ton avis, c'est avec des rêves que je vous ai nourris, ta mère et toi ? Non. Travailler dur, il n'y a que ça de vrai dans la vie. Tu vas trouver quelqu'un ici et fonder une famille. Ensuite, il sera toujours temps de voir.

Niall se leva d'un bond.

— C'est tout vu, au contraire. Faire ma vie ici, ça ne m'intéresse pas. D'ailleurs, dès la fin de l'été, je me barre. Mets-toi ça dans le crâne, je ne suis pas comme toi !

— Sur un autre ton, compris ?

Owen se leva à son tour. Niall et lui faisaient la même taille, mais il était plus costaud. Il toisa son fils, le regard noir.

— Tu n'es pas comme moi, non. Là-dessus, aucun doute. Et ta mère a l'air de croire que te faire revenir à la maison suffira à tout régler. Mais on sait. On sait que tu crèches chez un de tes potes. On sait que tu n'as plus un centime.

Niall écarquilla les yeux. Il avait pourtant veillé à cacher la vérité à ses parents. Soudain, il eut le déclic. *Colin...*

Un poids s'abattit sur ses épaules. Il était trop fatigué pour se battre. Trop fatigué pour tout.

— Tu as raison, p'pa, finit-il par dire. Je ne suis qu'un pauvre type. Sans argent, sans avenir, sans toit, sans personne. Je n'ai plus rien. Je ne suis plus rien.

Son père sembla déstabilisé par cet aveu sorti de nulle part.

— Écoute, je ne voulais pas...

— Bien sûr que si.

Niall jeta son torchon sur la table.

— Je rentre. Occupe-toi de fermer.

Il attrapa son blouson et sortit.

Pocket l'attendait dehors. Le border collie pencha la tête sur le côté puis vint se fourrer entre ses jambes. Il lui caressa la tête et demanda :

— Colin est au courant que tu es sortie sans demander la permission ?

Ils se mirent en route. Niall sortit la torche qu'il gardait dans sa poche – les rues n'étaient pas éclairées, la nuit.

Tandis que Pocket trottinait à côté de lui, il laissa son esprit le ramener vers son enfance, quand il voyait son père comme un héros, un gaillard au physique de géant, le roi de Kilronan. À quel moment tout avait changé ?

Sans doute quand il avait commencé à réfléchir par lui-même. Appris à faire sa propre cuisine. Les recettes traditionnelles, ça l'emmerdait. Oh ! il n'avait rien contre un bon ragoût à l'ancienne de temps en temps. Mais on pouvait proposer autre chose à la carte du pub, non ? L'ennui, c'est qu'envisager de faire autre chose, c'était comme gifler son père en plein visage.

C'est bon, tu n'as plus à t'inquiéter pour ça, p'pa, songea-t-il avec amertume. Les lumières de la maison apparurent dans le lointain. À cause de Deirdre, il avait même oublié comment rêver. Il était prêt à servir tout ce qu'on lui demandait, tenir jusqu'à la fin de l'été et se barrer loin d'Inishmore à la première occasion. Il avait perdu l'envie de créer de nouvelles recettes. Et celle de cuisiner tout court.

Son père pouvait s'estimer heureux.

Au début de sa troisième journée à Inishmore, Cordelia s'habilla et prit la direction de la maison au bout du chemin. Le moment de rencontrer la fameuse Róisín était-il enfin arrivé ? Elle frappa à la porte et... pas de réponse. Cette fois, elle crut voir du mouvement à l'intérieur. Alors elle attendit à nouveau sur le banc. Mais toujours aucune trace de Róisín.

Peu après, Alison lui demanda par texto d'arracher les mauvaises herbes du petit jardin devant le cottage. Elle fit demi-tour.

L'air était frais, il y avait du vent. Et puis problème : Cordelia était incapable de faire la différence entre les fleurs et les mauvaises herbes. En fouillant dans le salon, elle tomba sur un livre qui listait les différentes espèces sauvages qu'on pouvait trouver en Irlande. Quand arriva l'heure du déjeuner, elle était devenue une experte en chèvrefeuilles, marguerites, campanules, polygales et autres bruyères des marais. Elle avait également arraché une bonne partie des mauvaises herbes.

Un camion s'arrêta pour livrer un gros sac d'engrais commandé par Róisín. Cordelia le hissa sur son épaule et en avant. Alison lui avait dit de le déposer dans l'abri juste à côté de la maison. On ne pouvait pas le louper avec ses murs peints en rouge. Les portes en bois n'étaient pas verrouillées. À l'intérieur, on apercevait une brouette, tout un tas d'outils de jardinage, des seaux, un tuyau d'arrosage et deux vélos. Sur l'un d'eux, un panier était accroché au guidon et piqué d'une fleur en plastique.

Cordelia laissa le sac glisser dans la brouette puis s'aventura de l'autre côté de la maison. Róisín était peut-être derrière... Elle y trouva un paddock pour chevaux. Mais il était vide.

En tout cas, la vue sur l'océan était splendide, d'ici.

Cordelia retourna prendre le vélo. Avant cela, elle prévint Alison qu'elle avait livré l'engrais mais qu'elle n'avait pas croisé sa grand-mère.

Il y avait un cheval dans le paddock ?

Elle répondit que non.

C'est qu'elle est partie faire un tour, alors. Merci pour la livraison !

Alors qu'elle sortait du cottage où elle était passée récupérer son *tote bag*, elle sursauta. Un border collie était assis sur le chemin et l'observait d'un œil pétillant d'intelligence.

— Coucou, toi, dit-elle en jetant un coup d'œil alentour. Tu sors d'où ?

Le chien trottina jusqu'à elle et flaira ses poches, puis son sac. Ayant constaté qu'elle n'avait pas de friandises, il fourra la truffe dans le creux de sa main pour réclamer une caresse. Quel comédien !

— Tu as faim ? demanda-t-elle en le grattant derrière l'oreille. Attends.

Il restait encore un peu du bacon préparé par Alison dans le frigo. En ressortant, Cordelia trouva son visiteur qui furetait autour de son vélo.

— Tiens, c'est pour toi, dit-elle en levant la tranche racornie.

L'animal s'avança et *hop*, la tranche de bacon disparut. Il pencha la tête sur le côté, avec une oreille qui pendait dans le vide, puis se tourna vers la route.

— Tu habites de ce côté ? C'est parti.

Elle enfourcha son vélo et se mit à pédaler. Très vite, elle s'aperçut que le chien qui trottinait joyeusement à côté d'elle était une petite célébrité.

— Salut, Pocket ! lança un type qui passa à bord de son camion.

Une femme qui se promenait avec un parapluie sous le bras dit :

— Alors, tu t'es fait une nouvelle amie, Pocket ?

Ah, c'était donc son nom. Et c'était une demoiselle...

En passant devant la grande ferme jaune, Cordelia vit une femme avec une masse de boucles brunes qui étendait du linge sur une corde. Un vrai tableau. Des bas dansaient au gré des rafales, et le bâtiment juste derrière s'éclairait de tons pastel. Ses doigts la démangeaient. Si seulement elle avait eu son appareil ! La femme lâcha le drap qu'elle tenait et planta les poings sur ses hanches.

— Pocket !

Le chien dressa les oreilles tandis que sa propriétaire se précipitait dans leur direction.

— Désolée. Elle ne vous ennuyait pas, rassurez-moi ? demanda-t-elle. Viens ici, coquine. Tu étais censée surveiller la maison de Róisín.

Cordelia intervint :

— C'est ce qu'elle faisait, je crois. Je m'appelle Cordelia, c'est moi qui loue le cottage d'Alison pour l'été.

— Oh ! c'est vous, l'Américaine !

— Exact, avoua-t-elle avec une grimace. Les nouvelles vont vite, j'ai l'impression.

— Les nouvelles, oui. Mais le reste... Moi, c'est Fiona.

Elles se serrèrent la main au-dessus du muret qui délimitait la propriété.

— Alors comme ça, vous comptez passer tout l'été parmi nous ? J'espère que vous ne vous ennuierez pas trop. À votre âge, on aime faire la fête, j'imagine.

— Je ne suis pas une grande fêtarde, à vrai dire.

— Alors tant mieux, en un sens. Vous avez rencontré Róisín ?

— Non.

Un peu gênée, Cordelia ajouta :

— On dirait qu'elle n'est jamais chez elle.

Fiona éclata de rire :

— Elle ne tient pas en place. Elle emmène souvent les touristes en promenade. Vous alliez où, comme ça ?

— Je pensais descendre au port.

— Si c'est pour déjeuner, je vous conseille le pub O'Connor. Tous les gens du coin vont là-bas.

Cordelia esquissa un sourire. On n'y croisait pas que des gens sympas, malheureusement...

— Je sais, Alison m'y a emmenée hier soir.

— Et ça vous a plu ?

Face au regard inquisiteur de Fiona, il n'y avait qu'une réponse possible...

— J'ai adoré.

Si on oublie l'abruti de barman râleur qui a détruit mon appareil photo, ajouta-t-elle dans un coin de sa tête.

Fiona écarta les boucles que le vent avait poussées devant ses yeux.

— Dites, vous risquez de vous sentir bien seule, au cottage. Et si vous veniez dîner, dimanche soir ? Alison et Róisín viennent toujours partager mon rôti. Ça fait oublier les bourrasques et le bruit de la pluie.

Cordelia était aux anges. Alison serait là, et ce serait l'occasion de rencontrer sa grand-mère... si l'occasion ne se présentait pas avant. Dans cinq jours, donc... Ça lui faisait une chouette perspective.

— Avec grand plaisir, dit-elle. Merci.

Fiona joignit les mains.

— Formidable ! Rendez-vous à 18 h 30, dans ce cas. Notre chère voisine pourra vous prendre à bord de son carrosse, je suis sûre. Mais faire le trajet à pied peut être agréable, si le temps le permet.

Sur ces mots, elle se tourna vers la chienne.

— Allez, viens, Pocket, il faut que je retire le linge avant la pluie.

— Parce qu'il va pleuvoir ?

Cordelia leva le nez en l'air. Le ciel était nuageux, mais pas particulièrement menaçant.

Fiona se tapota la jambe.

— J'ai deux broches dans le genou. Ça me tracasse dès que le temps change.

Tout en regrettant d'être sortie sans son K-way, Cordelia salua Fiona et Pocket puis prit le chemin du centre-ville.

En dehors du pub O'Connor, elle ne savait pas trop où aller. C'était vraiment un endroit sympa. Et ces moules, un délice !

Allez, courage. Si tu as du bol, l'abruti ne sera pas là. Dès qu'elle poussa la porte, son regard vola instinctivement jusqu'au comptoir. Pas de chevelure noire ni d'yeux bleus à l'horizon. À la place, une quadra aux cheveux roux et d'un caractère enjoué servait à boire à deux touristes.

Avec un soupir de soulagement, Cordelia s'assit à une table libre.

La lumière qui baignait la salle était magnifique. *Si j'avais encore mon appareil, j'aurais pris de super photos*, songea-t-elle non sans agacement. *D'où viennent ces touristes ? Ils m'auraient peut-être laissé faire leur portrait. Ça aurait relancé mon compte Instagram.*

Depuis un mois, pas un seul post, rien. Elle n'avait même pas regardé son mur. Devant Liz, elle avait prétexté une petite cure de détox' numérique. La vérité, c'était qu'elle avait la trouille. Elle en avait marre des commentaires négatifs, marre de cette impression d'avoir perdu la flamme. Mais là, maintenant, elle aurait tout donné pour sentir le poids léger de son appareil sur sa poitrine.

Cordelia commanda une salade de betterave. La serveuse s'appelait Shauna et savait déjà qu'elle était « l'Américaine du cottage ». En attendant, elle sirota un coca et se plongea dans son bouquin qui parlait de meurtres irrésolus. Liz avait essayé de la convaincre de prendre des livres plus légers pour lui changer les idées. Mais franchement, quoi de mieux que des affaires criminelles sanguinolentes pour se distraire ?

Un groupe de jeunes entra et prit place au comptoir. Des compatriotes. On n'entendait que leurs blagues pourries et ils enchaînaient les shots de whisky en se congratulant à coups de *high five*. La honte... Pas étonnant que les touristes américains soient aussi mal vus partout où ils passent !

Soudain, la porte s'ouvrit à nouveau, un courant d'air frais s'engouffra dans la salle, et Cordelia sentit son sang se glacer. Car la silhouette longiligne de Niall O'Connor venait de faire son apparition.

Il la repéra aussitôt, et ses yeux d'un bleu froid s'écarquillèrent pendant une fraction de seconde. *Et merde.* Au même moment, Shauna surgit avec sa commande.

— Et voilà pour toi ! dit-elle d'un ton guilleret. Oh ! Niall ! Je te présente Cordelia, elle vient de New York. C'est elle qui loue le c...

— Je sais.

Sans même ralentir, Niall passa derrière le bar et disparut derrière les portes battantes de la cuisine.

— Ne fais pas attention, dit Shauna. Il traverse une mauvaise passe.

— Pas de souci, se contenta-t-elle de répondre poliment.

Elle se fichait complètement que ce crétin de Niall O'Connor soit sympa avec elle ou pas. Elle picora sa salade, et quand elle leva les yeux vers le bar, Niall remplissait les verres des Américains braillards. Ce regard noir ! On aurait dit que la bouteille de whisky avait insulté sa famille. Comment pouvait-il irradier une telle colère sans se transformer en torche humaine ? Même à l'autre bout de la pièce, la tension qui l'entourait était palpable.

Cordelia avait fini la moitié de son assiette quand son téléphone sonna. Un appel de sa mère. D'ordinaire, voir son nom s'afficher sur l'écran lui donnait envie de s'enfouir sous terre, mais une fois n'est pas coutume, elle s'empressa de répondre. Le mal du pays commençait à se faire sentir et, à sa grande surprise, elle avait hâte d'entendre cette voix si familière.

— Allô, Cordie ? Tu m'entends ?

— Coucou, maman !

Cordelia fut surprise de son propre enthousiasme. Sa mère aussi, sans doute.

— Comment ça va ? Il est quelle heure, chez vous ?

— Aucune idée. 7 heures, je crois. On s'est levés tôt pour admirer le lever de soleil sur le pont du bateau de notre ami. Gary, viens !

— Attends, je...

Cordelia voulait parler à sa mère, pas au mec de sa mère. La mâchoire serrée, elle entendit une voix d'homme résonner à l'autre bout du fil.

— Salut, Cordelia. Alors, comment ça se passe, sur ton île ?

— Salut, Gary. Oh ! c'est super. Très tranquille. Et il pleut.

Gary ricana.

— Comme je l'ai dit à Louise, j'espère que tu as mis une bouée de sauvetage dans ta valise !

— Oui, exact, ha ha.

Pourquoi sa mère avait-elle tenu à l'appeler si c'était pour lui infliger les blagues nulles de son petit ami ?

Sans attendre, elle enchaîna :

— Pardon, Gary, tu veux bien me repasser maman ? Ensuite, je vous laisse profiter de votre lever de soleil.

— Bien sûr, bien sûr, une seconde. Louise !

Une seconde plus tard, la voix de sa mère résonna à l'autre bout du fil :

— J'espère qu'il y a des bottes de pluie à ta disposition dans ton cottage.

— T'inquiète, maman, j'en avais acheté une paire avant de partir.

Incroyable, mais vrai : elle savait préparer une valise toute seule comme une grande !

— Ah, parfait. Comment ça se passe, alors ? Tu as rencontré des garçons ?

Au secours...

— Tu m'étonnes ! Hier, au pub, c'était soirée *speed-dating*, je n'allais pas rater ça.

Cordelia n'avait aucune envie de s'énerver. Mais est-ce que c'était trop demander qu'on respecte ses choix et qu'on arrête de lui poser des questions sur sa vie sentimentale ?

— C'est vrai ?!

Entendre sa mère excitée comme une puce lui fit presque du mal.

— Évidemment que non, maman, enfin ! Il n'y a pas assez de monde sur l'île pour organiser des soirées *speed-dating*.

— C'est bien ce qui m'inquiète. Mary Ellen me le disait pas plus tard qu'hier : si tu avais choisi d'aller à Londres, ou même à Paris, tu aurais plus facilement rencontré des gens de ton âge et de ton milieu.

— Des gens de mon milieu ? Maman, on n'est pas dans un roman du XIXe siècle, je ne suis pas venue ici pour mettre le grappin sur l'héritier d'une famille bien comme il faut.

Mais sa mère enchaînait déjà :

— Au pire, il y a toujours les sites de rencontre. La fille de Mary Ellen a rencontré son fiancé sur une appli qui s'appelle Summr of Love. Tu notes ? Mais attention, ça s'écrit sans le *e*. Vous les filles d'aujourd'hui, vous ne mesurez pas la chance que vous avez. À mon époque, il fallait se lever de bonne heure pour trouver l'homme de sa vie. Et puis n'oublie pas que tu as trente ans l'an prochain, Cordie...

— Oui, maman, rétorqua-t-elle en serrant la mâchoire. Je suis au courant.

— Tu as terminé ?

Niall s'était matérialisé à côté d'elle, l'air toujours aimable.

Cordelia était à peine remise de sa surprise quand elle entendit sa mère crier :

— À qui appartient cette belle voix grave ?

— Une seconde, maman...

La main collée sur le haut-parleur de son téléphone, elle tourna la tête et demanda :

— Pardon ?

Niall désigna son assiette d'un mouvement du menton.

— Tu as terminé ta salade ?

— Oh. Oui.

Pas vraiment, à vrai dire, mais elle préférait qu'il débarrasse le plancher. Où était passée Shauna ? Niall récupéra l'assiette et s'éloigna. *Même de dos, il a toujours l'air en colère.* Les yeux de Cordelia suivirent la ligne dure de ses épaules tandis qu'elle reprenait sa conversation.

— Je te préviens tout de suite, maman, c'est le barman du pub où je déjeune. Pas la peine de te faire des films.

— N'empêche qu'il a une voix magnifique. Et puis il n'y a pas de mal à sortir avec un barman. Au moins, il a un travail. Contrairement à ce garçon, là... Sam. Ce type t'a toujours tirée vers le bas.

Cordelia laissa échapper un soupir. Sa vie sentimentale était un désert depuis la mort de son père. Quant aux deux mecs qui constituaient ses maigres expériences amoureuses... Avant d'être chômeur, Sam était cadre pour un fonds d'investissement. Il n'avait jamais voulu admettre que... eh bien qu'ils étaient ensemble, tout simplement. En un sens, c'était mieux qu'avec Luke, le type avec qui elle était juste avant : il comptait toujours sur son soutien, alors qu'il n'avait jamais le temps pour écouter ce qu'elle avait sur le cœur, venir à ses vernissages ou même jeter un coup d'œil à ses photos. Tout ce qu'il aimait, c'était se plaindre de son boulot et la forcer à regarder des films indés chiants comme la pluie.

— Ce que j'essaie de dire, poursuivit sa mère, c'est que si tu décides de passer tout un été loin de chez toi… autant en profiter à fond, non ?

Cordelia se sentit bouillir.

— Maman, je suis indépendante, je n'ai pas besoin de quelqu'un d'autre pour profiter de mon séjour. Je ne suis pas venue ici pour me trouver un Irlandais.

— Ma chérie, je te vois tellement triste depuis la mort de ton père… À mon avis, ça irait mieux si tu avais quelqu'un dans ta vie.

— Justement, ce n'est que ton avis, la coupa-t-elle. Pas le mien.

Elle entendit sa mère respirer bruyamment puis ajouta :

— Bon, faut que j'y aille. À plus.

Elle raccrocha avant que sa mère puisse répliquer.

Lorsque Cordelia sortit du pub, il s'était mis à pleuvoir.

6

Lorsque dimanche finit par se profiler, Cordelia se dit que Fiona lui avait fait un véritable cadeau en l'invitant à dîner.

Une semaine qu'elle était sur Inishmore et la nostalgie de sa vie new-yorkaise la rendait malade. Cela aurait peut-être été plus facile à supporter avec son appareil, mais la livraison de celui qu'elle avait commandé avait pris du retard. Elle n'était pas retournée au pub depuis ce déjeuner affreux, et même si elle n'avait pas prévu de se rendre au concert de vendredi auquel Colin l'avait conviée, maintenant, elle en rêvait. Il fallait qu'elle sorte. Qu'elle voie du monde. La mystérieuse Róisín n'était jamais chez elle. Ou alors, elle refusait systématiquement d'ouvrir. Difficile de ne pas mal le prendre !

À se demander si cette grand-mère existait vraiment...

Et puis il y avait la pluie. Enfin, les pluies, car il pouvait pleuvoir de vraies hallebardes, une petite bruine ou de grosses gouttes qui se glissaient dans le col de son blouson dès que le vent rabattait sa capuche. Il pleuvait en journée, il pleuvait pendant la nuit. Et pendant les rares moments d'accalmie, l'air était si humide qu'on guettait les signes d'un nouveau déluge. Très curieux, surtout pour une île si minuscule !

Chaque fois qu'elle était tentée d'aller explorer l'île, pour découvrir la colonie de phoques ou le port de Kilronan, le mauvais temps s'en mêlait. Elle essayait de se raccrocher à la devise de son père, *Lève-toi, sors et profite de ta journée*, mais comment profiter de quoi que ce soit sous des trombes d'eau ? Elle était partie faire un tour à vélo un jour où le temps n'était pas trop pourri. Effectivement, l'île était ravissante, avec ces collines tout en pentes douces, de gros rochers noirs polis par les éléments, ces poneys aux poils longs et ces moutons. Mais pile au moment où elle avait voulu prendre des photos sur son téléphone, un rideau de pluie lui était tombée sur le nez, on n'y voyait plus à un mètre. Elle était rentrée au cottage trempée et en claquant des dents. Qu'est-ce qu'elle fichait dans ce pays merdique ? Dire qu'elle aurait pu être sur une plage, à siroter des cocktails...

Cordelia se raccrochait aux photos que Toby lui envoyait en rafale, ça lui faisait un bien fou de penser à New York et aux gens qu'elle aimait. Revers de la médaille : le mal du pays la rongeait encore plus.

En prévision du dîner, elle avait appelé Liz en visio pour avoir son avis lors de la séance d'essayage. Son portable était calé contre la lampe de la table de nuit, à côté de son appareil cassé. Elle avait échangé par mail avec Leslie. En principe, elle pourrait le réparer dès son retour.

L'été se déployait devant elle à la façon de l'océan. Un océan interminable, noyé sous la pluie, déprimant au possible.

Lève-toi, sors et profite de ta journée.

— Il faut que tu trouves à t'occuper.

Liz secoua la tête quand Cordelia lui montra une combinaison en soie rose. Soit. Retour au placard...

— Il n'y a pas vraiment de quoi s'occuper. En dehors de la pêche...

— Essaie, pour voir !

— C'est chiant.

— Cord, tu es capable de rester plantée cinq heures au même endroit pour prendre une photo.

— Ce n'est pas pareil.

— Bien sûr que si.

— Non, je te dis.

Elle sortit du placard une robe qui descendait jusqu'au genou, blanche avec de fines rayures bleues.

— Trop belle ! s'exclama Liz. Tu as une ceinture un peu large ? Avec des bottes, ce serait le top.

Cordelia retira son sweat par l'encolure.

— Sûre ? On serait à New York, je veux bien, mais ici...

— Et alors, qu'est-ce que ça change ? Les gens qui t'invitent ne t'ont pas demandée de venir avec des bottes en caoutchouc et un gros pull en laine ?

— Je n'ai pas trop envie de me la jouer petite citadine, dit-elle en boutonnant sa robe.

Pourtant, une fois qu'elle rajouta la ceinture, elle fut obligée d'admettre que ça rendait super bien.

— *Bellissima !* s'écria Liz. Pour le maquillage, mets juste un peu de gloss et laisse tes cheveux détachés. Ce sera classe, tout en restant simple.

— Si tu en as marre de la décoration d'intérieur, je te verrais bien devenir *coach* vestimentaire, répondit-elle en riant.

— Au fait !

Liz tapa dans les mains.

— J'ai parlé à ma boss, l'autre jour. La boîte cherche un nouveau photographe pour sa campagne de pub. Je peux lui passer ton contact ? Je préciserai que tu ne rentres qu'en septembre, bien sûr.

Cordelia sentit brusquement son estomac se nouer.

— Oh ! euh… OK.

Son amie plissa ses lèvres peintes d'un rouge vif.

— Je sais, ce n'est pas vraiment le genre de taf qui te passionne, ma puce. Mais ça reste du taf, pas vrai ?

— Ou-oui, bien sûr, finit-elle par articuler. C'est une super nouvelle, Liz. Vraiment. Merci.

Le sourire de son amie remplit l'écran.

— Bon, avant qu'on raccroche, avec les mecs, ça dit quoi ? Il y a beaucoup d'Irlandais BG, sur ton île ? Des touristes, je prends aussi.

— Liz…

— T'inquiète, je ne vais pas te soûler avec ça comme ta mère. Tu peux te marier ou rester célibataire, avoir des enfants ou pas, c'est ta décision. Mais tu es jeune, tu es canon et tu passes l'été à l'étranger ! Je veux tout savoir sur tes expériences torrides avec des Irlandais sexy, pitiééé.

Liz se mit à battre des paupières avec une mine de chien battu.

Cordelia fut obligée de s'esclaffer.

— Tu veux t'envoyer en l'air avec des hommes par procuration ?

— Beurk non ! Pas avec des hommes ! Je veux juste les détails croustillants. Le sexe en vacances, il n'y a pas mieux.

— Meuf, je suis à Inishmore, pas à Cancun. Et puis je suis là pour veiller sur une vieille dame, pas pour clubber du soir au matin. De toute façon, il n'y a pas de discothèque…

Liz rétorqua :

— À mon avis, elle n'existe pas, ta fameuse Róisín. C'est un vieux fantôme qui hante les falaises. Seuls les gens du coin sont capables de la voir. Sérieux, Cord, ne reste pas enfermée en haut de ta tour. Amuse-toi un peu, tu as le droit. Avec un peu de chance, tu vas rencontrer le sosie de Cillian Murphy.

— Pour une lesbienne, c'est très chelou, cette obsession.

— C'est l'exception qui confirme la règle, répondit Liz avec un haussement d'épaules.

Cordelia secoua la tête, puis regarda l'heure et...

— Oh ! mince, il faut que j'y aille !

— Laisse-moi deviner, tu risques d'être en avance de seulement cinq minutes ?

— Ha ha, très drôle. À plus !

Sitôt raccroché, Cordelia se maquilla les yeux avec du fard à paupières et un léger trait de mascara. Là-dessus, un peu de gloss avant de rejeter ses cheveux en arrière. *Liz, tu es un génie !*

Cordelia attrapa la bouteille de vin qu'elle avait achetée la veille. *Ne jamais arriver chez quelqu'un les mains vides.* Encore un conseil de son père.

La pluie qui avait tambouriné toute la journée sur les carreaux semblait s'être calmée, par miracle ! Elle n'eut même pas besoin de mettre sa capuche. Le fond de l'air était frais, mais c'était plutôt agréable. En cours de route, le ciel plongea dans la pénombre et, au loin, les lumières des maisons faisaient des taches dorées sur les champs verdoyants. L'odeur d'herbe mouillée mêlée d'embruns envahit ses narines.

Finalement, elle arriva à la ferme jaune. Ce qui s'offrit à son regard était si pittoresque qu'elle en eut le souffle coupé. De la lumière filtrait à travers les rideaux blancs et une volute de fumée s'échappait de la cheminée pour se dissoudre dans l'air légèrement iodé. On percevait des accords de guitare. Puis Pocket se mit à aboyer joyeusement. Cordelia sourit. Depuis toujours, il lui suffisait de voir les immeubles en grès rouge de Carroll Gardens pour se sentir chez elle. Il y avait aussi son appartement de Morningside Height. Mais, là, c'était un autre monde.

Son père rêvait de partir s'installer à la campagne au moment de sa retraite. Il se serait acheté une maison près d'une rivière, avec un terrain immense. Il aurait adoré cet endroit. Une boule lui serra la gorge, et elle s'efforça de ravaler ses larmes. Inutile de se pointer chez Fiona avec les yeux rougis.

Une ouverture dans le mur en pierre donnait sur une pelouse qui se déroulait jusqu'à la porte d'entrée. Des voix résonnaient à l'intérieur quand elle appuya sur la sonnette.

Niall n'en croyait pas ses yeux. *Bordel, mais c'est pas vrai !* Il était venu à Inishmore pour oublier Deirdre et Patrick. Et il fallait qu'on lui mette leurs tronches sous le nez.

— Désolé, dit sa mère. On pensait que tu étais déjà au courant.

— Non, répliqua-t-il en serrant le poing.

Le papier journal crissa. Un article de l'*Irish Times* chantait les louanges du tout nouveau pub gastronomique qui venait d'ouvrir ses portes à Dublin. Le Fallen Star. C'était lui qui avait choisi ce nom, en hommage à un bouquin de Neil Gaiman qu'il adorait. Les deux traîtres souriaient à l'objectif. Les voir enlacés lui fit un mal de chien. L'article tressait des lauriers à cette carte... qu'il avait créée.

Une sensation de vertige s'empara de lui. Lire une seule ligne, ou même regarder ce journal, était au-dessus de ses forces. Il s'en débarrassa et tourna les talons.

— Oh ! Niall...

Sa mère voulut poser une main sur son épaule, mais il se dégagea.

— Tout va bien, c'est bon.

— Non, justement, rétorqua-t-elle avec véhémence. Si je pouvais, j'irais voir cette... cette sale pimbêche et je lui montrerais de quel bois je...

— Laisse, maman.

Niall avait toujours la poitrine comprimée comme un ressort. Combien de temps pourrait-il supporter ça ? Il fallait que cette douleur s'arrête...

On sonna à la porte.

— Fiona !

La voix de son père résonna dans le salon où Colin grattait sa guitare.

— C'est sûrement Alison et Róisín !

Niall leva les yeux au ciel. Il ne pouvait pas se bouger et aller ouvrir lui-même ?

— J'y vais, dit-il en posant la main sur le bras de sa mère.

D'un pas martial, il traversa le couloir qui menait à la porte d'entrée. Heureusement que Róisín était de la partie. Elle avait toujours un truc à raconter, il passerait la soirée tranquille. Avec un peu de chance, personne n'avait lu le journal.

Ben tiens, pensa-t-il avec amertume.

Certain de se retrouver face au visage anguleux et au regard perçant de la grand-mère d'Alison, Niall ouvrit la porte... et sursauta. Il n'aurait jamais cru se retrouver nez à nez avec...

— Qu'est-ce que tu fais là ? demanda-t-il.

Cordelia l'observait d'un air tout aussi effaré.

— Qu'est-ce tu fais là, surtout ? rétorqua-t-elle.

— On est chez mes parents, dit-il d'un ton sifflant.

Elle porta la main à sa bouche.

— Oh non, tu... tu es le fils de Fiona ?

Alors que Niall se tournait vers la cuisine pour appeler sa mère, Colin vint voir ce qui se passait, suivi par Pocket.

— Cordelia ! s'exclama-t-il. Je ne savais pas que tu serais là.

— Fiona m'a invitée, alors, euh…

Elle jeta un coup d'œil en arrière, comme pour envisager la possibilité de partir en courant. Niall n'aurait pas été contre. Déjà qu'il avait le moral à zéro, était-ce une bonne idée de passer la soirée en compagnie d'une meuf qui ne le tenait pas en très haute estime ? Pocket vint fourrer sa truffe noire dans le creux de la main de Cordelia qui sembla ravie de lui offrir une gratouille.

— Coucou, ma belle, dit-elle.

Toi aussi, tu me trahis ? songea-t-il en regardant sa chienne.

Colin enchaîna :

— Tu as déjà fait la connaissance de la plus grande célébrité d'Inishmore ?

— Oui, elle est passée faire un tour au cottage, il y a quelques jours.

— Ça lui arrive, parfois. Elle aime bien rencontrer des nouvelles têtes. Pas vrai, Niall ?

Le petit coup de coude que lui donna son pote l'obligea à esquisser un vague sourire.

— Qui c'est ? demanda son père.

Il s'était enfin décidé à lever ses fesses du canapé.

— C'est Cordelia ?

Sa mère était arrivée en trombe de la cuisine.

— Ne restez pas plantés là avec cette porte grande ouverte ! Quelle idée de laisser cette pauvre enfant dans le froid ? Entrez donc.

Fiona fit dégager le passage et conduisit Cordelia à l'intérieur, avec Pocket en guise d'escorte.

— Laissez-moi prendre votre manteau, dit-elle en la débarrassant.

Colin siffla.

— Cordelia, tu es splendide.

Elle portait une robe qui lui arrivait au genou, on aurait dit une chemise d'homme refermée par une ceinture. Elle l'avait assortie de grandes bottes marron. Elle croyait quoi, que le roi allait se pointer pour le dessert ?

— Merci, dit-elle en jetant un timide coup d'œil autour d'elle.

Tout le monde était habillé à la cool. Sa mère en pantalon, lui en T-shirt et sweat à capuche.

— Désolée, je ne savais pas trop comment m'habiller, alors...

— Mais non, enfin ! s'exclama sa mère. J'adore votre tenue, ça vient de New York ?

— Euh... oui.

Elle était tellement gênée qu'elle avait des plaques rouges qui se déployaient sur son cou et le début de son décolleté. C'était la première fois qu'il voyait un truc pareil.

— Bonjour. Owen O'Connor.

En voyant son père s'avancer, Niall se retint de grogner. Pourvu qu'il ne lui broie pas les doigts, comme à son habitude...

Cordelia attrapa sa main, planta les yeux dans les siens, et dit :

— Cordelia James. Ravie de vous connaître.

Le visage de son père s'éclaira.

— Eh bien, vous en avez, une poigne ! dit-il en la relâchant.

— C'est mon père qui m'a appris, dit-elle presque timidement. Une simple poignée de main permet d'en apprendre beaucoup sur les gens.

— Il a bien raison !

Cordelia se mordit la lèvre et plongea la main dans son sac.

— J'ai apporté du vin.

— Oh ! il ne fallait pas, dit Fiona. C'est adorable à vous, pas vrai, Niall ?

Vu la tournure de la conversation, il préféra attraper la bouteille des mains de sa mère.

— Je vais l'ouvrir.

Et sur ces mots, il fila vers la cuisine, suivi par Pocket. Un instant plus tard, sa mère le rejoignit.

— On peut savoir quelle mouche t'a piqué ?

— C'est la fille du pub, répondit-il d'un ton sifflant. Celle dont je t'ai parlé.

Fiona écarquilla les yeux.

— La fille dont tu as cassé l'appareil, c'est elle ?

— Chhh, pas si fort !

Sa mère alla fermer la porte de la cuisine et reprit :

— Désolé, mon chéri, je ne savais pas.

— Sans rire ? Parce qu'il y en a beaucoup, des Américaines qui louent le cottage de Róisín ?

Les mains croisées sur sa poitrine, elle rétorqua :

— Sur un autre ton, s'il te plaît. Tu traverses une mauvaise passe, d'accord, mais au risque de te surprendre la vie continue autour de toi. Chacun a ses problèmes et ses soucis, alors pardon de ne pas retenir toutes les fois où tu te prends le chou avec quelqu'un au pub.

Niall se sentit bête, subitement.

— Tu as raison, dit-il. Désolé, maman.

Elle lui tendit le tire-bouchon.

— En plus, cette fille a l'air adorable. Oh ! et elle nous a gâtés avec ce vin, en plus. Je n'allais quand même pas la laisser seule au cottage un dimanche soir ? Ça ne se fait pas. Alors sois gentil, c'est bien compris ?

Niall laissa échapper un soupir et baissa la tête, en tâchant d'éviter le journal posé sur la table.

— Oui, m'man. Je vais tâcher d'être sympa, promis.

— C'est bien, mon garçon, répondit sa mère en lui tapotant l'épaule.

Au même moment, la sonnette retentit à nouveau.

— Oh ! c'est sûrement Róisín. Tu ferais mieux d'ouvrir une autre bouteille. Pocket, viens.

Fiona déposa des verres sur un plateau et regagna l'entrée sous l'étroite surveillance de Pocket.

7

Róisín Callahan était bien réelle, finalement.

Cordelia venait de prendre place dans un fauteuil près du piano quand un minuscule bout de femme avec une masse de boucles blanches fit irruption dans la maison, sans attendre qu'on l'invite à entrer. Alison essayait de la suivre. Elle avait l'air au bout de sa vie.

— Owen ! s'exclama la vieille dame en déboulant dans le salon. Est-ce qu'un jour, tu comptes te décider à paver cette allée, tête de mule ?

— Il y a déjà du gravier, Róisín !

Assez déstabilisant, pour une entrée en matière. Cordelia eut peur que ça finisse en bagarre. La seconde d'après, ils se tombaient dans les bras en riant. Le père de Niall dépassait la grand-mère d'Alison de facilement deux têtes.

— Attends, je te débarrasse de ton manteau, dit-il.

— Bien volontiers. Alison chérie, va donc me servir un petit whisky.

Cordelia était perplexe. À l'évidence, cette minuscule tornade ne cadrait pas vraiment avec la gentille grand-mère qu'elle s'était imaginée. Róisín avait une chemise à carreaux sous une salopette, une lourde paire de bottes et une franchise désarmante.

Dur de ne pas se sentir déguisée, par comparaison.

— On a du vin, Róisín !

Fiona fit son apparition avec un plateau rempli de verres. Derrière elle, Niall était armé de deux bouteilles.

Ouf, je préfère ça ! songea-t-elle en acceptant un verre sans se faire prier.

— Bien.

Róisín se servit et vint se planter sous son nez. Elle était si petite qu'elle n'avait même pas à se pencher pour regarder Cordelia... qui n'avait pas eu le temps de se lever de son fauteuil.

— C'est toi, l'Américaine qui tambourine à ma porte tous les quatre matins ?

— Oh ! euh...

Que répondre à ça ? *Alison, à l'aide !*

— C'est elle qui loue le cottage pour la saison, grand-mère, répondit sa petite-fille sans cacher son agacement.

Sans même tourner la tête, Róisín enchaîna aussitôt :

— Tu es payée pour m'espionner ?

— P-Pardon ?

Cordelia n'en menait pas large.

— Elle me répète à longueur de journée que je ne peux pas vivre chez moi toute seule. Que je risque de tomber. Que je ne peux plus conduire parce que ma vue a trop baissé. Comme si j'avais besoin d'une voiture alors que Brigid me rend service !

— Brigid, c'est une voisine ?

— Mais non, c'est ma jument ! Crénom d'une pipe, je pensais qu'ils avaient plus de jugeote, de l'autre côté de l'océan.

Colin pouffa, le nez dans son verre.

— Je suis de New York.

Cordelia avait répondu assez vivement. Pourquoi lui reprocher des choses qu'elle n'avait aucun moyen de savoir ?

— Et donc ? Qu'est-ce que ça change ? répliqua la vieille dame.

— Je... je ne suis pas là pour vous espionner, mais pour vous aider !

Ah bon ? D'accord, elle ne s'était pas rendue très utile, jusqu'à présent. Aider était peut-être un bien grand mot.

Alison lança :

— Niall, qu'est-ce que tu lui as encore dit ?

— Rien, se hâta-t-il de répondre. À part que tu avais pris quelqu'un pour occuper le cottage et garder un œil sur elle. Mais elle s'en doutait déjà.

— Comme si j'avais besoin qu'on me fasse la leçon !

Sur ces mots, Róisín se tourna vers Cordelia.

— Je n'ai pas besoin d'aide, c'est compris ? Je n'ai pas besoin qu'on vienne rôder autour de ma maison et qu'on fouine dans mes affaires.

En voyant ce doigt menaçant s'agiter devant elle, Cordelia perdit patience. Elle se sentait ridicule, la fatigue la gagnait, Niall affichait son petit sourire insupportable... et pour couronner le tout, il venait de se remettre à pleuvoir, mais quel enfer !

— Vous savez quoi ? la coupa-t-elle. Vous avez raison. Alison m'a demandé de venir vous espionner. Je parie que votre vie est passionnante vu que vous n'êtes jamais là ! Mais vous avez de la chance, je suis nulle, alors si vous pouviez m'ouvrir de temps en temps, ça me faciliterait la tâche. D'accord ?

Un silence mêlé de stupeur tomba sur la pièce tandis que l'écho de sa phrase s'estompait. Une seconde plus tard, Cordelia sentit une honte abyssale l'engloutir. Après une tirade pareille, elle n'avait plus qu'à rentrer au cottage, faire ses valises et *ciao*.

Mais brusquement, Róisín partit d'un grand éclat de rire, la tête penchée en arrière.

— Elle me plaît, cette petite ! lança-t-elle à Alison. Va donc me chercher un whisky, tu seras gentille.

Alors que Cordelia s'était levée presque sans s'en rendre compte, Alison intervint :

— Grand-mère, tu es déjà servie.

Róisín regarda son verre de vin d'un air surpris.

— Ah oui, tiens.

Et elle vida la moitié de son verre d'un trait.

— Fameux, ton vin, Fiona. Vraiment fameux.

— C'est Cordelia qui l'a apporté, précisa la mère de Niall.

— Connais pas. C'est qui ?

Cordelia agita la main tandis que Colin répondait :

— L'Américaine, Róisín.

La vieille dame haussa un sourcil.

— Elle s'y connaît en vin en plus d'avoir son petit caractère ? Colin, tu devrais l'épouser. Ah non, j'oubliais, tu ne manges pas de ce pain-là...

— Mais si, ça m'arrive, corrigea-t-il. J'y réfléchirai.

Avec un grand sourire, il adressa un signe de tête à Cordelia. Comme pour la féliciter. N'empêche qu'elle n'en menait pas large. Elle venait de crier sur une dame âgée et... personne n'y voyait aucun inconvénient.

— Tu es venue avec Brigid ? demanda Owen. Niall peut l'amener dans le champ derrière la maison.

— Pff, non, tu penses bien ! grommela Róisín. Alison est venue me chercher en voiture.

Elle pointa à nouveau le doigt vers Cordelia et reprit :

— Tu ne comptes pas m'embêter avec ça, j'espère ?

Alison eut du mal à retenir un soupir. Cordelia répondit :

— Je suis de New York.

— Pour une jeunette, tu radotes beaucoup...

— Róisín, et si tu venais me donner un coup de main en cuisine ?

Fiona assortit sa question d'un regard éloquent à l'intention de son mari. Owen sembla saisir l'allusion.

— Viens, Róisín.

En passant devant Niall, elle s'arrêta pour lui tapoter la joue.

— Ça fait plaisir que tu sois rentré au bercail, mon grand, dit-elle avec tendresse. J'ai vu le journal, ce matin. Cette foutue gourgandine, tss...

Une vague d'émotion traversa le visage de Niall, et Cordelia crut deviner une douleur abyssale au fond de son regard. Mais la seconde d'après ses yeux avaient retrouvé leur éclat minéral.

Sitôt que le trio prit la direction de la cuisine, Alison se laissa tomber sur le canapé. Niall lui servit un verre.

— Santé, Cordelia, dit-elle. Crois-moi, j'adore ma grand-mère. C'est la personne que j'aime le plus au monde. Mais elle m'épuise.

— C'est une vraie tornade, fit-elle remarquer. Ou... un diable de Tasmanie.

Ils s'esclaffèrent de bon cœur.

— Tu as passé le test, c'est chouette.

Devant l'air dubitatif de Cordelia, Alison enchaîna :

— Je t'assure. Pour lui plaire, il faut parler franchement. Elle arrêtera de jouer à cache-cache, maintenant, promis.

À présent qu'elle avant rencontré Róisín, Cordelia avait comme un doute. Tenait-elle vraiment à ce que cette vieille râleuse lui ouvre sa porte ?

Colin en profita pour intervenir :

— Bien. Comment s'est passée ta première semaine sur l'île ?

Niall s'était assis à l'autre bout de la pièce. Ça ne la dérangeait qu'il prenne ses distances avec elle, au contraire.

— Eh bien, euh...

Elle chercha les mots justes. Puis opta pour la sincérité.

— C'est l'horreur. Désolée, ce n'est pas pour être vexante, mais ma famille me manque et il n'arrête pas de pleuvoir.

Colin éclata de rire.

— T'inquiète, c'est tout à fait justifié. En général, les touristes viennent sur Inishmore pour la journée. Et s'ils dorment sur place, c'est pour une nuit ou deux, pas plus.

— Tu es allée à Dún Aonghasa ou à la colonie de phoques ? Il y a aussi Inisheer.

Niall n'était pas obligé de poser la question d'un ton si autoritaire...

— Euh... non, bafouilla-t-elle. Comme il n'a pas arrêté de pleuvoir...

— Bienvenue en Irlande, dit-il froidement. Tu t'attendais à quoi ? Des plages de sable blanc avec des cocotiers ?

Alison vola à son secours :

— Niall, ne commence pas...

— Quoi ? Elle n'a même pas fait les trucs touristiques, alors de quoi elle se plaint ?

— Je ne me plaignais pas, tint à préciser Cordelia.

— Eh bien, on ne croirait pas...

Niall haussa les épaules, l'air excédé, et Colin secoua la tête :

— Si on m'avait dit qu'un jour, Niall O'Connor prendrait la défense d'Inishmore...

Puis il se tourna vers elle :

— Tu finiras par t'habituer à la pluie. Et va voir Dún Aonghasa. Enfin, *Dún Aengus*, comme disent les touristes. Les paysages sont incroyables.

— Tout le monde va là-bas, dit Alison. Moi, je préfère Dún Dúchathair. Tu peux même faire la promenade à pied depuis le cottage. Mais à vélo, ça va plus vite.

— Et au fait, c'est quoi, un *dún* ?

Cordelia se sentait si bête qu'elle préféra fuir le regard de Niall.

— Un château ou un fort, expliqua Alison. Dún Dúchathair, c'est l'équivalent de *Black Fort*. Le Fort Noir.

— Pigé. J'irai peut-être demain, alors.

Le menton levé, elle ajouta :

— Ça ira sans doute mieux quand j'aurai mon nouvel appareil. Perdre l'ancien m'a mis un gros coup au moral.

Les yeux de Cordelia volèrent jusqu'à Niall. Le contenu de son verre de vin semblait le passionner, tout d'un coup. Il s'en voulait encore de sa bêtise ? Tant mieux.

— Au fait, il est censé arriver quand ? demanda Alison. Que je surveille la livraison...

— Jeudi.

La jeune femme acquiesça et lança :

— Niall, tu sais que Cordelia est photographe professionnelle ?

Cordelia entendit à peine le « Génial » marmonné par Niall. Alison avait voulu être gentille, mais cette remarque la mit très mal à l'aise.

— Non, dit-elle. Pas vraiment. Plus maintenant.

À son tour de regarder dans le fond de son verre.

Un silence pesant s'installa. Elle aurait préféré se taire. Après tout, quelle importance ? Autant les laisser croire qu'elle menait une vie de rêve dans l'une des villes les plus cools du monde. C'était toujours mieux que la triste vérité. Les journées solitaires dans son appartement, le vide laissé par la mort de son père, les doutes qui la rongeaient, les repas à base de nouilles déshydratées devant des séries documentaires sur des affaires criminelles.

Lorsqu'elle releva la tête, Niall l'observait d'un air impénétrable. Pour la juger, sûrement. Elle regarda ailleurs.

Colin hasarda :

— Cordelia, je me disais... Quand tu recevras ton nouvel appareil, tu pourrais faire des photos de *Pátrún*. La ville te lâchera peut-être un petit billet...

— Excellente idée ! s'exclama Alison. Cian Byrne n'arrête pas de dire que l'île a besoin de se faire de la pub. S'il sait qu'une célèbre photographe new-yorkaise peut couvrir l'événement, il n'hésitera pas à cracher de la thune.

— Comme tu dis ! approuva Colin.

Cordelia osa demander :

— Et euh... c'est quoi, *Pátrún* ?

— Une grande fête à la fin du mois de juin, expliqua Alison. On fête saint Enda, le patron d'Inishmore.

— Trois jours de concerts, de régates, de tournois de tir à la corde, de concours de château de sable, de danses, poursuivit Colin. Et de bouffe. Le pub tourne toujours à plein régime à ce moment-là. Pas vrai, Niall ?

Toujours aussi peu aimable, celui-ci avala une gorgée de vin et se contenta de répondre :

— Mon père décidera de ce qu'on fera. Comme d'hab.

— Si tu y mets aussi peu de bonne volonté...

Brusquement, Niall se leva d'un bond.

— Qu'est-ce que ça peut te faire, Colin ? Lâche-moi deux minutes, putain.

Après avoir vidé son verre, il sortit du salon tel une tornade. Puis on entendit une porte claquer.

Colin laissa échapper un soupir.

— Tu as vu le journal ? demanda-t-il à Alison.

Quel journal ? Cordelia était curieuse d'en savoir plus mais Fiona et Róisín étaient de retour de la cuisine.

— Allez, hop, tout le monde à table, le dîner est servi. Owen apporte le rôti. Où est Niall ?

— Il est sorti prendre l'air, répondit Colin.

Mentir avec un aplomb pareil, chapeau !

Cordelia se leva.

— Fiona, vous permettez que j'utilise votre salle de bains ?

— Bien sûr ! Au fond, à gauche.

Elle sortit du salon à la vitesse de l'éclair.

Le couloir était plongé dans une pénombre silencieuse. On entendait tout juste Owen s'affairer dans la cuisine. Le front collé contre le mur, elle ferma les yeux. Elle aurait tout donné pour être à New York, là, maintenant, pelotonnée sur le canapé de Liz pour une de leurs fameuses soirées où elles se gavaient de pop-corn devant des comédies romantiques bébêtes. Elle rêvait de se promener en débardeur dans ces grandes artères baignées par le soleil, se poser à la terrasse du meilleur restau mexicain de Brooklyn et faire une indigestion de guacamole en compagnie de Toby et Nikki.

Oh ! tous ces gens qui l'entouraient étaient sympas. Enfin, surtout Colin, Alison et Fiona. Seulement, elle se sentait comme un corps étranger, elle flottait sans trop savoir ce qu'elle fichait là. Elle avait engueulé une vieille dame. Un type qu'elle connaissait à peine la détestait.

Lève-toi, sors et profite de ta journée.

Les bras enroulés autour de ses hanches, elle essaya de ne pas s'effondrer. *J'essaie, papa.* Avec un profond soupir, elle s'écarta du mur.

Au même moment, elle remarqua les cadres qui y étaient accrochés. Une photo montrait Fiona et Owen le jour de leur mariage, coiffés comme c'était la mode dans les années 1980. La robe de Fiona avait de grosses manches bouffantes, et Owen arborait une épaisse moustache. D'autres images rappelaient leurs premiers pas de couple marié. Et puis Cordelia reconnut Niall. D'abord enfant, avec de belles joues rouges et une jungle de boucles noires, devant une église ; ensuite ado, en train de ramer à bord d'un canoë avec deux autres garçons de son âge. La dernière le montrait en train de rire joyeusement, un bras passé autour des épaules de sa mère durant une fête. Une coupe de champagne à la main, ils étaient très chics, tous les deux. Des lampions blancs brillaient dans les branches d'un arbre, au-dessus de leur tête. Niall n'était pas le même homme, c'était très troublant. Lorsqu'il souriait, une fossette creusait sa joue gauche. Il avait des étincelles dans les yeux. Lorsque sa mâchoire n'était pas si tendue, il y avait quelque chose de séduisant dans les traits de son visage.

— Qu'est-ce qu'elle fait encore là ?

Cordelia fit volte-face. Niall était planté dans le couloir de la salle de bains, sa silhouette se découpait dans la lumière. Il s'avança et décrocha la photo du mur.

— C'était à ma fête de fiançailles, dit-il sans la regarder, d'une voix tendue.

Sa mâchoire formait une ligne dure, et il semblait presque essoufflé.

Cet homme n'allait pas bien du tout, elle s'en rendit compte, tout à coup. Ce n'était pas du flan, il vivait tous les jours avec une histoire qui le faisait souffrir. Soudain, la honte l'envahit. Elle lui avait envoyé des piques à la moindre occasion, elle continuait de lui en vouloir pour son appareil, alors qu'il était parfaitement réparable. Ce n'était pourtant pas la faute de Niall si elle avait choisi de venir sur cette île.

— Désolée, dit-elle. Je... je n'aurais pas dû te crier dessus comme ça. Ou te traiter de connard. Je... je ne savais pas ce qui t'était arrivé.

Elle bredouilla sa réponse sans trop réfléchir, comme ça lui venait.

— Parce que si tu avais su que ma fiancée me trompait allègrement, tu aurais évité de m'insulter ? répliqua-t-il d'un ton acide. Génial. À l'avenir, je raconterai ma vie aux gens pour qu'ils soient sympas avec moi.

— Ce n'est pas ce que...

Cordelia agita la main devant son visage.

— Tu sais quoi ? Laisse tomber.

Pourquoi essayait-elle de se donner du mal ? S'il tenait tellement à jouer les râleurs, toujours sur la défensive, il n'y avait pas grand-chose à faire, hormis le fuir comme la peste.

Niall laissa échapper un soupir.

— Je ne voulais pas. Pardon. J'ai eu... une mauvaise nouvelle avant que tu arrives, ce soir.

Une grimace déforma son visage quand il observa la photo.

— Je n'ai pas toujours été un connard qui passe son temps à faire la gueule. J'étais même plutôt gentil, avant.

Elle fut affectée par la manière dont il regardait cette photo, par le désarroi qu'elle devinait dans ses yeux. Comme s'il ne se reconnaissait pas, lui non plus... Et avant même de comprendre pourquoi, elle bredouilla :

— Je pourrais en prendre une autre... Une autre photo de toi et ta mère. Pour remplacer celle-ci. Si tu veux, bien sûr.

Devant sa mine étonnée, Cordelia enchaîna :

— Ce n'est pas une blague, je suis photographe de rue professionnelle. Mon boulot, c'est prendre les gens en photo. Pas toujours, mais je prends beaucoup de portraits. Comme ça, à la volée. On pourrait organiser une séance, quand je recevrai mon nouvel appareil.

Les sourcils froncés, Niall ouvrit la bouche.

— Ou pas, s'empressa-t-elle de dire. Pas grave.

— Non, ce... ce serait chouette. Elle adorerait.

Sa mère adorerait, d'accord, mais lui ? Cordelia se sentit bête. Elle n'aurait jamais dû lancer l'idée.

— OK. Super. Bon, pardon, mais il y a urgence !

Un crochet pour l'esquiver et elle fonça dans la salle de bains en faisant claquer la porte derrière elle.

Niall observa la porte fermée. Puis la photo. Pourquoi avait-il fallu que Cordelia tombe dessus ? À présent qu'il était seul, il sentait le poids des souvenirs l'écraser. Le bonheur qui l'animait. La confiance que lui inspirait l'avenir. Il agrippa le cadre, si fort que ses doigts en devinrent blancs, et se dirigea vers la commode où sa mère rangeait les napperons et les serviettes de table. Il fourra la photo dans un tiroir qu'il referma aussitôt.

Tandis que son père découpait le rôti et que sa mère resservait les invités en vin, il entra dans la salle à manger. Il n'y avait que deux sièges libres, l'un à côté de l'autre.

Formidable. Que devait-il penser de la proposition de Cordelia ? Et puis d'abord, pourquoi avait-il accepté ? Il aurait mieux fait de dire non. La dernière chose dont il avait envie, c'était que cette fille se mêle de sa vie privée. Déjà qu'il était convaincu d'être le roi des minables, alors si mademoiselle la grande photographe new-yorkaise s'en mêlait... Elle devait passer le plus clair de son temps dans des fêtes, des brunchs interminables et des soirées mondaines.

Et puis il se rappela sa mine désabusée, face à son verre de vin. Elle n'était plus photographe, avait-elle insisté. À cet instant, elle avait paru si fragile, comme une coquille près de se fendre. Il n'aurait jamais pensé qu'elle puisse être si vulnérable. D'ordinaire, les Américains débordent de confiance en eux, non ?

Niall venait de prendre place quand Róisín déclara :

— J'aime beaucoup cette petite Cordelia !

Celle-ci revint de la salle de bains en quatrième vitesse. Elle avait à nouveau le rouge aux joues, et ses yeux brillaient. Est-ce qu'elle avait pleuré ? Pas par sa faute, quand même ?

Elle parut tressaillir quand elle découvrit où on l'avait installée, puis rejoignit sa chaise d'un pas exagérément calme et prit place à côté de lui. Elle sentait la bergamote, avec une pointe d'odeur boisée. Pin maritime. Curieux ! Il aurait cru qu'elle préférait ces parfums fleuris qui coûtent une blinde.

Leur vieille voisine attrapa un saladier rempli de pommes de terre vapeur et la servit généreusement.

— Alison me disait que tu n'as quasiment rien vu de l'île. Ton séjour n'a pas encore tenu ses promesses ? Ça va changer dès demain.

Avec un sourire qui lui remontait jusqu'aux oreilles, Colin se servit un peu de *Yorkshire pudding*. Cordelia était bouche bée. On sentait qu'elle souhaitait réagir, mais pour dire quoi ? Le père de Niall lui passa une assiette remplie de tranches rôti et elle finit par bredouiller ;

— Eh bien, euh... D'accord.

— N'essaie pas de négocier avec elle, ça ne marche jamais, lui glissa Alison. Pas vrai, grand-mère ?

Róisín tapota le genou de sa petite-fille :

— Jamais au grand jamais. Je fais toujours ce qui me chante. Cordelia, je vous attends à la maison demain. On attaquera.

— On attaquera quoi ?

— N'essaie pas de savoir, conseil d'ami, lui souffla Colin en passant la poêlée de champignons.

Après avoir rempli son assiette, Niall ignora ce qu'on pouvait raconter autour de lui et laissa ses pensées le ramener vers le journal dans la cuisine. Une autre image la chassa aussitôt : Deirdre qui chevauchait Patrick, au beau milieu du pub. Il ferma les yeux et les rouvrit. Colin l'observait, l'air inquiet.

Son père se cala au fond de sa chaise et dit :

— Vos parents doivent être fiers de vous, Cordelia. Pour percer dans la photo comme vous l'avez fait...

Cordelia parut avaler de travers et dut s'éclaircir la gorge.

— Euh, oui...

— Et puis ça doit rapporter, pas vrai ?

— Owen..., dit Fiona.

— Quoi ? Je pose une question, c'est tout.

Alison intervint :

— Comment ça t'est venu, la photo ?

Cordelia tripota sa serviette puis finit par répondre :

— Eh bien, j'ai toujours eu la fibre artistique. Je n'arrêtais pas de dessiner sur mes baskets avec un feutre indélébile, et ma mère retrouvait des paillettes partout sur le canapé, je la rendais folle. Et puis un jour, mon père a rapporté un vieux Polaroïd, et ça a été le coup de foudre. Je photographiais tout et n'importe quoi. C'est parti de là. J'ai été acceptée à l'école des arts visuels de New York. Un photographe de rue célèbre m'a prise sous son aile et les choses ont décollé.

— Ça m'étonne que vous arriviez à en vivre, dit Owen. Faire ses études dans une école de ce genre, c'est une sacrée prise de risques.

Cordelia esquissa un demi-sourire.

— J'ai l'impression d'entendre ma mère. Elle n'était pas très emballée.

— Vous avez fait un excellent choix, me semble-t-il, dit Fiona. La preuve : vous voyagez à l'autre bout du monde.

Deux taches roses apparurent sur les joues de Cordelia. Elle acquiesça du bout des lèvres puis sembla grimacer.

— C'est beaucoup de travail, je parie, dit Owen. Il faut tenir le cap qu'on s'est fixé. Et faire les bons choix.

Niall se sentit bouillir. Comme si perdre le Fallen Star avait été un choix. Et le départ de Deirdre, pareil. Sa mère avait beau le fusiller du regard, son père n'avait pas l'air de s'en rendre compte.

— Tout à fait, oui, répondit Cordelia en avalant une petite gorgée de vin.

Owen vida son verre d'un trait et pointa son gros doigt vers son fils.

— Prenez Niall...

Colin laissa échapper un grognement, et Róisín s'exclama :

— Pitié, Owen, fiche-lui la paix cinq minutes !

— En quel honneur ? Il pensait qu'il allait faire son trou à Dublin et ouvrir son pub en claquant des doigts.

Il joignit le geste à la parole.

Niall serrait la mâchoire si fort que ses dents auraient pu éclater. Il eut comme des flashs. De ces moments où il élaborait son menu, où il faisait goûter les plats à Deirdre et Patrick. Il avait remarqué qu'ils s'asseyaient tout près l'un de l'autre, mais c'était sur une banquette, et ils étaient potes, après tout. Deirdre léchait ses doigts couverts de beurre fondu en gloussant. Elle n'avait rien mangé d'aussi bon que ce risotto au homard ! Est-ce qu'ils couchaient déjà ensemble ?

Respire, mec, respire...

— Tu te trompes, Owen, dit sa mère. Ton fils a travaillé dur, et tu le sais.

— Ça vous ennuierait d'arrêter de parler de moi comme si je n'étais pas là ?

Personne n'avait entendu. En tout cas, pas son père, qui enchaîna d'un ton guilleret :

— Je parie que le père de Cordelia a dû aussi lui transmettre le goût de l'effort et du travail bien fait. Pas vrai, Cordelia ? Ce doit être un sacré gaillard, avec la tête sur les épaules.

Cordelia posa sa serviette sur la table.

— Mon père est mort, dit-elle d'une voix tendue. Et à mon avis, il s'en fichait que j'ai le goût de l'effort ou pas. Je l'aimais et il m'aimait, c'était tout ce qui comptait. Il m'a donné le courage de suivre mes rêves et il m'a soutenue sans relâche. Alors peu importe ce que Niall a fait ou n'a pas fait, ce n'est pas une raison pour le priver d'amour. C'est une chance que vous puissiez partager ce repas ensemble. Je donnerais n'importe quoi pour en faire autant avec mon père. Excusez-moi...

Elle prit son assiette vide et fila vers la cuisine. Niall n'en revenait pas qu'elle ait cloué le bec à son père de cette façon. Simple, subtile. Soudain, il s'en voulut terriblement. Qu'elle ait dû faire un aveu douloureux pour le défendre. Et qu'il se soit si mal conduit avec elle, depuis le début.

— C'est ce qui s'appelle mettre les pieds dans le plat, Owen, dit Róisín. Bravo, l'artiste.

— Je ne savais pas, dit-il en clignant les yeux ahuris.

— Tu aurais pu réfléchir avant de parler, répliqua Fiona. Mais non, il a fallu que tu l'ouvres, comme d'habitude.

Niall préféra se lever plutôt que de rester une seconde de plus. Dans la cuisine, il trouva Cordelia plantée devant l'évier, les deux mains agrippées au plan de travail.

— Désolé pour ce qui vient de se passer, dit-il en indiquant la salle à manger.

— Pas de souci, répondit-elle d'une voix tremblante. Il est toujours comme ça ?

— Casse-couilles, tu veux dire ?

Cordelia eut une grimace.

— Aussi dur avec toi.

Niall haussa les épaules.

— Oh ! euh... oui.

Un long silence tomba sur la pièce. Il se balança d'un pied sur l'autre. La cuisine était grande, mais là, maintenant, elle avait l'air minuscule, hélas. Elle semblait du même avis. Elle s'écarta et alla attraper une salière et un poivrier en forme de canetons posés sur la table.

Niall avait envie de lui dire merci. De lui dire que personne ne l'avait jamais défendu de cette façon. Pas même Deirdre. Pas même sa propre mère. Qu'il ignorait combien elle souffrait. Qu'il ne mesurait pas la souffrance des autres parce qu'il était trop accaparé par la sienne. Mais les mots refusaient de sortir.

Au lieu de quoi, il dit :

— Je suis navré pour ton père. Ça fait longtemps qu'il est mort ?

— C'était il y a deux ans.

Cordelia devina certainement sa surprise car elle s'assombrit aussitôt.

— Tu penses que j'aurais déjà dû tourner la page, hein ? Ma mère serait entièrement d'accord. Et mon frère aussi. Bienvenue au club.

— Non, ce n'est pas ce que je...

Niall s'interrompit. Puis avoua :

— Je ne savais pas, c'est tout.

— Comment tu aurais pu savoir ?

Elle passa son pouce sur la salière.

— J'espère que je n'ai pas mis ta famille trop mal à l'aise.

— T'inquiète. On se débrouille très bien nous-mêmes. Des années que ça dure.

En la voyant grimacer à nouveau, il songea qu'il aurait aimé trouver les mots pour lui rendre le sourire. Dissiper un peu de la tristesse qu'on sentait dans ces grands yeux noisette. Il avait passé la soirée sur les nerfs, prêt à partir au quart de tour, comme un taureau en colère, Il était capable d'être sympa, pourtant. C'était juste qu'il avait perdu l'habitude.

— Je suis navré, vraiment, dit-il tout bas.

C'était sincère. Niall était navré d'avoir cassé son appareil, de ne pas lui avoir présenté des excuses dignes de ce nom, d'avoir été infect avec elle. Ce n'était pas sa faute si Deirdre l'avait quitté. Ou si tout était parti en sucette pour lui.

Le regard noir qu'elle lui adressa acheva de le déstabiliser.

— Je n'ai pas besoin de ta pitié, répliqua-t-elle.

Les yeux de Cordelia se posèrent sur le journal ouvert, la photo de Deirdre et Patrick bien en évidence. Il tressaillit, les poumons pris dans un étau. Il aurait bien aimé bondir pour cacher cet article qui lui rappelait tellement sa propre nullité. Trop tard.

— Oh ! dit-elle. La mauvaise nouvelle. La gourgandine. Je comprends, maintenant.

Elle leva le journal. Comme s'il avait besoin qu'on lui rafraîchisse la mémoire…

— Ce… c'est elle ?

— Oui, répondit-il froidement.

Face à lui, le visage de Deirdre semblait remplir la pièce. En deux grandes enjambées, Niall vint arracher le quotidien des mains de Cordelia et le balança dans la poubelle.

— Et moi non plus, je n'ai pas besoin de ta pitié.

Il l'entendit prendre une grande inspiration et regretta aussitôt son geste. *Mec, mais qu'est-ce qui te prend ?*

Il se retourna juste à temps pour voir une cascade de cheveux blonds sortir précipitamment de la cuisine.

8

Le dîner ayant été brusquement écourté, Alison proposa à Cordelia de la déposer au cottage.

Sitôt dans sa chambre, elle appela Liz.

— Coucou, ma belle ! Comment ça... Oh non, Cordie, qu'est-ce qui t'arrive ?

Cordelia se recroquevilla sur son lit. D'une main tremblante, elle attrapa son appareil cassé pour le serrer contre elle, le pouce sur l'empreinte de son père.

— La... la maison me manque, parvint-elle à articuler entre deux sanglots. Je me sens seule, il n'arrête pas de pleuvoir, je n'ai pas d'appareil photo, je suis passée pour une folle au dîner et... tu me manques Liz. Vous me manquez tous. Je ne devrais pas, j'essaie de suivre les conseils que mon père m'aurait donnés et de profiter du temps présent, mais je... je n'y arrive pas.

Sur ces mots, elle fondit en larmes. Lorsqu'elle finit par retrouver son calme, elle s'essuya les yeux et marmonna :

— Désolée.

— Cord. Ne sois pas désolée. C'est normal d'avoir le mal du pays. Souviens-toi de tous ces articles qu'on a lus sur le choc culturel.

Cordelia se força à acquiescer.

— Ça va passer, dit Liz avec douceur.

— Tu es sûre ? Je n'ai pas l'impression.

Elle vit son amie se mordre la lèvre.

— Tu ne m'en voudras pas si je te dis un truc qui risque de te déplaire ?

Cordelia prit une grande inspiration.

— Non, non, vas-y.

— Tu te blindes tellement. Mais n'oublie pas que... qu'on a le droit. On a le droit de se libérer un peu. Ton père, ton travail, tout ce qui te définit, à tes yeux.

— Et si je l'oublie ? demanda-t-elle dans un souffle.

— Aucune chance.

— Et si je ne vends plus jamais de photos ? Et si je dois renoncer à mon travail ?

— Aucune chance, là encore. Ce n'est pas l'argent que tu gagnes qui fait de toi une photographe. Ça fait partie de toi, comme ton goût immodéré pour les nouilles en sachet ou ta fixette sur les affaires criminelles ultra-glauques.

Cordelia laissa échapper un son entre le rire et le sanglot, les yeux baissés vers l'appareil. Ce voyage était censé l'aider à aller de l'avant, mais rien ne se passait comme prévu. Lorsqu'elle leva la tête, Liz avait l'air de s'en vouloir.

— Quoi ? demanda-t-elle d'un ton méfiant. Tu comptes encore me dire un truc qui va me déplaire ?

Le petit sourire de son amie la rassura presque.

— Non, je voulais... Désolée de t'avoir soûlée avec mes blagues sur les mecs et le sexe. Ne te force pas à faire des choses si tu n'en as pas envie. J'aurais dû me mêler de mes oignons.

Cordelia pouffa de rire.

— Avec ma tête, je risque d'attendre encore un peu...

Entre ses yeux gonflés par les larmes et ses joues rouges sillonnées de larmes...

— Tu es magnifique, dit Liz. À l'extérieur comme l'intérieur. Quand tu pleures et quand tu ne pleures pas.

— Merci. Mais ce n'est pas ce que je voulais dire.

— Alors explique.

Cordelia tripota la boucle de sa ceinture.

— J'ai trop peur pour éprouver ce genre de choses. Comme si je m'étais construit une carapace. À la moindre fissure, j'ai peur de partir en morceaux.

— Oh ! Cordie, ne dis pas ça. Tu n'es pas encore remise, c'est tout. Tu ne dois pas te forcer, mais ne te coupe pas de tout le reste. Passer d'un extrême à l'autre, ce n'est pas une solution. Vas-y pas à pas. Prends le temps et l'espace dont tu as besoin pour être toi-même. C'était le but de ce voyage, non ?

Cordelia renifla.

— Oui. Enfin, je crois. Je ne sais même plus.

— Que s'est-il passé, à ce dîner ?

— Eh bien...

Elle s'installa plus confortablement sur le lit.

— Figure-toi que Niall le casseur d'appareil photo est le fils de Fiona.

— Mais non !

Passer la soirée en revue les occupa de longues minutes. À la fin du récit, Liz s'exclama :

— Wouah. Quelle soirée. La mystérieuse grand-mère a l'air incroyable.

— Elle va m'emmener visiter un château demain. Avec sa jument et la carriole qui lui sert à promener les touristes. Elle n'a plus envie de jouer à cache-cache, on dirait.

— Super ! Ça devrait te changer les idées. Il te faut une amie *badass* pour me remplacer le temps du séjour. Au moins, tu as pu rencontrer des gens, maintenant. Alison et Colin ont l'air adorables. Et si ça se trouve, Niall n'est pas si horrible qu'on croyait. Alors ne t'isole pas, d'accord ?

Malgré son pincement au cœur, Cordelia esquissa un oui de la tête.

— Tu as peut-être raison.

— J'ai toujours raison.

Du Liz tout craché ! Elle se frotta les yeux.

— Je devrais aller dormir. Gros bisous.

— À toi aussi. Et raconte-moi ta journée de demain.

— Promis.

La conversation terminée, les larmes coulèrent de plus belle. Mais lorsque Cordelia s'allongea sans chercher à les retenir, ses pensées la ramenèrent vers cette photo accrochée au mur. Celle où Niall arborait ce sourire rayonnant. Ce n'était pas le même homme. Soudain, elle comprit pourquoi ce portrait l'avait tant frappé. Parce qu'elle était pareil.

Pour elle aussi, il y avait eu un avant et un après. Elle ne souriait plus de la même façon depuis la mort de son père.

Bizarrement, Niall et elle avaient peut-être quelque chose en commun.

Niall marchait sans desserrer les dents.

Même s'il sentait le poids du regard de Colin, il l'ignora jusqu'à ce qu'ils soient rentrés chez eux. Pocket flairait les plinthes du mur tandis que son pote rangeait sa guitare dans un coin.

Finalement, il lança :

— Qu'est-ce que tu veux savoir ? Vas-y.

— Tout va bien, mec ?

Colin était allé droit au but. D'ordinaire, il menait toujours sa petite enquête, l'air de rien.

Alors autant la jouer sincère.

— Non, pas du tout.

Niall passa une main sur son front et ajouta :

— Je vais essayer, OK ? Je vais essayer d'arrêter de faire ma tête de con.

— Leur pub va se casser la gueule, je parie, dit son pote d'un air songeur. Ils ne peuvent pas s'en sortir sans toi. Pas avec ce menu. Cet endroit, c'était ton bébé, c'était...

— Je sais bien, le coupa-t-il avec un soupir. C'est le fait de les voir ensemble qui m'a fait vriller. Bras dessus, bras dessous...

Il essaya de ravaler l'amertume qui montait en lui. La vie qu'ils menaient, cela aurait dû être la sienne. Tout en caressant la tête de Pocket, il essaya d'éviter le regard de Colin.

— Cordelia a bien calmé ton père, pas vrai ?

Niall fut obligé de ricaner.

— Pas faux.

— On ne l'a presque plus entendu de la soirée.

— Effectivement, avoua-t-il en se grattant l'oreille. Moi aussi, j'ai été relou avec elle. Tu étais au courant pour son père ?

— Non. Mais Alison si, apparemment.

Niall leva les yeux au ciel.

— Ah oui ? Hum, c'est sûrement logique, tu me diras.

Les parents d'Alison étaient morts dans un accident de voiture quand elle avait six ans.

— Elle a vu ma photo, ajouta-t-il. À la fête de fiançailles.

Colin pencha la tête.

— Pardon ?

— Cordelia.

Pourquoi prononcer son prénom lui semblait-il aussi bizarre ?

— Elle regardait nos photos de famille, et ma mère a eu la bonne idée de laisser accrochée celle où on est tous les deux à ma fête de fiançailles. Je ne me suis même pas reconnu. J'avais l'impression de voir un étranger.

La mine contrite, Colin répondit :

— Tu n'as pas changé, Niall. Tu es en souffrance, c'est tout.

— Ouais, sûrement.

Brusquement, une immense fatigue l'envahit.

— Je vais me coucher. Viens, Pocket.

— À demain, mec.

Niall grimpa l'escalier jusqu'à sa chambre, se déshabilla et se glissa sous la couverture. Pocket se lova à côté de lui, et il attendit que le visage de Deirdre apparaisse dans l'obscurité.

Ce fut pourtant aux mots de Cordelia que ses pensées le ramenèrent. Il appliqua ce qu'elle avait dit à sa propre situation. Son père avait encore un fils, et il avait encore son père. Toute la famille était au grand complet pour les repas, ce qui n'était pas le cas pour elle. Owen O'Connor n'avait pas toujours été un vieux râleur qui lui tapait sur les nerfs. À une certaine époque, c'était son idole.

Je donnerais n'importe quoi pour partager un repas avec mon père, rien qu'un seul.

Pendant qu'il sombrait dans le sommeil, Niall songea que même si sa vie était merdique, même s'il avait perdu tout ce qui lui tenait à cœur… il lui restait peut-être deux ou trois choses qui devaient le rendre heureux.

Le lendemain matin, Cordelia fut réveillée par un bruit sourd. On frappait, non, on tambourinait à la porte.

Elle se redressa, paniquée. Pleurer un bon coup devant Liz lui avait fait du bien. Elle se sentait mieux. Plus légère. Peut-être qu'elle avait laissé un peu de ses soucis derrière elle…

Quand les coups résonnèrent à nouveau, Cordelia sauta au bas de son lit et enfila son peignoir. La lumière dans sa chambre était différente, il lui fallut quelques secondes avant de comprendre pourquoi. *Le soleil est de sortie !* Elle fila ouvrir. Derrière le battant, Róisín attendait, coiffée d'un chapeau de jardinier. Elle avait un T-shirt à manches longues sous sa salopette, fin mais sans doute chaud.

— Toujours en pyjama ? s'écria-t-elle. Tu vas manquer le meilleur moment de la journée, ma fille !

— Que... quelle partie ?

Cordelia cligna les yeux, presque aveuglée par tant de lumière.

— Celui qui va du lever au coucher du soleil !

Lorsque Róisín entra dans la maison, Cordelia la suivit sans en croire ses yeux. La vieille dame se lança dans une inspection de la cuisine. Les tiroirs, le frigo : tout y passa. Voyant que Cordelia était toujours sur le pas de la porte, elle lui dit :

— Ne reste pas plantée là, file t'habiller en vitesse. Pendant ce temps, je nous prépare du café et des œufs.

Elle avait eu le temps d'attraper une spatule qu'elle agita vers elle.

— Hop, hop, hop !

De retour dans sa chambre, Cordelia se fit un chignon à la hâte puis enfila un short. C'était peut-être tenter le diable, mais tant pis, ses jambes avaient besoin d'air frais et de soleil. Elle compléta sa tenue avec un T-shirt blanc et son cardigan favori – couleur cuivre, avec de gros boutons dorés et de grandes poches sur le devant. Après avoir sauté dans ses bottes de pluie, elle regagna la cuisine. Le café était prêt, et Róisín remuait les œufs.

— Tu fais un régime fromage et chocolat ? Il n'y a quasiment rien de consistant dans cette maison.

— Je ne fais pas la cuisine, avoua-t-elle.

Róisín secoua la tête et marmonna quelque chose, sans doute assez peu flatteur pour le peuple américain.

Cordelia se versa du café et prit place autour de la table.

— C'était fameux, hier soir, pas vrai ? Et je ne parle pas du repas.

La remarque de sa drôle de voisine la laissa clouée sur place, la bouteille de lait entre les mains. Elle répondit par un son qui tenait à la fois du oui et du non.

Róisín ricana.

— Pas besoin d'aborder les sujets douloureux trop tôt. Mais ce que tu as répondu à Owen ne m'a pas déplu. Il est bien trop dur avec Niall, et ça ne date pas d'hier. Pas étonnant que son fils soit parti pour Dublin à la première occasion. Tu es au courant de toutes ses mésaventures, j'imagine ?

— Alison m'en a parlé.

— Bien. Si elle ne l'avait pas fait, quelqu'un d'autre s'en serait chargé. Et Dieu sait que les gens de cette île aiment forcer le trait. Niall est un brave garçon et pas mal de gens à Kilronan feraient bien de s'en souvenir.

Son visage se plissa, les yeux soudain remplis de tristesse.

— Navrée pour ton papa.

Cordelia baissa la tête et termina de verser du lait dans son café. Après s'être affairée autour du four, Róisín déposa une assiette d'œufs brouillés.

— Mange donc, dit-elle en s'asseyant à côté d'elle. Alors comme ça, tu es photographe.

Cordelia avala une première bouchée et répondit.

— Je n'ai pas d'appareil en ce moment, mais oui.

— Et tu es une artiste.

Elle eut un haussement d'épaules.

— Sans doute.

— Crénom d'une pipe, ma fille, inutile de prendre cette mine de six pieds de long. Il n'y a rien de honteux. Tu es une artiste, oui ou non ?

Cordelia se raidit et répondit d'un ton ferme :

— Oui, je suis une artiste.

Róisín tapa la spatule sur la table.

— Ah, tu me fais plaisir ! Dans ce cas, j'ai du boulot pour toi. Ensuite, on attellera Brigid et en route pour Dún Aengus. C'est un piège à touristes, mais c'est incontournable. Et c'est la journée idéale pour le visiter. J'ai appelé Fiona tout à l'heure, son genou lui fiche la paix. C'est le signe que le soleil va tenir. Allez zou, finis-moi cette assiette !

La cuisine était baignée d'une lumière toujours plus éclatante. Cordelia se hâta de manger, elle rêvait de mettre le nez dehors. Tant qu'on ne lui parlait pas de Niall... Elle s'était sentie étrangement détendue quand Róisín avait brièvement évoqué la soirée.

Le petit déjeuner terminé, elles prirent la direction de la maison en haut du sentier. Róisín était un vrai moulin à paroles. Elle parlait aussi bien à Cordelia qu'à la pelouse ou à un papillon qui passait. Les gens du coin en prenaient pour leur grade.

— Maintenant que Cian Byrne a repris le Seaview, cet endroit va perdre son âme. S'il le gère aussi bien que la mairie... Enfin bon, il n'arrivera jamais à la cheville du pub d'O'Connor et... oh, ouste, l'abeille, va plutôt butiner le jardin derrière le cottage !

L'insecte fila sans demander son reste.

Cordelia s'aperçut qu'elle avait retrouvé le sourire. Le ciel était d'un bleu éclatant, l'air était doux et parfumé. Le soleil était tellement chaud qu'elle aurait eu envie de bondir pour le serrer dans ses bras. Ou de se rouler dans l'herbe, comme un chien.

Elles firent le tour de la maison de Róisín. Brigid broutait dans son paddock, juste à côté du petit abri de jardin. C'était un moment parfait. Le décor, les couleurs, la lumière rasante au-dessus du champ. Toute cette scène méritait d'être immortalisée.

Cordelia attrapa son téléphone au fond de sa poche et prit rapidement quelques photos. Quand elle se dépêcha de rattraper Róisín, la brise était chargée d'une odeur de lavande.

Un magnifique jardin s'étendait à l'arrière, avec un potager, des fleurs sauvages et une pelouse bien verte. La grand-mère d'Alison cueillit une fraise sur un plant chargé de fruits au ras du sol et désigna un buisson couvert de petites fleurs jaunes.

— Du millepertuis, dit-elle en mâchant. On s'en servait pour soigner la dépression et l'anxiété. Niall en aurait besoin d'une bonne dose, le pauvre.

Sans attendre la réponse de Cordelia, elle marcha jusqu'à une autre plante à fleurs jaunes, mais plus grandes.

— De l'onagre. Parfait pour traiter les désagréments quand on a ses choses. Oh ! ça fait belle lurette que je n'en ai plus besoin, mais des filles continuent de m'en demander. C'est même bon contre l'acné. Quant à ces fleurs violettes, là, c'est de l'échinacée. En cas de rhume, il n'y a pas mieux.

Cordelia était émerveillée mais perplexe. Pourquoi ce cours de botanique ?

— Quel joli jardin !

— Ça, je sais. Mais je ne te l'ai pas montré pour me faire mousser.

— C'est que...

Róisín s'était déjà engouffrée à l'intérieur de la maison. Elle en revint armée d'un calepin et d'un crayon à papier.

— Je n'ai pas de nécessaire de peinture. Mais j'ai demandé à Alison de m'en commander un. En attendant...

Cordelia prit ce qu'on lui tendait.

— Et euh... qu'est-ce que je dois faire, exactement ?

— Tu es une artiste, non ? Dessine !

La vieille dame agita la main en direction des plantes qu'elle avait montrées.

— Je prépare un livre, figure-toi, dit-elle fièrement. Pour mon plaisir et pour tous ceux qui s'intéressent aux secrets des plantes. Malheureusement, je suis nulle en dessin.

Cordelia ouvrit la bouche pour la prévenir que ce n'était pas sa spécialité. Soudain, elle repensa à ce que lui avait dit Toby, avant son départ pour l'Irlande, quand il essayait de la convaincre de partir sans son appareil : « À une certaine époque, tu aimais dessiner au crayon, faire des aquarelles, c'était top. »

C'est vrai qu'elle avait été du genre touche-à-tout.

— Eh bien ? demanda Róisín, les mains sur les hanches. Qu'est-ce que tu attends ?

— Vous auriez un tabouret ?

Son visage ridé s'éclaircit.

— Dans la grange. Je vais te chercher ça.

Cordelia passa donc sa matinée assise sur un tabouret, entourée par une jument qui broutait non loin de là et doucement réchauffée par le soleil de juin. Pour la première fois depuis la fac, elle maniait un crayon. La première esquisse du millepertuis n'avait pas été une franche réussite. La deuxième était meilleure. La troisième fut parfaite. Róisín s'affairait dans le jardin en parlant tantôt à Cordelia, tantôt aux plantes, tantôt à Brigid, une jument baie aux poils longs avec une fine tache blanche sur le museau. Ses grands yeux remplis de sagesse semblaient comprendre tout ce que disait sa propriétaire.

Cordelia retira son cardigan et attaqua l'échinacée.

Quand vint le tour de la lavande, le soleil était très haut. Róisín avait préparé du thé et des sandwichs au jambon. Elles déjeunèrent dans sa cuisine spacieuse, cernées par le papier peint à fleurs qui recouvrait les murs et un poêle à bois. La conversation tourna autour de l'histoire de l'île et des *clachans*, ces minuscules villages qui accueillaient entre deux et quinze maisons, des siècles auparavant. De quoi protéger les premiers habitants quand le temps n'était pas avec eux.

— Ces îles ont été construites par des familles soudées, dit Róisín. Ce sont des liens profonds qui unissent ceux qui vivent ici à l'année, et ils remontent à loin. Certains prétendent que ça nous a rendus têtus comme des mules. À d'autres !

Elle raconta ensuite des histoires de marins. Derrière les dangers de l'océan, il y avait la bravoure de ceux qui osaient les affronter.

— L'Atlantique m'a pris mon mari, avoua-t-elle. Une tempête s'est levée et a balayé son bateau. On ne l'a jamais retrouvé, son équipage non plus.

— Désolée, vraiment, dit Cordelia.

— C'était il y a des années, répondit son hôtesse en avalant une gorgée de thé. Mais c'est gentil à toi. Au fait, maintenant qu'on se connaît, tu vas me faire le plaisir de me tutoyer. Avec tes vous par-ci, vous par-là, je me sens vieillir à vue d'œil.

Elle parla aussi des *currachs*, les embarcations traditionnelles. À une certaine époque, on ne pouvait compter que sur eux pour se déplacer.

— Au début, on les fabriquait en cuir. Et puis on est passé à la toile.

Cette description éveilla un souvenir dans la mémoire de Cordelia.

— J'ai vu une photo de ces bateaux ! Sur un mur, chez Fiona. On dirait des canoës, c'est bien ça ?

— Tout à fait. Quelques pêcheurs continuent de prendre la mer avec, mais ils ne servent plus qu'aux régates, en été. Tu verras ça au moment de *Pátrún*. Niall y participait, d'ailleurs. C'était un sacré rameur, avec de jolis biscotos. Et un torse large ! Il est plutôt agréable à regarder, pas vrai ?

Le clin d'œil qui assortit cette question fit rougir Cordelia.

— Oh ! euh...

Róisín éclata de rire et reposa sa tasse.

— Je te taquine. Il ferait pleurer les pierres, à l'heure qu'il est. Normal que personne n'ose l'approcher, et surtout pas un joli brin de jeune fille comme toi.

— Il a l'air d'avoir ses raisons, fit-elle remarquer.

— Oui. C'est bien vrai.

Après déjeuner, Róisín lui montra comment atteler Brigid à la carriole. Cordelia grimpa à côté d'elle sur le siège du conducteur. Le temps de faire claquer les rênes et en avant ! Tandis que le véhicule cahotait sur les chemins, elle sut à qui appartenait telle ou telle maison, avec quelques petits potins en prime. Elles passèrent devant les ruines d'une vieille église et d'une plage où quelques courageux affrontaient les rouleaux. Tout le monde semblait connaître Róisín. Et Cordelia, par ricochet.

— Comment va, Róisín ? lança un homme sur le pas de sa porte.

— À merveille, Brogan ! répondit-elle.

— Parfait. Et bonjour à vous, *miss* !

Cordelia le salua d'un geste, avec un grand sourire.

Alors qu'elles amorçaient un virage, un ado traversa subitement la route pour rattraper son ballon de foot.

— P'tit con, va ! Regarde un peu où tu vas, Rory, ou je te dis à ta mère que tu fricotes avec la fille des Sullivan.

— Pardon, Róisín ! s'excusa le jeune garçon en détalant.

Cordelia avait presque oublié le but de leur trajet quand elles atteignirent une route bondée, avec plusieurs carrioles à la queue leu leu. Tout le monde semblait aller dans la même direction.

— Avec un temps pareil, on se croirait dans une termitière. Je sais que cette île a besoin des touristes, mais ce n'est pas une raison pour envahir les routes. *Hiya*, Darragh !

Tiens, c'était l'un des piliers du pub, celui au nez gigantesque (« Et tu as vu la couleur ? Il mériterait un prix au concours agricole ! »). La charrette qu'il conduisait venait en sens inverse. À l'arrière, une famille discutait en allemand.

— Hé, mademoiselle l'Américaine ! beugla-t-il en lui faisant signe. Content de vous revoir.

— Bonjour !

Elle n'en revenait pas que tout le monde la connaisse. Mais en un sens, c'était sympa, aussi. Si cela pouvait l'aider à se sentir moins seule... Une poignée de bâtiments tout blancs surmontés d'un toit en chaume se pressaient autour d'une place pavée. On y vendait toutes sortes de babioles, des bonnets ainsi que des écharpes en laine d'Aran.

— Voilà l'entrée, dit Róisín en tendant le doigt.

Un large sentier circulait au milieu d'une grande étendue d'herbe constellée de pierres grises. Il menait jusqu'à un haut mur en pierre qui se déroulait le long d'une falaise. L'océan brillait dans le lointain.

D'un bond, Cordelia descendit de la charrette.

— Tu viens ?

— Pas avec mes vieilles guibolles, jeune fille.

Cordelia se joignit à la cohorte de visiteurs qui remontait le chemin.

Le vent grossit et fit tourbillonner ses cheveux devant son visage. L'air devenait plus froid, et elle sentit ses mollets découverts se couvrir de frissons. En empruntant une brèche dans le grand mur, elle déboucha dans un large demi-cercle en pierre. L'herbe poussait en grosses touffes tendres près du bord de la falaise. La vue était spectaculaire : les vagues s'écrasaient sur les hautes parois, l'eau d'un turquoise sidérant se muait en gris à mesure qu'elle cherchait l'horizon. De temps à autre, une vague se fracassait contre un rocher en faisant jaillir un vrai geyser.

Elle essaya de graver ce décor dans sa tête mais il y avait trop de monde. Les gens prenaient des photos en parlant bruyamment. Elle fit demi-tour. Alors qu'elle atteignait les échoppes des vendeurs de souvenirs, des nuages noirs s'invitèrent dans le ciel. Il y avait de l'humidité dans l'air froid.

— Contente que tu n'aies pas traîné, ces nuages ne me disent rien qui vaille, dit Róisín en faisant claquer les reines.

De retour à la maison, Cordelia aida sa vieille voisine à dételer Brigid puis regagna le cottage. À peine entrée, elle entendit la pluie tomber.

Juste à temps, songea-t-elle, pas mécontente. Tout en chantonnant, elle mit de l'eau à bouillir et réchauffa de la sauce tomate dans une petite casserole. Elle se versa un verre de vin tandis que ses pâtes cuisaient. Son repas fin prêt, elle prit place à la table de la pièce à vivre avec un bouquin. La pluie ruisselait sur les carreaux.

Mais au fait, et les photos qu'elle avait prises au château ? Elle attrapa son téléphone... et en eut le souffle coupé. Elle posa sa fourchette. La maison de Róisín était encadrée par le bleu du ciel et le vert de l'herbe que broutait Brigid. Elle aurait pu entrer dedans et revivre cette journée.

Il fallait qu'elle l'envoie à Liz et à Toby. Après réflexion, elle l'envoya aussi à sa mère. Elles ne s'étaient plus parlé depuis leur dispute, pendant le déjeuner.

Super journée sur l'île

Son téléphone reposé, Cordelia regarda par la fenêtre. La pluie assombrissait les champs, le monde devenait une grande étendue floue, aux tons gris-vert. Après cette journée magnifique, ce n'était pas bien grave. C'était même assez beau. Son verre de vin à la main, elle ouvrit son livre avec une sensation de plénitude.

Il lui fallut un moment pour comprendre.

Elle se sentait chez elle.

9

Mais qu'est-ce qui se passe ?

Depuis ce dîner du dimanche soir, son père n'avait pas fait une seule allusion à Deirdre, au Fallen Star ou à la honte éternelle qui avait été jetée sur la famille O'Connor.

Niall n'avait presque pas échangé un mot avec lui. Travailler au pub était bien moins pénible depuis qu'il n'avait plus à supporter ces remarques acerbes et ces reproches en permanence. Il aurait tout de même préféré que son père lui adresse la parole pour dire autre chose que « Bonjour » ou « Apporte la commande de la 3 ». Les mots de Cordelia avaient vraiment fait mouche.

Pour sa part, il n'avait pas échangé avec elle depuis cette soirée, même s'il l'avait vue passer devant le pub à bord de la carriole de Róisín. Et la seule fois où il l'avait aperçue à la supérette, il s'était planqué au rayon surgelés. La honte. Mais il n'avait aucune envie de se retrouver dans une situation gênante. Déjà qu'il se sentait minable…

Libéré de la pression paternelle et calé dans sa routine de travail, il avait l'impression que le ressort qui serrait sa poitrine se détendait. Il n'en avait plus besoin pour tenir. Il se rappelait combien il aimait bosser dans la restauration. Le brouhaha incessant d'un pub, les questions des touristes et les locaux qui avaient toujours une histoire à raconter.

Ça faisait du bien d'entendre les gens rire autour d'un bon verre et d'un repas chaud. Les habitués avaient digéré la nouvelle de son retour surprise, et cet article dans le journal était de l'histoire ancienne. Maintenant qu'il n'était plus au centre des commérages, on blaguait plus souvent avec lui lorsqu'on venait prendre une pinte ou un bol de soupe, c'était l'occasion de discuter.

À la maison, Niall passait de plus en plus de temps dans la cuisine. Oh ! sans faire grand-chose. Il jetait un coup d'œil dans le frigo pour voir ce que Colin avait acheté, il veillait à ce que les couteaux soient bien affûtés ou il contrôlait le tiroir à épices, toujours désespérément vide.

Vendredi, c'était le concert. Niall vint plus tôt pour préparer le service. La soirée promettait d'être intense. Entre les gens du coin et les touristes, le pub était déjà rempli. Il repéra sa mère à sa table attitrée.

— Salut ! dit-il en se penchant pour lui faire la bise.

Le ciel s'assombrissait, et la pluie tombait dru. Vu la température, son père avait lancé un feu de cheminée qui crépitait joyeusement. Chaque fois que la porte s'ouvrait, une bouffée d'air humide s'engouffrait dans la pièce.

— Sauvignon blanc ?

— Oh oui, s'il te plaît. Hé, Aoife !

Aoife O'Shea tenait la supérette. Elle lui fit coucou d'un grand geste.

Avant de servir sa mère, Niall passa une tête dans la cuisine.

— Tout va bien, p'pa ?

Son père reniflait un bouquet de persil.

— Ça, c'est poubelle, répondit-il en jetant les herbes défraîchies.

— Prends des fanes de carottes, à la place.

— Tu es sûr ?

Owen leva le nez, et leurs regards se croisèrent. Niall eut un haussement d'épaules.

— Ou du céleri-branche. Les deux feront le taf pour ta sauce verte.

Son père tourna la tête puis finit par répondre :

— Eh bien... c'est noté. J'essaierai. Merci.

Niall se dépêcha de partir avant que l'ambiance se gâte pour une raison ou pour une autre.

Il prit quelques commandes au bar puis s'occupa de celle de sa mère.

— Ça tombe fort, ce soir.

Colin venait d'arrivé trempé comme une soupe. La pluie battait contre les carreaux.

— Cordelia a pu venir, tu as vu ?

Niall renversa du vin sur le comptoir et passa un rapide coup d'éponge pour nettoyer sa bêtise. Autour de la table de sa mère, trois silhouettes familières retiraient leurs manteaux et les accrochaient au dossier de leurs chaises. Róisín était en salopette et chemise à carreaux, comme d'habitude, mais Cordelia portait un pull en laine d'Aran flambant neuf, d'un blanc soyeux. Légèrement trop grand pour elle, il lui arrivait au milieu des cuisses par-dessus un legging gris. Des mèches de cheveux mouillés étaient plaqués le long de son cou. Tout en riant avec Alison, elle remonta ses manches jusqu'aux coudes et prit place à côté de sa mère.

Alors qu'il rangeait la bouteille, Niall sentit le regard de Colin.

— Quoi ? demanda-t-il.

— Rien.

Son pote avala une gorgée d'eau, sans cesser de le scruter.

— Essaie d'être plus sympa, cette fois. C'est grâce à elle que ton père te lâche un peu la grappe.

— Si tu comptes rester derrière le comptoir, prends des commandes et verse des pintes. Sinon, bouge ton cul et monte sur scène.

Colin eut un large sourire.

— Mais un cul pareil, on n'en voit pas tous les jours, avoue !

Tout en ondulant des hanches, il regagna l'estrade pour accorder sa guitare. Quel comédien !

Alors qu'il apportait la commande de sa mère, Niall passa devant une table occupée par deux jeunes touristes, une blonde et une brune qui regardaient quelque chose sur leur téléphone.

— Je m'occupe de vous tout de suite, dit-il.

La brune le détailla de la tête aux pieds.

— Rien ne presse, répondit-elle.

Aussitôt après, elle glissa quelque chose à l'oreille de son amie qui les fit glousser toutes les deux.

Des Américaines, 100 % sûr…

— Et voilà pour toi, m'man, dit-il en posant son verre. Bonsoir, Alison, bonsoir, Róisín.

Il s'éclaircit la gorge puis ajouta :

— Bonsoir, Cordelia.

Une fois n'est pas coutume, elle ne répondit pas en le fusillant du regard. Au contraire, elle était tout sourires !

— Il y aura deux cabernet, Niall, demanda Alison.

— Et un whisky, ajouta Róisín. Sans glace.

Elle semblait de très bonne humeur, elle aussi.

— Noté. Vous fêtez un truc ?

Cordelia plongea la main dans son sac.

— Mon nouvel appareil est arrivé, dit-elle en s'agitant sur son siège.

— Elle a pris des photos de Brigid et moi, ce matin, enchaîna Róisín. Montre-lui. Elle a un œil, il n'y a pas de doute. Elle est partie pour être la nouvelle… c'est quoi, son nom, déjà ? Panier-De Cresson ?

Cordelia s'esclaffa :

— Cartier-Bresson. Et non, sans doute pas. Ce n'est pas dur de prendre de bonnes photos quand on a un bon sujet.

— Allons donc…

La grand-mère d'Alison avait beau dire, elle semblait toute fière.

Cordelia tendit l'appareil vers Niall.

— Tu as intérêt à ne pas le casser, celui-ci.

Il faillit répliquer… puis s'aperçut qu'elle le faisait marcher. Tiens, une nouveauté ! Il répondit par un petit sourire et fit semblant de prendre l'appareil avec mille précautions.

— Appuie sur ce bouton pour faire défiler le reste.

Niall l'entendit à peine car il était fasciné par une image qui le toucha en plein cœur. Une photo en noir et blanc, Brigid avait le museau collé contre le visage de Róisín, qui caressait l'encolure de sa jument. On sentait une telle complicité. Le cadrage laissait à peine deviner les épais nuages qui s'amoncelaient dans le ciel.

— La vache…, finit-il par dire.

— Trop belle, pas vrai ? renchérit Alison. Cordelia a promis qu'elle me prendra en photo avec grand-mère. J'aimerais en accrocher une au cottage.

Impossible de détacher les yeux de cette photo. C'était comme si Cordelia avait sondé l'âme de Róisín. Et elle était parvenue à la saisir. Sans même s'en rendre compte, il dit :

— Elle a proposé de me prendre en photo avec ma mère.

— C'est vrai ?

Fiona se redressa sur son siège, la main plaquée sur sa poitrine.

— Oh ! ce serait formidable.

Devant les yeux écarquillés de Cordelia, Niall s'empressa d'ajouter :

— Mais tu n'as sans doute pas que ça à faire...

— Non, non, pas de problème, répondit-elle en souriant à sa mère. J'adorerais. Après une semaine à dessiner des plantes, j'ai hâte de reprendre la photo.

Elle baissa la tête, et son sourire s'adoucit. Comme s'il y avait un sens caché derrière cette phrase anodine...

— Je vous rapporte votre commande, dit-il en lui rendant son appareil.

Leurs doigts se frôlèrent, et Niall se sentit traversé par une sorte de décharge électrique. Les mains plongées au fond de ses poches, il regagna le comptoir.

Il n'eut guère le temps de discuter, entre les commandes à prendre, les plats à apporter et les verres à servir. À un moment donné, il crut que Cordelia l'observait. Il voulut en avoir le cœur net mais elle avait déjà tourné la tête.

Qu'est-ce que ça peut te faire ? Elle le regardait, et alors ? Au moins, ce n'était plus avec des éclairs dans les yeux. La brune américaine, en revanche... Il sentait qu'elle le dévorait du regard.

Peu après, il apporta une nouvelle tournée à la table de sa mère. Le parfum de Cordelia, ce mélange de bergamote et de pin maritime, envahit ses narines lorsqu'il se pencha pour récupérer son verre vide. On commanda à manger. Accroupi entre Alison et Cordelia, Colin discutait.

Niall toussota en tapotant le cadran de sa montre.

— Tu as raison, il est temps d'y aller ! dit son pote en se relevant.

Cordelia passa la sangle de son appareil autour de son cou.

— Tu serais d'accord pour que je prenne quelques photos ? demanda-t-elle.

— Trop bonne idée ! Mets-toi plutôt sur la gauche, c'est mon meilleur profil.

Un instant plus tard, Colin grimpa sur scène, et Niall prit place derrière le bar pour profiter du spectacle.

— Bonsoir à tous, chers amis d'ici ou d'ailleurs, dit-il au micro.

La foule se tut aussitôt pour l'écouter.

— Merci d'être venus par cette belle soirée irlandaise.

Le bruit de la pluie battante fit rire l'assistance.

— Je m'appelle Colin Doyle, le guitariste le plus talentueux et le plus sexy d'Inishmore.

Des applaudissements retentirent, et Darragh beugla :

— Gamin, quand je t'ai connu, tu mouillais encore tes couches. Laisse le baratin et envoie la musique !

— Merci pour ce témoignage émouvant, Darragh, répondit-il sèchement. Ta prochaine pinte est pour moi.

Colin passa la lanière de son instrument au-dessus de sa tête et se plaça à côté de Fergus. Baguette en main, celui-ci avait déjà calé sur son genou son *bodhran*, une sorte de grand tambourin. Une fille que Niall ne connaissait pas jouait de la flûte et le vieux Cormac Kelly était là avec son violon. Eoghan Sullivan avait apporté son accordéon et Saoirse Ryan, sa mandoline.

Sur un mouvement de tête de Colin, Fergus donna le rythme. Ils commencèrent par un grand classique de la musique irlandaise. Lorsque la musique remplit la pièce, Niall vit Cordelia quitter sa chaise et se rapprocher de la porte, presque accroupie. Elle colla son œil à l'objectif, et il s'interrogea. Trouvait-elle ça un peu ridicule et vieillot ou était-elle emportée par la musique ? Pourvu que Colin joue *Out on the Ocean*, c'était l'une de ses chansons favorites, avec une belle mélodie entraînante.

Ça faisait un bail qu'il n'avait pas assisté à un *seisiún*. Et ça faisait même un bail qu'il ne s'était pas changé les idées, à vrai dire. La musique envahissait la salle, elle la faisait vibrer, elle l'éclairait en laissant les soucis loin dehors.

Darragh réclama une nouvelle pinte. Il y avait d'autres commandes à prendre et plusieurs plats à servir. Lorsqu'il put souffler une seconde, Cordelia avait changé d'endroit. Elle s'était postée dans un coin de la pièce et prenait une photo du bar. Pas de lui, quand même ? Il aurait dû lui dire qu'il n'aimait plus se voir en photo...

À la fin d'une chanson, Colin indiqua que le groupe prenait une courte pause. Niall leur servit à boire. C'était la maison qui régalait, bien sûr.

— Alors, mon gars ? dit Cormac en prenant une gorgée de bière. Comment se passe le retour au bercail ?

Niall se contenta d'un vague murmure.

— On te verra aux régates de *currachs*, au moment de *Pátrún* ?

— Oh ! je...

— Bien sûr que tu le verras, qu'est-ce que tu crois ? intervint Colin en passant un bras autour des épaules de Niall. On fera équipe, comme d'hab. Ce sera le retour triomphal des meilleurs rameurs d'Inishmore !

Cormac ne s'en laissa pas conter.

— Tu veux rire ? Même avec un bras attaché dans le dos, j'irais plus vite que toi.

— Ça suffit, vous deux !

Niall s'écarta de Colin et lui passa une pinte avant de s'en servir une. La soirée était tellement chouette... Alors que Colin et Cormac trinquaient, Alison et Cordelia se rapprochèrent du bar.

— Un autre verre de cabernet ?

Cordelia accepta, pas Alison.

— Il est temps que je ramène ma grand-mère.

À la table, Róisín commençait à somnoler, le menton sur la poitrine et la main refermée autour d'un verre vide.

— L'un d'entre vous pourra se charger de raccompagner Cordelia au cottage ?

— Bien sûr ! lança Colin.

Cordelia sourit, les joues légèrement teintées de rose et les yeux brillants. Plutôt craquante, il fallait bien l'admettre. Colin avait vu juste. Son appareil toujours accroché à son cou, elle remontait les manches de son pull qui refusaient de rester en place.

— Merci, vous êtes géniaux ! lança-t-elle à Colin et Cormac.

— S'il vous plaît !

La brune Américaine faisait de grands gestes.

— J'en connais un qui a une touche..., ricana Cormac.

Niall haussa les épaules et fit signe à Shauna de s'en occuper.

— Pas besoin de descendre sur le terrain quand tu n'as pas envie de jouer.

— Si j'avais ta belle gueule, j'enchaînerais les matchs.

Il marmonna quelque chose pour dissiper sa gêne. À son grand soulagement, il vit les Américaines payer leurs consos et partir. La grande gorgée de bière qu'il s'octroya lui fit un bien fou.

— On ferait mieux d'y retourner, dit Colin.

Cormac et lui prirent leurs verres pour regagner la scène.

— Ça t'ennuie que je me pose ici ? demanda Cordelia en désignant un tabouret libre.

— Fais-toi plaisir, répondit Niall.

Aussitôt installée, elle passa en revue les photos qu'elle avait prises.

— La moisson a été bonne ? demanda-t-il en la servant.

— Mmh..., répondit-elle distraitement.

Elle était si concentrée qu'une petite ride se creusait entre ses sourcils.

— Tu ne m'as pas tiré le portrait, rassure-moi ?

Elle releva la tête.

— Non. Pourquoi ? Ça te plairait ? J'étais certaine du contraire. Tu n'as pas l'air d'aimer qu'on te prenne en photo.

— Ah bon ? Tiens.

Niall fut le premier surpris de sentir un sourire s'esquisser sur ses lèvres. *Tu fais de l'humour, maintenant ?*

Cordelia elle-même semblait amusée.

— J'ai un sixième sens pour ces choses-là. Quand on photographie dans les rues, il faut apprendre à sentir le message qu'envoient les gens.

— Et mon message, il dit quoi ?

— Qu'il ne faut pas t'emmerder !

Cordelia parut se figer. Pour toute réponse, Niall éclata de rire et avala une autre gorgée.

— Ça me ressemble bien. Enfin, maintenant, surtout.

Attention, il commençait à s'aventurer sur un terrain dangereux... L'étape suivante, c'était parler de Deirdre. Alors vite, machine arrière.

— Et toi ? Dans mon esprit, les New-Yorkais n'aiment pas qu'on les emmerde.

— Effectivement, admit-elle. Si je te dis que je suis pire que toi, tu me croirais ?

— Impossible. Plus râleur que moi, ça n'existe pas, désolé. Le champion toutes catégories de la discipline, il est devant toi. N'essaie même pas de me piquer ma couronne.

— Tu ne m'as pas vue dans le métro aux heures de pointe, répondit-elle en se désignant d'un grand geste. Il ne faut pas me chercher, tu peux me croire sur parole.

Niall éclata de rire, Cordelia aussi. Puis elle pencha la tête d'un air songeur.

— C'est dommage, dit-elle.

— Qu'est-ce qui est dommage ?

— Tu ferais un très bon sujet. Le contraste entre tes cheveux et tes yeux. La fossette sur ta joue gauche.

Les yeux écarquillés, elle s'empourpra si fort que même son cou devint rouge.

— Oh ! là, là. Bonjour le malaise. Désolée, je... Déformation professionnelle. C'est dur d'oublier la photo. De ne pas regarder les choses comme...

Cordelia agita la main et plongea le nez vers son verre de vin.

— Je devrais me lancer dans une carrière de mannequin, c'est ça que tu es en train de dire ?

Niall prit la pose, et elle manqua de recracher son verre.

— J'attendrais un peu avant de lâcher mon job, si j'étais toi, dit-elle.

— Sympa.

— Oh ! arrête un peu, j'ai bien vu comment ces deux meufs te déshabillaient du regard. C'étaient des Américaines ? On aurait dit, en tout cas. Je les repère au premier coup d'œil. On est vraiment les pires touristes, pas vrai ?

— Pas toujours, dit-il. Tu t'es plutôt bien intégrée. Comment tu as fait pour te mettre Róisín aussi facilement dans la poche ?

— Elle m'a chargé de dessiner les illustrations du bouquin qu'elle écrit sur les plantes.

Il hocha la tête.

— Ah, je vois. Tu te laisses exploiter gratos.

— Ça ne me dérange pas. J'aime l'écouter parler. Avec elle, ça coule de source, sans arrêt. Il lui arrive de préférer parler aux insectes plutôt qu'à moi, mais je ne le prends pas mal. Elle s'assume comme elle est, et c'est très bien.

— Effectivement, admit-il. Dans son genre, elle est unique.

Cordelia fit tourner le pied de son verre puis avoua :

— J'ai sans doute été pareil.

La fin de sa phrase resta en suspens dans l'air. Niall ne savait pas trop quoi penser. Est-ce qu'elle avait envie d'aborder des choses plus personnelles ? Et si oui, avait-elle envie de le faire avec lui ? Sans même lui laisser le temps de réagir, elle enchaîna :

— Ça m'a fait plaisir de dessiner à nouveau. À mon avis, j'avais besoin d'une coupure. Loin de la photo. J'avais oublié qu'il y a mille et une façons d'exprimer sa créativité. Je ne me résume pas qu'à ça, mais je l'avais un peu perdu de vue.

Cordelia lui adressa un regard mi-timide, mi-moqueur.

— Je dois te remercier, en fait. Si tu n'avais pas cassé mon appareil, je serais restée obsédée par mon travail.

Elle fit courir un doigt sur la lanière autour de son cou.

— Ça me fait du bien d'utiliser un nouvel appareil. Un appareil autre que le sien.

— Le sien ? demanda-t-il.

— Celui de mon père. Il m'a offert celui qui est cassé un mois avant sa mort.

Le cœur de Niall manqua un battement, et il se sentit blêmir.

— C'est l'appareil de ton père que j'ai cassé ? Oh non, Cordelia, je suis…

Elle leva la main.

— C'est réparable. Je l'apporterai dans une boutique spécialisée à mon retour. Et puis on s'est déjà assez excusés, toi et moi, tu ne crois pas ?

Cordelia tapota l'appareil avec la pointe de son ongle.

— Tu as raison, avoua-t-elle. C'est moi qui t'ai coupé la route. Je bouge toujours pour trouver le cadrage parfait, ça a le don d'agacer Liz. C'est ma meilleure amie.

Malgré cette explication, Niall en était resté au fait qu'il avait cassé l'appareil offert par le père de Cordelia.

— Chaque fois qu'on sort prendre un verre ou un café à Central Park, je n'arrête pas de pencher la tête ou de faire un pas de côté pour que son visage cadre parfaitement avec le reste du décor. Comme tout à l'heure, quand je me suis décalée pour que les reflets des bouteilles occupent l'espace négatif. Je voulais aussi que le bord du miroir soit décalé sur le côté droit par rapport à toi et...

Elle haussa les épaules et reprit :

— Tu vois ? C'est plus fort que moi...

— Je peux participer aux réparations ou...

Niall laissa sa phrase en suspens.

— Non, pas la peine. Je t'assure.

Devant son air dubitatif, elle ajouta :

— Bon, si ce n'était pas réparable, ce ne serait pas la même histoire...

— Si ce n'était pas réparable, je me jetterais du haut des falaises de Dún Aengus.

Le visage de Cordelia s'éclaira :

— Róisín m'a emmenée là-bas, justement ! C'était chouette. Mais il y avait du monde. Alison avait conseillé un autre endroit. Comment ça s'appelait, déjà ?

— Dún Dúchathair, répondit-il d'une voix tendue.

Cet endroit était associé à des souvenirs pénibles, et il n'avait aucune envie d'y penser. Pas ce soir. C'était inespéré qu'il arrive à se changer les idées...

Cordelia parut saisir ce changement d'humeur et préféra se replonger dans ses photos. Quelques secondes plus tard, la musique reprit.

— Niall !

À l'autre bout du comptoir, Shauna lui faisait signe de venir, elle avait besoin d'un coup de main.

— Ah, le devoir m'appelle, dit-il.
— OK.
Alors qu'il s'éloignait, Niall crut que le sol se dérobait sous ses pieds, comme s'il avançait en terrain miné.

10

Lors du traditionnel dîner du dimanche soir, le père de Niall finit par lui reparler.

Ils n'étaient que quatre. Alison avait appelé pour prévenir que Cordelia et elle dînaient chez Róisín.

— Je me disais...

Owen découpait sa cuisse de poulet. Assise à côté de sa chaise, Pocket attendait patiemment de récupérer un petit morceau. Voyant qu'il ne semblait pas pressé d'aller au bout de sa phrase, Colin et Niall échangèrent un regard surpris.

— Tu te disais quoi, p'pa ?

— Pour *Pátrún*...

Brusquement, sa mère semblait fascinée par le contenu de son assiette, qu'elle poussait vers le bord avec le plat de son couteau.

— Oui ? insista-t-il en plissant les yeux.

— Eh bien voilà, on se disait...

Owen jeta un bref coup d'œil à Fiona et se corrigea aussitôt :

— Enfin, je me disais que... qu'en plus de la carte habituelle... on pourrait servir un menu spécial, avec des...

Son père esquissa un geste dont Pocket ne perdit pas une miette.

Niall continuait de nager en plein brouillard.

— Avec des... ?

— Des plats revisités. Ou déstructurés. Enfin, comme tu sais faire, quoi.

Son père semblait aussi gêné que s'il avait insulté la planète entière. Sa mère avait l'air contente. Et lui ? Il n'en croyait pas ses oreilles.

Au bout de longues secondes, il finit par dire :

— Oh. Bien sûr. Ce serait super.

— Ah. Eh bien... parfait, alors.

Mission accomplie, Owen s'empressa d'en revenir à son assiette.

— Tiens, ma belle, régale-toi, dit-il à la chienne en lui tendant un morceau de poulet.

Aussitôt après l'avoir dévoré, elle se tourna vers Niall d'un air plein d'espoir.

— Mais tu me feras goûter ta recette d'abord, dit Owen.

— Bien sûr. Pas de problème.

Devant la mine perplexe de Colin, Niall haussa les épaules. Il était le premier surpris par cette histoire.

N'oublie pas de remercier Cordelia la prochaine fois que tu la croiseras...

Le lendemain matin, Niall se réveilla avec l'envie de cuisiner. Des mois que cela ne lui était pas arrivé !

— Tu as un truc de prévu, ce soir, Colin ? demanda-t-il en se versant une tasse de café.

C'était leur journée *off*. Assis autour de l'îlot central, Colin bossait à une nouvelle chanson tandis que Pocket lorgnait sur son bacon.

— Je pensais faire un tour au Seaview. Pour voir comment Cian l'a transformé. Avec un peu de chance, je ferai même des rencontres..., dit-il en battant des paupières.

Niall s'assit sur un tabouret. Tout en caressant distraitement Pocket venue poser la tête sur son genou, il sirota son café.

— C'est quoi, cet air mi-songeur, mi-paumé ? lui demanda son pote.

— Rien, je me disais…

Colin attendit la suite… qui ne vint pas.

— Pitié, mec, finis ta phrase ou je vais m'endormir.

Niall se gratta l'oreille et déclara :

— Je me disais que je pourrais cuisiner le repas.

Il faillit sursauter quand Colin déposa sa guitare sur la table.

— J'annule tout. Le Seaview, ce sera pour un autre jour. Ah, génial, je me demandais quand tu comptais te décider à utiliser cette cuisine ! On invite aussi Alison ? Et Cordelia ?

Sans doute, oui. Il pourrait lui annoncer de vive voix que grâce à elle, les choses allaient un peu mieux entre son père et lui. Seulement… Rien qu'à l'idée de l'inviter dans cette maison, il avait l'estomac en vrac.

— Non, finit-il par répondre. J'ai envie de faire simple. La prochaine fois, peut-être.

— C'est toi qui vois. Tu as déjà ton menu en tête ?

— Pas encore. Je ferais mieux d'aller au marché pour voir ce qu'il y a de beau.

Pocket suivit Niall jusqu'au centre-ville puis vaqua à ses occupations. Elle rendait souvent visite aux autres animaux de l'île, que ce soient les moutons, les vaches et les chevaux. L'autre avantage, c'était qu'elle pouvait faire le plein de caresses et de friandises. De son côté, il prit le temps de laisser son menu se dessiner. Il tâta des légumes, renifla des bouquets d'herbes fraîches, examina l'étal du boucher. Lorsqu'il regagna la maison avec un sac rempli de provisions en bandoulière, les nuages se dissipèrent et le soleil éclaira la route. Dans l'herbe, les gouttes de rosée scintillaient comme du cristal.

À ce moment, Niall songea que ce retour au bercail n'était peut-être pas une si mauvaise idée, après tout...

Cordelia rentra épuisée de sa longue promenade à vélo. Le soleil avait décidé de pointer le bout de son nez, alors pas question de louper l'occasion. D'autant qu'elle devenait une sportive aguerrie. Elle avait pu voir la colonie de phoques, enfin ! Róisín ayant loué ses services à des touristes australiens pour deux jours de visite, c'était le moment d'explorer l'île toute seule.

Les phoques étaient très photogéniques, avec leurs corps mollement allongés sur les rochers, leurs ventres rebondis tournés vers le soleil. Leurs yeux étaient d'une profondeur étonnante, on aurait dit de vieilles âmes sages pour qui l'océan n'avait pas le moindre secret. Avec ce nouvel appareil, elle avait l'impression de prendre un nouveau départ. En rentrant, elle rangea son vélo dans l'abri et regagna le cottage en passant en revue ses photos de la journée. Elle aurait dû commencer à en poster quelques-unes sur son compte Insta. Mais était-elle prête à le faire alors qu'elle redécouvrait son amour pour la photo ? Ce serait bête de tout gâcher...

Au même moment, son téléphone sonna.

— Coucou, Toby ! Tu n'es pas censé être en classe ?

Son frère était prof de lettres à Brooklyn.

— Les cours ont fini jeudi dernier. Je suis officiellement en vacances. Comment ça se passe de ton côté, petite sœur ?

— Formidable ! lança Cordelia avec un faux accent irlandais qui fit rire Toby. Je viens de visiter une colonie de phoques. C'était...

— Rempli de phoques ?

— Très drôle. J'allais dire génial, mais effectivement ces grosses peluches sont partout. Tout va bien de ton côté ? Nikki et les enfants ?

— On part le week-end prochain. J'ai réservé un Airbnb à la montagne, dans les Berkshire. Un chalet avec piscine. Les enfants sont comme des fous.

— Je te crois ! Vous allez vous régaler.

— Maman et Gary sont du voyage.

— Oh.

Un ange passa.

— Écoute, Cordie, je sais que tu ne portes pas Gary dans ton cœur, mais...

— N'importe quoi, le coupa-t-elle. Je n'ai aucun problème avec Gary, qu'est-ce que tu racontes ?

— Arrête. Même à l'autre bout de l'océan, je sens que tu me racontes des bobards.

Cordelia grimaça.

— Où veux-tu en venir, Toby ?

— Ça rend maman très triste.

— Franchement, j'en doute, répliqua-t-elle. Depuis quand a-t-elle le temps d'être triste ? Ils sont toujours fourrés dans des endroits de rêves !

Après le séjour en Floride, ils avaient passé une semaine dans la villa du fils de Gary, en Toscane. Manifestement, il était vigneron et marié à une Italienne. Ils avaient divorcé mais il avait gardé la maison. Cordelia avait vu les selfies envoyés par sa mère : elle n'avait pas l'air malheureuse dans sa robe en lin blanc, un verre de rosé à la main. Derrière elle, Gary vivait sa meilleure vie, au milieu d'une piscine bleu turquoise, une tache de crème solaire sur le bout du nez. Et cerise sur le gâteau, les photos étaient accompagnées d'une application de rencontres : Mo Rogha. Vivez l'amour à l'irlandaise.

Elle avait immédiatement effacé le message.

— La question n'est pas là, dit Toby. On dirait que tu lui reproches de s'amuser. Elle n'a pas le droit ?

— Si, bien sûr.

À ces mots, elle sentit son estomac se nouer.

— Eh bien, je ne te crois pas. Maman est heureuse, Cord. C'est un peu ce que tu essaies de faire toi aussi, non ? Trouver le bonheur maintenant que papa est parti ?

— Oui, mais je n'ai pas besoin de me servir d'un homme pour ça, répliqua-t-elle.

— OK. Deux choses. La première, c'est que maman ne se sert pas de Gary. Elle l'aime. La seconde, c'est qu'il n'y a pas de mal à donner un sens à ce qu'on vit avec quelqu'un ? Tu es peut-être célibataire depuis la nuit des temps, mais ce n'est pas une raison pour...

— Très drôle, Toby.

— Quoi ? Ton dernier mec, c'était qui ? Sam ? Vous vous êtes séparés il y a près de trois ans.

— J'ai l'impression d'entendre maman. Tu veux que je me case pour faire des gosses, comme toi ?

— Cordelia, arrête de tout prendre comme une attaque. Je n'ai jamais voulu dire ça.

— Alors qu'est-ce que tu veux dire ?

— Que tu devrais essayer de voir plus loin que le bout de ton nez. Mets-toi à sa place, pour une fois. Tu es peut-être malheureuse, mais ce n'est pas une raison pour que maman le soit aussi. La façon dont elle a trouvé le bonheur te déplaît, d'accord, mais elle est parfaitement valable.

— Mais je suis heureuse !

Cordelia n'en revenait pas d'avoir crié aussi fort...

— Écoute, je... je vais l'appeler cette semaine, d'accord ? Je poserai des questions à propos de Gary. On n'aura qu'à organiser une visio tous ensemble pendant vos vacances.

— Bien sûr, dit son frère. Avec plaisir.

Il n'avait pas l'air de le penser, pourtant. Depuis quand était-il du côté de Gary ? Elle avait l'impression d'être une étrangère dans sa propre famille, et ça la désolait. Si Toby n'était pas marié, est-ce que sa mère le soûlerait pour qu'il télécharge toutes les applis de rencontres possibles et imaginables ? Sans doute pas. Et, ça, il ne voulait pas le comprendre.

— Il faut que j'y aille, finit-elle par dire.

Ce n'était pas vrai, mais tant pis.

— Gros bisous à Nikki et aux enfants.

— Compte sur moi. Bye.

Après avoir raccroché, Cordelia entra dans le cottage et ferma bruyamment la porte. Elle entendait son estomac gronder. Une fois dans la cuisine, elle ouvrit le frigo. Des œufs, du lait, du fromage. Plus de pâtes. Le placard ne contenait qu'une boîte de soupe de tomate. Et il ne lui restait qu'une tranche de pain.

Tu devrais sortir, lui murmura une petite voix. *On mange bien au pub.*

Pas faux. De tous les endroits qu'elle avait testés, c'était le meilleur. Elle tomberait peut-être sur Colin. Ce serait l'occasion de lui montrer ses photos du concert.

C'est Colin que tu espères voir, vraiment ?

Oui, pensa-t-elle sans hésiter. Mais ce furent deux yeux d'un bleu troublant qui traversèrent son esprit. Elle était soulagée que cette histoire d'appareil cassé soit réglée entre Niall et elle. Et maintenant qu'il ne faisait plus autant la tronche, ses traits paraissaient plus doux. Il avait également de l'humour. Seulement, il se remettait de la pire rupture possible. Alors même si elle avait envisagé de sortir avec quelqu'un (ce qui n'était pas le cas), elle ne choisirait pas un mec au cœur en miettes… et qui avait de sacrés comptes à régler avec son père.

Pendant qu'elle se faisait ses réflexions, le frigo ne s'était pas miraculeusement rempli. Bon, elle n'aurait qu'à manger du chocolat. Au même moment, on gratta à la porte. Róisín ? Aucune chance. Elle ne frappait jamais, elle entrait dans le cottage à sa guise, sans prévenir.

Cordelia referma le frigo et alla ouvrir.

— Oh. Coucou.

Pocket lui adressait une espèce de sourire canin, la langue pendante.

— Qu'est-ce que tu fais là ? Je n'ai rien à manger, désolée.

Pocket souffla, tourna la tête vers la route puis vint fourrer son museau contre le genou de Cordelia.

— Pigé. Laisse-moi le temps d'enfiler mes chaussures, je te ramène chez toi.

Cordelia enfila ses bottes et son imperméable puis attrapa son appareil qu'elle accrocha à son cou, presque machinalement. Il ne pleuvait pas fort, juste une petite bruine. Pocket tournait autour de ses jambes et la guidait vers le bas-côté dès qu'une voiture ou une carriole passait. Où l'emmenait-elle ? Sans doute chez Fiona… Tiens, non, la chienne lui fit prendre la grande allée qui menait à la maison blanche.

Chez Niall et Colin. Les jambes tremblantes, elle fut incapable d'aller plus loin.

Allons, elle se contentait de ramener la chienne, ce n'était pas la mer à boire ! Si ça se trouve, il n'était même pas là. Vu l'heure, il devait être au travail.

La pièce à vivre était allumée, cela dit.

Qu'est-ce que ça peut faire qu'il soit là ou pas ? La discussion qu'ils avaient eue au concert s'était très bien passée. Pas besoin de flipper ni de marcher sur des œufs en sa présence. Il était son voisin, mince !

Pocket, qui tournait autour de Cordelia, finit par appuyer la truffe contre son mollet pour qu'elle avance.

Un peu de nerfs !

Elle marcha d'un pas décidé vers la porte rouge, prit une grande inspiration et frappa.

11

La porte s'ouvrit à toute volée. C'est un Niall ahuri qui observa Cordelia.

Les cheveux en bataille, il portait un tablier à rayures rouge et blanc par-dessus une chemise bleue aux manches relevées jusqu'aux coudes, une bouteille d'huile à la main.

— Oh. Bonsoir.

Ses yeux écarquillés étaient d'un bleu aussi limpide qu'un ciel d'été.

Arrête de le regarder comme ça, Cord.

— Salut, répondit-elle en se dandinant d'un pied sur l'autre. Pocket est venue au cottage et je me suis dit...

Elle accompagna la fin de sa phrase d'un geste vague.

— Ah. Tu voulais te faire offrir l'apéritif avant le dîner, coquine ? lança-t-il à la chienne qui vint lécher sa main libre.

— Elle a mal choisi son moment, je n'ai strictement rien dans le frigo. Je comptais manger du chocolat pour dîner.

— Tu rigoles, j'espère ?

Colin venait de surgir sur le seuil.

— Cordelia, tu fais peine à voir, entre ! Niall s'occupe du dîner. Pas trop tôt, j'ai envie de dire. Il y a largement de quoi faire, on a assez de barbaque pour nourrir tout Kilronan.

— N'exagère pas. J'ai acheté ce qui avait l'air potable.

— C'est-à-dire un bœuf entier.

Avec un sourire adressé à Cordelia, Colin écarta une mèche qui tombait devant ses yeux.

— Allez, viens. Une tablette de chocolat, ce n'est pas un vrai repas. J'ai pas raison, mec ?

Niall murmura :

— Dis oui, par pitié, ou il va me gaver avec ça jusqu'à la fin des temps,

Puis il ajouta pour son ami :

— Non, une tablette de chocolat, ce n'est pas un vrai repas, Colin. Tu me lâches, maintenant ? Rends-toi utile et apporte ça à la cuisine.

— Oui, chef !

Colin s'exécuta, talonné par Pocket.

— Tu peux laisser tes bottes ici, dit Niall en désignant la rangée de chaussures parfaitement alignées près de la porte. Je vais te débarrasser de ton manteau.

Lorsqu'il frôla du bout des doigts la peau nue de son cou, Cordelia eut la chair de poule.

— Merci, dit-elle en réprimant un frisson. Tu n'es pas obligé de m'inviter, tu sais.

— T'inquiète, Colin a raison. J'ai acheté trop de bouffe.

Niall accrocha son manteau et se retourna.

— Ce... ce sont des avocats sur tes chaussettes ?

La question de Niall la fit instantanément rougir.

— Oh ! euh... oui. Un cadeau de Liz.

Elle portait des chaussettes violettes avec des avocats qui dansaient joyeusement. Certains avaient leur noyau, d'autres pas. Gênant... Mais le large sourire qu'il afficha lui permit de voir sa fossette.

— Sympa, dit-il.

Bizarrement, ce simple mot suffit à la chambouler.

En entrant dans la cuisine, Cordelia eut un mouvement de surprise. Chaque centimètre carré du plan de travail était vert. Il y avait toutes sortes d'herbes fraîches, des asperges parfaitement alignées sur une planche à découper, ainsi qu'une botte d'oignons nouveaux dans une passoire.

— Tu comprends, maintenant ?

Colin remplissait un verre de glace.

— Petit gin tonic ? C'est ce qu'on prend, mais je peux te préparer autre chose, si tu veux.

— Non, c'est parfait, dit-elle.

Cordelia balaya à nouveau la cuisine du regard, sidérée.

— Wouah, c'est...

— Largement assez pour trois personnes ?

Le musicien venait de lui verser une généreuse rasade de gin et enchaînait avec le tonic.

— Hé !

Niall leva un couteau qui refléta la lumière des spots au-dessus de sa tête.

— Lâche-moi un peu. Dans cette cuisine, c'est moi le chef !

— Je peux t'aider ? demanda Cordelia.

— Tu sais cuisiner ? lança-t-il d'un ton enjoué.

— Euh... non. Róisín pense que je ne vis que de fromage et de chocolat.

Colin éclata de rire et ajouta la touche finale à son cocktail avant de le lui passer : un trait de citron vert frais. Puis il grimpa sur un tabouret de bar.

— Installe-toi, dit-il en tapant le siège à côté de lui. Que je t'explique : chaque fois que Niall cuisine, je fais semblant d'être un membre du jury d'un concours.

— Oh non, tu ne vas pas recommencer, pitié.

Niall avait rincé et mis de côté les oignons nouveaux. Il prit le sel et le poivre.

Colin prit une voix de présentateur

— Niall n'a pas oublié d'assaisonner la viande, contrat rempli. Maintenant voyons à quelle température il a préchauffé sa poêle. Cuire un steak est un geste particulièrement technique.

— Pas du tout.

La mine exaspérée de Niall était aussi drôle que l'imitation de Colin. Cordelia avala une gorgée de son cocktail. Costaud, bien frais, et délicieusement pétillant.

— C'est quoi ? demanda-t-elle en attrapant un bouquet d'herbes fraîches qui ressemblaient à de longues tiges.

— De l'estragon, dit Niall. Pour le chimichurri.

— Le chimiquoi ?

— Oh non, soupira Colin. Ne le lance pas, il ne va pas s'arrêter.

— Il faut qu'elle sache ce qu'elle va manger. Un chimichurri, c'est une sauce verte d'Amérique latine qu'on rajoute sur une viande ou un poisson. Normalement, c'est fait avec du persil, de la coriandre et de l'origan, mais j'aime rajouter le plus d'herbes possibles.

Planté autour de l'îlot face à eux, Niall pela une grosse échalote qu'il coupa en lamelles, puis écrasa une gousse d'ail avec le plat de son couteau et l'éminça. Assez impressionnant à regarder. Tout en sirotant sa boisson, elle se demanda comment il faisait pour ne pas se couper les doigts. D'un geste expert, Niall s'occupa de l'estragon, puis enchaîna avec le persil, la coriandre, et ainsi de suite. Il mit les herbes, l'échalote et l'ail dans un bol, qu'il arrosa d'huile d'olive, puis ajouta du vinaigre de vin rouge et du piment séché.

— Une bonne chose de faite, dit-il en s'essuyant les mains sur son tablier.

Colin montra l'appareil qu'elle avait posé sur l'îlot central.

— Cordelia, montre-nous les photos que tu as prises au concert. J'ai envie d'admirer ma beauté démoniaque.

Elle s'exécuta volontiers, mais ses yeux étaient comme aimantés par Niall. Préparer les repas ? Elle avait toujours trouvé ça chiant et compliqué. Mais avec lui, c'était amusant. Comme une aventure. Ou la création d'une œuvre d'art.

Il découpa la viande en tranches épaisses puis disposa une grande poêle sur le feu. À cet instant, il leva la tête et surprit son regard. Mince, cela faisait longtemps qu'elle l'observait ? Elle vit une étincelle de joie dans ses yeux, masqués par une mèche de cheveux noirs qui tombait sur son front. Il l'écarta avec le poignet et dit :

— J'ai un truc sur le visage ?

— Non, dit-elle en se sentant rougir. Te regarder cuisiner, c'est... comme si tu dansais.

Colin pouffa de rire mais Niall sembla touché, bizarrement.

— Je suis un peu rouillé, admit-il. Ça fait longtemps que je n'ai pas... pratiqué les pas.

— On ne dirait pas, répondit-elle.

— Je veux celle-là.

Colin mit l'appareil devant elle. Sur l'écran, on le voyait rigoler avec Fergus à la percu.

— Je te l'enverrai par mail, promit-elle en récupérant son appareil.

Cordelia mit son œil devant l'objectif et observa la cuisine. La nuit qui tombait de l'autre côté de la fenêtre créait un contraste parfait avec la chaude lumière à l'intérieur. Elle se concentra sur Niall, penché au-dessus de quelques pommes de terre qu'il découpait en lamelles extrêmement fines.

Leurs regards se croisèrent à nouveau.

— Désolé, dit-elle. Pas de photos, j'avais oublié.

— Oh ! vas-y. Pas de problème. Hé, Colin, rends-toi utile et joue-nous un truc.

— À tes ordres, chef !

Il sortit de la cuisine et on l'entendit grimper l'escalier.

Cordelia reprit son appareil. On entendit une rafale de *clic*.

— Je suis toujours un sujet intéressant ? demanda Niall.

Elle se sentit si honteuse que même ses oreilles rougirent.

— Je photographiais les patates, répondit-elle d'un ton nonchalant.

Niall éclata de rire. Elle n'aurait jamais cru qu'il pouvait se montrer aussi détendu. Il était à des années-lumière du type qu'elle avait bousculé sur le port. Elle quitta son tabouret et se rapprocha pour voir ce qu'il faisait.

— On appelle ça des pommes de terre à la suédoise, expliqua-t-il. Tu verras, c'est un régal rien que pour les yeux. Je coupe la patate dans le sens de la largeur, en très fines lamelles. Mais je ne vais pas jusqu'au bout, il faut qu'elle reste entière. Tu vois ?

Cordelia acquiesça. Elle prit quelques photos pendant qu'il continuait sa découpe. Niall avait des mains larges et puissantes, des avant-bras étrangement musclés. Enfin, pourquoi étrangement ? Elle n'avait aucun avis sur la question, jusqu'à présent. Mais maintenant qu'ils étaient tout près l'un de l'autre, elle pouvait observer ses épaules larges, les contours de ses biceps sous sa chemise, les poils noirs qu'on apercevait entre les pans ouverts, juste au-dessus du bord de son tablier.

Elle recula pour l'immortaliser penché au-dessus de sa planche. Puis, comme elle se sentait un peu gênée, elle prit une photo de Pocket qui fouinait près de l'évier.

— Qu'est-ce qui t'a amené à la cuisine ? demanda-t-elle.

— Mon père, répondit-il en plaçant la pomme de terre sur une plaque.

Il prit une gorgée de cocktail avant de poursuivre.

— Ça paraît fou, et pourtant... Je venais dans les cuisines du pub pour le regarder gérer la boutique. J'apprenais les bons gestes pour nettoyer des légumes ou tenir un couteau.

Tout ce que je sais sur la cuisine, c'est lui qui me l'a appris. Mais au bout d'un moment, j'ai eu envie de faire mes propres expériences. Je me suis dit que certains ingrédients devaient bien se mélanger, que telle épice sublimait tel aliment. Il n'y a pas eu que des réussites. Ma mère a plutôt bien joué le jeu. Colin aussi. On vivait ensemble à Dublin pendant ses études de musique.

— Et toi, tu allais où ? demanda-t-elle.

— Nulle part, dit-il. Je n'avais ni l'argent, ni l'envie, à vrai dire. Mais j'ai dû travailler dans à peu près la moitié des pubs de Dublin. D'abord comme serveur, puis comme barman. Ensuite, on m'a pris en cuisine, et j'ai grimpé les échelons jusqu'à ce que je me retrouve aux commandes. Mais ce n'était pas ma cuisine, je ne servais pas mon menu. Et je préparais toujours les mêmes trucs. Ragoût d'agneau, *fish & chips, colcannon*...

— C'est quoi ?

— Une espèce de purée avec des herbes, de la crème et du chou. Ensuite, j'ai... j'ai rencontré Deirdre.

Un silence tomba sur la pièce. Niall sembla très concentré par ses pommes de terre. Cordelia chercha un autre truc à photographier. Elle n'avait pas voulu le mettre mal à l'aise. Pour la première fois, elle entendait le prénom de l'ex de Niall. C'était une drôle de sensation, comme si cela la rendait réelle. Ce n'était plus seulement une photo dans un journal ou un personnage d'une histoire qu'on se racontait en douce.

Elle bafouilla :

— Tu... tu n'es pas obligé de...

— Ça va, t'inquiète. On ne peut pas toujours fuir le passé.

Niall attaqua la découpe de la dernière pomme de terre.

— C'est Deirdre qui m'a incité à ouvrir mon propre resto. J'avais toujours eu ce rêve mais je n'aurais jamais cru qu'il pouvait devenir réalité. Elle était d'avis qu'à nous deux, on pouvait y arriver. J'avais la technique, le talent, la discipline. Elle avait le réseau. J'avais mis pas mal de sous de côté et elle... elle vient d'une famille aisée, l'argent n'était pas un problème. On a trouvé un associé grâce à son père. Il avait le profil parfait.

Niall grimaça et son regard s'assombrit. Cordelia se sentit furieuse après cette femme qu'elle ne connaissait même pas. Parce qu'elle ne lui avait pas seulement brisé le cœur. Elle avait aussi brisé le rêve qu'elle lui avait permis de réaliser.

— Je voulais te remercier.

Cordelia sursauta. Niall avait parlé d'une voix si douce...

— Pour ce que tu as dit à mon père. Depuis, il la boucle. C'est assez rare, chez lui, mais ce n'est pas désagréable. Ça m'a même soulagé, en réalité. Il va me laisser préparer un menu spécial pour *Pátrún*, figure-toi. Si on m'avait dit qu'un jour, il me demanderait un truc pareil... Alors merci.

— Oh ! je...

Cordelia avait la gorge nouée.

Soudain, la température dans cette cuisine devint insoutenable, et Niall sembla tout près. Elle sursauta quand quelque chose toucha sa jambe. Mais ce n'était que Pocket.

— Je ne réfléchis pas toujours avant de parler, avoua-t-elle en plongeant le nez dans son verre.

C'était un moyen comme un autre d'échapper à ces yeux turquoise.

— Ça te réussit plutôt bien.

Si elle pensait à sa dispute avec Toby, pas vraiment...

— Pas toujours, dit-elle. Je suis quand même grande gueule.

En tournant la tête, elle vit que Niall l'observait d'un air curieux. Mais avant qu'il puisse réagir, on frappa à la porte.

— C'est la journée des visites, ou quoi ?

Ils entendirent les pas de Colin résonner dans l'escalier puis des voix dans le salon. Quelques secondes plus tard, Alison entra dans la cuisine, une bouteille de vin rouge dans une main et un gâteau au chocolat dans l'autre.

— Mon petit doigt m'a dit que tu cuisinais ce soir ! s'exclama-t-elle en venant faire une bise à Niall. Ça a l'air trop bon. J'ai apporté le vin et le dessert. Colin, tu veux bien me préparer un gin tonic ? Cordie, tu es trop belle.

Ah bon ? Elle n'avait fait aucun effort particulier pourtant, vu qu'elle ne pensait pas sortir ! Alison la serra dans ses bras, Colin attaqua une chanson de Sam Cooke à la guitare, et Niall enfourna les pommes de terre. Tandis qu'elle dansait avec Alison, Cordelia se dit que tout avait changé en un rien de temps, c'était fou.

Et qu'elle n'aurait pas voulu être ailleurs.

Niall se sentait étonnement léger.

Et ce n'était pas parce que Colin avait eu la main lourde sur le gin.

Il aurait préféré être seul pour son retour en cuisine, mais désormais, il ne regrettait pas que Pocket se soit aventurée jusqu'au cottage et que Colin ait appelé Alison. De quoi avait-il peur ? Ce n'était qu'une pièce de viande avec des pommes de terre, mince, pas un menu trois étoiles. Il avait oublié la joie simple de cuisiner. Le mélange des saveurs, l'odeur des herbes fraîches, le chant de la viande qui grille, mais aussi la joie du partage. Il y avait de la musique, des rires, des discussions sans queue ni tête. Pour une fois qu'il arrivait à se lâcher un peu...

Il était heureux que Cordelia connaisse une partie de l'histoire. C'était comme retirer le poison d'une plaie. Tous ces souvenirs n'étaient plus si douloureux.

Et Alison avait raison : elle était ravissante dans son top gris au col arrondi. Et puis ces chaussettes ! Chaque fois qu'il les regardait, il avait envie de rire. Elles étaient tout à fait ridicules. Et tout à fait adorables.

Il eut comme un temps d'arrêt. Il n'avait pas intérêt à s'aventurer dans cette zone dangereuse. *Occupe-toi de ta viande. Et de tes asperges. Le four est assez chaud ? Ne laisse pas brûler les pommes de terre.*

— Je peux t'aider ?

Cordelia venait d'apparaître à côté de lui, essoufflée par cette danse endiablée.

— Pas forcément pour la cuisine..., précisa-t-elle.

— Ça t'ennuierait de mettre la table ?

Il pouvait sentir la chaleur qui émanait d'elle. Elle avait attaché ses cheveux à la va-vite mais quelques mèches étaient collées sur son visage. Il se focalisa sur l'étonnant motif que ses taches de rousseur presque dorées dessinaient sur sa joue.

— Noté. De ton côté, fais-nous un dressage au laser, d'accord ? On veut de l'élégance, chaque détail compte.

Niall éclata de rire.

— Toi aussi, tu te mets aux imitations ?

Les taches de rousseur de Cordelia dansèrent quand elle sourit. Tandis que Colin et Alison reprenaient Aretha Franklin, Niall sortit le plat du four.

— Wouah ! dit-elle avec des couverts dans les mains. Ça a l'air trop bon !

La peau des patates était dorée à souhait, on aurait dit de petits éventails. Il les parsema de romarin et de sel, puis les réserva.

— Et maintenant la viande.

Niall déposa deux gros morceaux côte à côte dans la poêle. Cordelia n'avait pas l'air rassurée quand elle les entendit crépiter.

— Tu n'as pas peur que ça brûle ?

— Pas de danger, dit-il. La poêle doit être bien chaude pour que la viande soit grillée sur l'extérieur et rosée à l'intérieur.

Il lui adressa un regard soupçonneux et demanda :

— Tu ne fais pas partie de ces Américains qui cuisent leur steak tellement longtemps qu'on dirait une semelle, rassure-moi ?

Le chignon de Cordelia remua mollement quand elle fit non de la tête.

— J'aime ma viande plutôt saignante.

— Ah, très bonne réponse ! Tu n'étais pas partie mettre la table ?

— Si, mais je veux te voir les retourner.

Elle avait des étincelles dans les yeux, l'impatience qu'on sentait en elle était si palpable qu'il trembla presque.

— Il n'y a rien de spectaculaire, je te préviens.

— Je veux voir quand même.

— OK.

Les steaks avaient besoin de cuire quelques minutes. Elle avait largement le temps de faire l'aller-retour, mais... il préférait qu'elle reste.

Soudain, le portable d'Alison sonna.

— Allô ? dit-elle, tout essoufflée. Bonsoir... Quoi ? Et merde. Non, c'est bon, j'y vais... Pas de problème. OK, bye.

— Tout va bien ? demanda Colin.

— On doit organiser une grande fête cette semaine, avec pas mal de convives. La commande vient d'être livrée mais ils se sont complètement plantés. Il faut que j'aille à Galway demain pour faire les courses moi-même.

Elle se tourna vers Cordelia et ajouta :

— Désolée, je ne pourrai pas t'emmener à Dún Dúchathair, comme prévu.

— Pas de souci. J'ai une carte, je peux me débrouiller.

Niall s'entendit alors prononcer :

— Je peux t'emmener, si tu veux.

Pourquoi avait-il dit ça ? Colin haussa les sourcils si haut qu'ils se confondaient avec ses cheveux. Niall se concentra sur la poêle. Vite, trouver une issue sans passer pour un rustre...

Finalement, Cordelia répondit :

— Ce serait génial. Merci.

Ne sachant pas si elle était sincère ou juste polie, il baissa la tête et murmura :

— Cool.

Il adressa un bref coup d'œil à Colin en forme d'appel au secours. Son pote attaqua aussitôt une chanson des Everly Brothers, romantique à souhait. L'électricité qui régnait dans la pièce parut s'atténuer. Niall n'en revenait pas. On aurait dit qu'il lui proposait un *date*. Or ce n'était pas le cas ! Avec sa déprime, ce n'était pas son intention.

Mais avait-il encore le cœur en miettes, vraiment ? Quelques morceaux s'étaient peut-être recollés...

En revanche, il fallait qu'il sauve sa viande avant qu'elle brûle !

— Prête pour le spectacle ? demanda Niall en la cherchant des yeux.

Cordelia avait les joues légèrement teintées de rose, les yeux brillant d'impatience. Son petit nez retroussé bougeait chaque fois qu'elle souriait. Elle battit des mains et acquiesça. Il prit une pince et, avec des mouvements théâtraux, il retourna les steaks.

— Je t'avais prévenue, dit-il.

— Pas grave, ça m'a plu.

Leurs regards se croisèrent. Niall faillit dire qu'il n'avait pas l'intention de s'imposer dans son programme. Si elle voulait se rendre au château toute seule, pas de problème. Mais Colin lança :

— Hé, j'oubliais ! Le mien, je le veux saignant, mais pas trop.

— Comme si je ne te connaissais pas...

En se retournant, Niall eut tout juste le temps de voir Cordelia sortir de la cuisine, les couverts à la main. Alison prit des assiettes pour l'aider. Colin posa sa gratte et vint auprès de lui.

— Alors comme ça, tu vas à Dún Dúchathair ? Avec Cordelia ?

— Mmh...

Pourquoi se sentait-il rougir ? Il n'y avait pas de quoi, franchement. Le trauma lié à cet endroit appartenait au passé. Il était temps de tourner la page.

Colin ne le lâchait toujours pas des yeux.

— Quoi ? finit-il par dire.

Son pote haussa les épaules.

— C'est une super idée.

Et sur ces mots, il partit aider les filles dans la salle à manger tout en chantonnant :

— *When will I be loved*[1]...

1. Quand m'aimera-t-on...

12

Cordelia était chargée de brosser Brigid, mais elle n'arrêtait pas de s'interrompre pour prendre son téléphone.

Elle avait déjà rédigé plusieurs messages adressés à Niall. Avant de les effacer…

> Cordelia : Dis, tu n'es pas obligé de venir aujourd'hui si tu n'as pas envie.
> Niall : Je ne voulais pas te forcer la main, hier soir. Toujours partante pour la visite du fort ?
> Cordelia : Sous la pluie, ça doit être sympa lol.

Du grand n'importe quoi, ce dernier message. Elle n'écrivait jamais lol, en plus. « Hahaha », à la rigueur. Ou un petit emoji.

La voix de Róisín la fit sursauter.

— Eh bien, ma fille, ça rêvasse ? Brigid ne sera jamais brossée si tu continues de regarder cette invention du diable toutes les deux minutes.

— Désolée.

Elle se sentait si bête. Ce n'était pas un *date*. Elle avait échangé son numéro avec Niall comme elle l'avait fait avec Colin. C'était un ami, désormais. Il avait proposé qu'ils partent juste après déjeuner car il devait être au pub pour 18 heures.

Cordelia reprit la brosse et esquissa des mouvements circulaires, comme Róisín lui avait montré. Mais son esprit continuait de vagabonder. Niall s'était détendu lors de ce dîner, il avait ri. Il était plus proche de l'homme sur cette vieille photo que le râleur renfrogné qu'elle avait bousculé sur le quai du ferry.

Et puis ses yeux ! Absolument hypnotisants. On devinait d'innombrables nuances qui reflétaient son humeur. Il y avait ce bleu troublant, aussi brillant qu'un saphir lorsqu'il avait parlé de son ex, puis qui s'était éclairci lors qu'il l'avait remerciée de ce qu'elle avait dit à son père. Ils avaient pris une intensité céruléenne quand il cuisinait et étaient devenus doux comme l'azur quand il la taquinait sur ses photos. Elle avait pris deux photos de son visage concentré sur sa tâche. Mais elle ne les avait pas encore regardées.

— Eh bé.

Róisín jeta par terre les carottes qu'elle avait ramassées dans le potager et fonça vers Cordelia.

— À ce rythme-là, je ferais mieux d'apprendre à Brigid à se brosser elle-même. Qu'est-ce qui t'arrive, ma fille ? Le *púca* est venu te voler ton corps pendant la nuit ?

Cordelia répondit par un regard menaçant. Le *púca* était une créature capable de changer de forme à sa guise, Róisín lui en avait beaucoup parlé. Il en rôdait un dans chaque région d'Irlande. Le banc à côté de la maison était pour le *púca*, par exemple. Un gentil *púca* s'assied toujours sur la droite, mais les méchants préfèrent le côté gauche. À l'entendre, Róisín était une grande amie du *púca* d'Inishmore.

— Non. Mais si j'étais le *púca*, je ne te le dirais pas, si ?

— Tu as écouté, c'est bien !

Elle scruta le regard de Cordelia.

— Aucune chance que tu sois un *púca*, tu es trop molle. Qu'est-ce qui t'arrive ? Explique.

— Je vais au Fort Noir avec Niall, cet après-midi.

Voilà, c'était dit.

— J'étais censée y aller avec Alison, mais elle est à Galway. Il a proposé de m'emmener, et j'ai dit oui.

Róisín l'observa un long moment.

— Et ?

Cordelia haussa les épaules et retourna à son brossage.

— Je ne sais pas.

Elle aurait voulu répondre autre chose que : *Il a retrouvé le sourire*, ou : *Il a de beaux yeux et ça me stresse.* Finalement, elle ajouta :

— Il m'intimide un peu.

Cet aveu déclencha l'hilarité de Róisín.

— Mademoiselle la New-Yorkaise est intimidée par Niall O'Connor ? Elle est bien bonne. Allons attacher Brigid.

— Pourquoi faire ?

— Je vous conduis tous les deux à Dún Dúchathair, en avant !

Cordelia essaya de bafouiller :

— On... on avait prévu d'y aller après déjeuner.

— Tu crois que Niall a mieux à faire que de passer du temps avec une jolie jeune fille dans de vieilles ruines ? Non, je te fiche mon billet qu'il est chez lui, le nez sur son portable, comme toi. Ah, les jeunes de nos jours... Que seriez-vous sans vos gadgets ?

Elle claqua la langue puis se dirigea vers la grange.

— Quant à vous, les carottes, vous ne bougez pas. Je reviens dans une seconde !

Voyant que Cordelia ne s'était pas écartée de la jument, elle lança :

— Qu'est-ce que tu attends ? Je ne t'ai pas montré comment atteler Brigid pour me taper le boulot toute seule !

Dix minutes plus tard, Cordelia était à bord de la carriole, à côté de Róisín. Le véhicule remontait jusqu'à la maison blanche en cahotant. Sans même descendre, Róisín lança :

— Niall O'Connor ! Si tu comptes toujours aller à Dún Dúchathair, ramène ta fraise. Il faut qu'on file avant qu'il se mette à pleuvoir.

Des bruits de pas retentirent à l'intérieur puis la porte s'ouvrit. Niall était là, sidéré. Juste derrière, Colin savourait le spectacle.

— Bonjour, Róisín !

— Salut, Colin. Belle journée pour visiter le château, pas vrai ?

— Idyllique, même ! répondit-il en levant les yeux vers la couche de nuages gris qui masquait le ciel.

Niall s'empressa d'enfiler un pull en laine. Son T-shirt remonta et révéla la peau de son ventre, juste au-dessus de la ceinture de son jean. Cordelia se sentit rougir si violemment qu'elle dut baisser la tête et faire mine de vérifier quelque chose sur son appareil. Pourquoi cette réaction ? Ce n'était pas la première fois qu'elle voyait le torse d'un mec. Elle en avait assez de se transformer en pivoine pour un oui ou pour un non. Liz trouvait ça trop mignon. C'était horriblement gênant, surtout !

— On avait prévu de partir après le déjeuner, Róisín, dit Niall en attrapant son blouson.

— C'est ce que la demoiselle m'a dit. Mais pourquoi remettre à plus tard ce qu'on peut faire tout de suite ?

Niall se tourna vers Cordelia.

— Laisse-moi deviner, elle ne t'a pas laissé le choix ?

— À ton avis ?

Le sourire qu'il esquissa la fit tressaillir. C'était comme si ses épaules se raidissaient tandis qu'à l'intérieur de son corps, tout fondait.

Niall voulut monter à l'arrière de la charrette mais Róisín lui lança :

— Prends ton vélo, grand couillon ! Je vous amène, mais pour revenir, vous vous débrouillerez. J'ai à faire.

Niall secoua la tête puis alla chercher son vélo rangé sous un auvent. Après l'avoir installé à côté de celui de Cordelia, il grimpa à bord.

— C'est bon. Assez discuté, allons-y.

— En voilà, des manières de parler à ses aînés !

Róisín fit claquer les rênes, et Brigid amorça un long virage pour regagner Cottage Road.

— Tu n'es pas si vieille que ça, enfin ! s'exclama-t-il.

— Hé hé. Pas faux, gamin.

Niall ne semblait pas gêné par ce changement de programme, tant mieux. Cordelia n'avait qu'une seule crainte : qu'il redevienne l'ours mal léché des premiers jours. Brigid traversait le centre de Kilronan d'un pas lent. Róisín saluait tout le monde, à sa façon, c'est-à-dire sans chichis. Après le marché, ils s'engagèrent dans une rue en pente qui longeait le port. Des touffes d'herbes poussaient entre les rochers sculptés par les éléments. L'océan était d'un bleu mélancolique, aujourd'hui. Et à l'autre extrémité du port, on voyait des groupes de maisons, blanches, mauves et jaune pâle. Derrière les pentes arrondies des collines d'Inishmore se dessinaient les étendues d'herbe verte séparées par d'interminables murets en pierre.

Au niveau d'une fourche, ils commencèrent leur ascension des collines. Des moutons les observaient d'un œil impassible. Les murets n'étaient pas tout à fait comme ceux qui entouraient le cottage – en pierres sèches posées les unes sur les autres. D'énormes rochers coupants étaient surmontés d'autres cailloux plus petits et entassés pêle-mêle. Résultat : le haut des murs était aussi irrégulier et arrondi que les collines environnantes.

Cordelia était frappée par cette beauté sauvage. Plusieurs fois, elle leva son appareil pour prendre des photos. Elle n'était pas la grande spécialiste des paysages. En revanche, elle avait envie de garder des souvenirs. Elle essayait de se rappeler qu'une photo n'est pas obligée d'être parfaite. Parfois, c'est aussi une manière de s'amuser.

Difficile d'oublier la présence de Niall à l'arrière de la charrette, en tout cas. Elle avait l'impression que sa nuque la chatouillait. Parce qu'il l'observait ?

Il te regarde, et alors, qu'est-ce que ça peut faire ? C'est ton ami, ça n'a rien d'anormal.

— Alors comme ça, ton père te laisse imaginer le menu pour *Pátrún* ? lança Róisín.

Niall haussa un sourcil.

— Comment tu sais ça ?

— C'est le *púca* qui me l'a dit, répondit-elle en adressant un clin d'œil à Cordelia. Non, c'est ta mère.

Elle se tourna pour l'observer d'un œil inquisiteur.

— Qu'est-ce que tu comptes faire ? Si tu as besoin de faire goûter tes recettes, je suis partante.

En l'entendant s'esclaffer, Cordelia jeta un coup d'œil par-dessus son épaule. Niall avait un genou posé sur le banc, le bras posé dessus, et il tressautait au gré des mouvements de la carriole, ses cheveux agités par le vent. La route s'étirait derrière lui, pareille à un trait de crayon noir au milieu de l'herbe d'un vert vif malgré la lumière blafarde. Il avait des yeux bleu marine, aujourd'hui.

Elle leva aussitôt son appareil et appuya sur le déclencheur, c'était plus fort qu'elle. Il lui adressa un regard moqueur qu'elle eut le temps d'immortaliser avant de lui sourire en retour.

— L'habitude, dit-elle.

— Ça suffit, les photos, on parle de choses sérieuses, dit Róisín.

— Je n'ai pas encore décidé, répondit Niall.

— Dans ce cas, tu ferais mieux de t'y mettre. Ton père voudra que ce soit parfait. Sans que ce soit trop recherché. Il faut que Darragh O'Grady et toute la bande puissent s'y retrouver. Mais il faut que ce soit assez original pour marquer les touristes.

— OK. Et c'est tout ?

— Non. L'important, c'est que tu fasses quelque chose qui me plaise.

— Tu aimes tout ce que je cuisine.

Róisín agita la main.

— Ton *colcannon* bizarroïde, ça ne m'a pas trop plu.

Niall leva les yeux au ciel.

— C'est parce que tu as des préjugés contre le chou kale, pour une raison qui m'échappe.

— On a l'impression de mâcher du chewing-gum. Avec un goût d'herbe, en plus, alors merci bien. Donne ça à Brigid, je passe mon tour.

— Moi, j'aime le chou kale.

Il semblait ravi que Cordelia ait volé à son secours.

— Tu vois ?

— Venant d'une Américaine, rien ne m'étonne. Tu as vu ce qu'il y a dans ses placards ? Mademoiselle se nourrit de fromage et de chocolat. Il y avait un œuf qui traînait dans sa boîte comme une âme en peine. Mais à part ça, pas de viande, pas de pommes de terre. Je lui cèderais bien quelques carottes, mais elle ne saurait même pas quoi en faire.

Cordelia fut obligée de se défendre.

— J'ai des pommes, aussi.

— Ah, grande nouvelle ! Tu entends, Niall ? Non mais vraiment, qu'est-ce que tu veux faire avec trois pommes et un morceau de chocolat ? Ça ne fait pas un repas !

Cordelia se fit une promesse. Surtout, ne jamais parler à Róisín de son goût immodéré pour les nouilles chinoises en sachet. La route grimpait de plus en plus, ça sentait les embruns, et on entendait les vagues s'écraser contre les rochers, au loin. Les nuages avaient encore grossi, ils semblaient peser sur la terre comme d'épais panaches de fumée.

Ils s'arrêtèrent à la hauteur d'un vieil écriteau en bois avec une inscription en gaélique. Niall descendit d'un bond et récupéra leurs vélos. C'est vrai que Róisín ne les accompagnait pas jusqu'au fort, Cordelia l'avait presque oublié. Elle serait seule avec lui...

Les jambes tremblantes, elle descendit à son tour. Allons, du calme, c'était comme si elle partait se promener avec Alison ou Colin. Après s'être recoiffée, elle s'assura que son appareil était bien accroché autour de son cou puis tripota les boutons de son blouson. Alors seulement, elle s'aperçut qu'elle faisait tout pour éviter de regarder Niall. Pour une fille qui se répétait qu'elle n'était pas stressée...

Lorsqu'elle se retourna, Róisín l'observait d'un œil inquisiteur.

— À plus tard, ma belle, on se voit à la maison !

Là-dessus, elle claqua la langue, et Brigid s'élança. Cordelia avait une boule dans la gorge qui refusait de descendre. Niall tenait les deux vélos par le guidon. Et visiblement, il n'en menait pas large, lui non plus. Il venait sans doute de prendre conscience qu'ils seraient seul avec elle. Est-ce qu'il regrettait son choix ? Elle devrait peut-être préciser qu'il n'avait pas besoin de se sentir mal à l'aise. La preuve : elle-même n'était pas du tout mal à l'aise, absolument pas...

— On y va ? demanda Niall.

— Euh… oui, oui, allons-y.

Il cala les vélos contre l'écriteau.

— Laissons-les ici, dit-il. On n'en aura pas besoin pour monter jusqu'au fort. La route est trop mauvaise.

— OK.

Niall tourna la tête vers le bruit de l'eau.

— Alors par ici.

Ils quittèrent le sentier pour s'enfoncer dans une étendue d'herbe épaisse. Les bottes de Cordelia s'enfonçaient dans la boue. Pendant un assez long moment, personne n'osa parler.

Finalement, elle commença :

— C'est trop bien que…

— Alors ? Róisín t'a…

Il avait fallu qu'ils parlent en même temps !

— Toi d'abord, dit-elle avec un sourire timide.

Niall lui sourit en retour et reprit :

— Róisín t'a raconté tout son catalogue de légendes ?

— Oui, j'adore. Elle a un talent de conteuse.

— C'est vrai. Ta préférée, c'est laquelle ?

— Celle du *púca*. On dirait qu'elle te parle d'un vieil ami.

Niall éclata de rire.

— Entièrement d'accord. Parfois, j'ai l'impression qu'il existe. Pourquoi pas, après tout ? Quand on était enfant, elle nous fichait la trouille avec ces histoires mais, moi, j'étais fan. Même si ça me donnait des cauchemars.

— Une chose est sûre : elle t'aime beaucoup, fit-elle remarquer. Comme si tu étais son petit-fils.

Les joues de Niall parurent s'empourprer.

— Effectivement. Je l'aime beaucoup, moi aussi. Mon père a perdu ses parents avant ma naissance et ceux de ma mère vivent à Cork. C'est un peu ma grand-mère de substitution.

Il laissa échapper un soupir puis enchaîna :

— Je sais qu'elle est triste que je ne revienne pas plus souvent. Surtout depuis que…

Il se frotta la nuque.

— Depuis que j'ai eu d'autres… préoccupations. Tu m'as compris.

Il avait l'air gêné, brusquement. Or la dernière chose dont elle avait envie, c'était de lui rappeler de mauvais souvenirs.

— J'aime l'histoire des enfants de Lir, aussi. Ces pauvres enfants qu'on a transformés en cygne.

— Un peu *dark*, celle-là.

— Justement, j'aime beaucoup. Mon père me lisait des mythes grecs pour m'endormir. Aujourd'hui, j'adore les bouquins sur les *serial killers*, par exemple. Dans le genre *dark*, on ne fait pas mieux…

Un muret en pierre se dressait devant eux. Niall l'enjamba en premier. Cordelia le suivit et découvrit une grande étendue de pierres noires toutes plates qui se déroulaient à perte de vue. On aurait dit d'énormes pavés disposés par un géant au milieu des touffes d'herbe. Leur progression avait ralenti maintenant que le paysage avait changé. Les rochers étaient d'une taille trompeuse : elle devait les escalader pour passer derrière et atterrir sur l'herbe grasse. Puis rebelote avec le rocher suivant.

— Il était comment ? demanda Niall.

— Qui ça ?

— Ton père. Pardon, tu n'as peut-être pas envie de parler de lui. J'ai l'impression que vous étiez assez proches.

— C'est vrai.

Elle ne lui en voulait pas d'avoir posé la question. Un autre mur en pierre leur barrait la route. Ils durent l'escalader.

Une nouvelle étendue de rochers noirs et d'herbe épaisse s'étendit devant eux.

— Il avait la fibre artistique, comme moi. Son rêve aurait été d'être acteur. Il adorait Shakespeare. Il était prof de littérature anglaise à l'université de New York, mais il continuait de courir les castings pour des productions locales. Quand j'avais dix ans, il a décroché un rôle dans un petit théâtre qui montait *La Tempête*. C'était le plus beau moment de sa vie, mieux que ma naissance ou celle de mon frère. Il nous a donné des noms de héros shakespeariens, d'ailleurs.

— Ah oui ? Pour être honnête, je n'y connais rien. En dehors de Roméo, Juliette et Hamlet...

— J'ai le même prénom que la fille cadette dans *Le Roi Lear*. C'est la préférée du personnage. Je ne loupe jamais une occasion de le rappeler à mon frère Toby, d'ailleurs. Lui, il s'appelle comme sir Toby Belch, un personnage de *La Douzième Nuit*.

Le visage de Niall s'éclaircit.

— Trop fort !

— Et toi ?

— Oh ! dans la famille de mon père, à peu près tous les mecs s'appellent Niall. Comme mon grand-père. Et son grand-père avant lui. Rien d'original.

— Tu as des frères et sœurs ? demanda-t-elle.

Il fit non de la tête.

— Mes parents auraient voulu d'autres gosses, mais... ma mère a fait plusieurs fausses couches. C'était écrit, il faut croire...

Cordelia marqua une pause.

— Ça a dû être si dur, pour elle. Pour ton père, aussi.

— Oui. Elle n'en laisse rien paraître, mais je sais qu'elle aurait aimé avoir une vraie tribu. Mon père aussi. Si ça se trouve, il voulait juste avoir un fils qui lui ressemble. Qui n'aurait jamais voulu quitter Inishmore, qui n'aurait jamais voulu autre chose que reprendre le pub familial.

— Il t'a demandé de préparer le menu pour *Pátrún*, fit-elle remarquer en descendant d'une pierre.

Et *splaf*, les deux pieds dans une flaque… *Oh ! non…* Elle essaya de retirer sa jambe mais la boue s'agrippait à sa chaussure.

— Mince, je suis coincée.

— Attrape ma main.

Un frisson la parcourut lorsqu'elle posa la main dans le creux de la sienne. Sa paume était rugueuse et chaude, sa poigne ferme. Lorsqu'il la sortit de la gadoue, elle dut s'appuyer sur lui. Leurs visages étaient si proches… Elle en oublia de respirer tant l'intensité de ce regard aux reflets d'aigue-marine la transperçait. Le cœur battant à tout rompre, elle devina les contours de ses muscles sous son pull.

— Merci, dit-elle en essayant de reprendre son souffle.

Sitôt que Niall la relâcha, Cordelia tâcha de s'écarter, et vite. De quoi parlaient-ils déjà ? Ah oui, du menu.

— Tu as déjà une idée de ce que tu comptes préparer ? Ou pas encore ?

— Franchement, je n'en sais rien, avoua-t-il en grimaçant. Róisín a raison, il faut trouver le juste équilibre.

— Si c'est aussi bon que le repas d'hier soir, tu n'as pas à t'inquiéter.

Le visage de Niall s'éclaircit, et ses yeux brillèrent. Pourquoi faisait-elle encore l'erreur de le regarder droit dans les yeux ? Elle voulait s'étaler par terre pour de bon, ou quoi ?

— Tu as aimé, alors ? demanda-t-il.

— Si j'ai aimé ? J'ai rêvé de ces patates cette nuit, et crois-moi, c'était torride. Oh non, tu vas croire que…

Cordelia aurait voulu creuser un trou dans le sol et disparaître. Mais Niall pencha la tête en arrière et éclata de rire.

— C'est la meilleure critique gastronomique que j'aie jamais eue.

Peu après, ils atteignirent un autre mur en pierre. Le plus haut du parcours. Niall l'escalada en deux temps, trois mouvements, et lui tendit à nouveau la main. Elle l'attrapa sans hésiter. *Vas-y, tu risques de galérer, toute seule…* Rien à voir avec le fait qu'elle aimait la sensation de ces doigts virils autour des siens ou de leurs peaux qui se frôlaient.

Lorsqu'elle atterrit en se rattrapant tant bien que mal, le vent se mit à souffler plus fort.

Ils étaient désormais au bord d'une large falaise. Les rochers s'enfonçaient dans l'herbe et la côte d'Inishmore déployait ses reliefs abrupts devant elle. C'était comme si elle était sur la pièce d'un puzzle qui n'avait pas encore trouvé sa place. L'océan était aussi brumeux que le ciel, une immensité grise et sauvage. Mais au pied des falaises, l'eau était d'un bleu digne des yeux de l'homme à côté d'elle.

À sa droite se dressaient les ruines de Dún Dúchathair. Les murs à l'arrière du fort étaient plus larges et plus hauts que les autres. Sur le devant, les pierres noires formaient des arcs de cercle et rappelaient les pièces qui se trouvaient là, il y a bien longtemps.

Cordelia avait la sensation de se plonger dans un passé lointain. Si elle prêtait l'oreille, elle entendrait peut-être les murmures de cet endroit et elle en découvrirait les secrets. Au milieu des vestiges de cette forteresse de l'âge de fer, elle se sentait comme au bout du monde.

Absolument seule avec Niall.

13

— Ça te plaît ? demanda Niall.

Pourquoi était-il aussi tendu ? Il était en stress depuis le début de la journée. Il avait été soulagé de voir Róisín arriver tôt à bord de sa carriole. Il avait passé la matinée à faire les cent pas dans la maison, son téléphone toujours à portée de main, et à répéter qu'il allait annuler. Colin avait failli péter un plomb.

Il était quasi sûr que Cordelia regrettait de l'avoir embarqué dans cette histoire de visite, même si rien ne laissait penser qu'elle était gênée. Ils ne s'étaient presque jamais retrouvés seuls ensemble. Mais à force de discuter il avait eu l'impression de passer un moment amical. *Tu as vu ça, Colin ? On est amis, c'est tout. J'arrive encore à me faire des amis.* Il faisait de son mieux pour oublier que son estomac s'était serré quand il l'avait prise par la main - sa main si petite, si douce. Ou qu'ils s'étaient retrouvés l'un contre l'autre quand il l'avait rattrapée.

Quelle importance si elle n'aimait pas cet endroit autant que lui ? Aucune. Les ruines de ce château n'étaient pas à lui, elles appartenaient à Inishmore. Mais il y avait des tas de souvenirs.

Cordelia mit du temps avant de répondre.

— Oh oui, finit-elle par dire.

Elle avait parlé tout bas, comme s'il s'agissait d'un secret.

— Beaucoup. J'ai adoré, même,

Niall ressentit une sorte de… fierté. Elle jeta un coup d'œil aux ruines puis ajouta :

— Je peux les toucher ?

— Bien sûr. On n'est pas au musée, dit-il pour dédramatiser.

Tandis qu'ils marchaient au milieu des murs noirs, Cordelia laissa la paume de sa main courir sur les pierres.

— Ça vient… de si loin, murmura-t-elle. Cet endroit a une présence, c'est… je ne sais pas. Tu ressens pareil, toi aussi ? Ou c'est moi qui suis folle ?

— Non, dit-il. Je la ressens aussi. Je venais jouer dans ce fort quand j'étais gamin. Je me prenais pour Aragorn, fils d'Arathorn, parti vaincre Sauron, tu vois le délire.

Cordelia gloussa.

— Attends, tu es fan d'*heroic fantasy* ?

— Quoi ? Non, pas du tout ! s'empressa-t-il de répliquer.

— Alors que tu connais le nom du père d'Aragorn ? Je n'aurais jamais cru que tu aimais ce genre de trucs.

— Des tas de gens ont lu ces bouquins, protesta-t-il.

Elle le regardait avec un sourire radieux…

— C'est fou, dit-elle. Je ne me moque pas, je le jure. C'est juste que… je ne m'en serais jamais doutée.

Les mains plongées au fond de ses poches, Niall tourna les yeux vers l'océan.

— Quand je venais ici tout seul, je pouvais être qui je voulais, où je voulais. À la cour du roi Arthur ou en pleine Terre du Milieu. Grandir dans un si petit endroit, où tout le monde connaît tout le monde, où tout le monde se mêle des affaires des autres, ça donne des envies d'évasion, j'imagine. On a envie de voir plus loin, plus grand. De croire qu'on peut partir à l'aventure.

Le sourire de Cordelia s'estompa. Elle avait l'air bien songeuse, tout à coup.

— J'aime cette idée. Quand tu grandis à New York, tu fais déjà partie d'un truc qui te dépasse. Mais tu as toujours peur d'être balayé. Ou laissé de côté.

Les yeux clos, elle prit une grande inspiration.

— J'aurais aimé avoir un endroit pareil. C'est apaisant.

Lorsqu'elle rouvrit les yeux, il nota que le vert l'avait emporté sur le noisette.

— Je comptais demander Deirdre en mariage ici.

Et merde. Quel besoin avait-il eu de dire ça ? Pourquoi évoquer Deirdre maintenant, putain ? Cordelia haussa des sourcils étonnés.

— Oh.

Elle regarda autour d'elle, l'air gênée, puis suivit les contours du lichen qui recouvrait un rocher.

— Ça devait être quelque chose. Très romantique, j'imagine.

— Non, s'empressa-t-il de répondre. Parce que je ne l'ai pas fait. Elle n'a pas aimé cet endroit.

— Sérieusement ? s'exclama-t-elle.

Ce fut un vrai cri du cœur.

— Alors que c'est tellement... intemporel.

— Sauf qu'il fait froid et qu'il y a toujours du vent.

Niall avait gardé un net souvenir de cette journée. C'était la première (et la dernière) fois qu'il était venu à Inishmore avec Deirdre, avec une seule idée en tête : la demander en mariage ici même, sur cette falaise. Il avait l'impression que la bague de fiançailles creusait un trou au fond de sa poche, il avait attendu avec impatience que sa futur épouse soit foudroyée par la beauté intacte de ces falaises. Il n'aurait eu qu'à poser un genou en terre et la surprendre.

— Je croyais qu'elle tomberait sous le charme, comme moi. Mais elle n'arrêtait pas de se plaindre que ses cheveux étaient mouillés et que toute cette marche l'avait épuisée. À l'entendre, c'était exactement comme Dún Aengus, mais en plus froid.

— Quoi ? s'écria Cordelia. Ça n'a rien à voir !

Il acquiesça.

— Je sais. Mais c'était son avis. Du coup, je n'ai même pas essayé.

La gorge serrée à l'évocation de ce souvenir. La déception qui l'avait envahi, l'effort qu'il avait fourni pour faire bonne figure, histoire qu'elle ne se doute de rien.

— J'ai attendu qu'on rentre à Dublin pour faire ma demande, dans un restaurant chic où elle rêvait d'aller.

Les lèvres de Cordelia formèrent une ligne dure, et elle parut bouillir. Elle se retenait de crier, ou quoi ? Cela procura à Niall un étrange mélange de tristesse et de réconfort.

— Ça n'a pas changé grand-chose, en fin de compte, dit-il.

Les vagues se brisaient sur les parois escarpées en projetant d'immenses geysers et coloraient les anses d'un bleu éclatant. Malgré les nuages et la pluie, les falaises avaient toujours des nappes turquoise à leurs pieds.

— Je n'avais pas envie de revenir, tu sais, avoua-t-il tout bas. Ma mère m'a dit que mon père avait besoin d'un coup de main pour gérer le pub mais, à mon avis, elle s'inquiétait pour moi, rien de plus. Je squattais chez un pote, je n'avais plus un toit à moi... Mais j'étais content de venir. J'avais besoin de me barrer. D'oublier Dublin, les rues, les parcs et les pubs qui me rappelaient Deirdre. Partout, son visage venait me hanter, une simple note de musique pouvait me rappeler son souvenir. Même dans des endroits où je n'avais jamais mis les pieds, je me disais que j'aurais pu l'emmener.

Niall se sentit rougir et dit :
— Désolé. Tu n'avais sans doute pas envie d'entendre ça.
— Pas de souci. J'étais un peu dans la même situation.
Cordelia alla s'asseoir au bord d'un rocher.
— À New York, tout me rappelait mon père. J'étais coincée. J'arpentais les rues de la ville, parfois pendant toute une journée, pour essayer de trouver un endroit qui n'évoquait pas son souvenir.
La tête penchée sur le côté, elle poursuivit :
— Maintenant, je me demande si je n'aurais pas dû faire l'inverse. Et courir les endroits qu'il aimait, les coins de la ville qui me faisaient sentir sa présence. Je le ferai peut-être en rentrant. J'ai très peur de le laisser partir. En même temps, j'ai peur d'affronter la réalité de son absence. Être ici me donne l'espace dont j'ai besoin pour digérer tout ça. Il peut être distant et proche en même temps. Les souvenirs ne me font pas mal.
Cordelia tapota le rocher.
— Il aurait adoré cet endroit, j'en suis sûr. C'est tellement spectaculaire. Tellement shakespearien.
— C'est vrai.
Niall s'assit à côté d'elle. Pendant quelques secondes, ils écoutèrent les vagues et regardèrent les nuages filer à travers le ciel. C'était comme si le reste du monde avait disparu et qu'il ne restait que cette falaise, avec eux deux dessus. Il observa Cordelia à la dérobée pour essayer de décrypter son expression. Comment avait-il pu la trouver simplement jolie ? Ses cheveux retombaient sur ses épaules à la manière d'une cascade dorée et ses pommettes avaient une pâleur de rose. Ses lèvres pleines formaient une ligne. Les yeux légèrement plissés, elle tournait la tête lentement, peu à peu. Elle se pencha de

quelques millimètres sur la gauche puis colla son œil contre l'objectif de son appareil.

— J'étais sûr que tu allais faire ça, dit-il. Quand je t'ai vue te décaler...

Cordelia parut surprise.

— Tu t'es souvenu de ça ?

— Oui.

Niall regarda ailleurs pour cacher sa gêne. C'était une façon tellement extraordinaire d'observer le monde. Évidemment qu'il s'en souvenait !

— Il faut absolument que je fasse ce portrait de toi avec ta maman, dit-elle.

— C'est vrai...

Tiens, c'était l'occasion d'aborder un sujet moins glissant...

— Et la tienne, au fait ? Tu n'en parles pas souvent, j'ai l'impression.

— Oh...

Cordelia se leva pour s'étirer.

— Je ne sais pas. On... on traverse une phase difficile.

Niall se leva à son tour.

— Comment ça ?

Ils commencèrent à se promener le long de la falaise, loin de ruines.

— Elle a un mec en ce moment.

Spontanément, Cordelia se mit à parler de ce type, Gary, qui, à l'évidence, n'avait que deux défauts : il sortait avec sa mère et il n'était pas son père.

— Toby dit que je suis pénible. Que je devrais être heureuse pour elle. Sauf que je suis heureuse pour elle !

— Pardon, mais quand tu le dis sur ce ton-là, franchement, j'ai des doutes.

Cordelia souffla à nouveau. Presque aussi adorable que ses chaussettes avocat.

Arrête avec ça ! s'ordonna-t-il à lui-même. Il fallait qu'il bannisse ce mot de son vocabulaire.

— C'est elle qui est pénible, insista-t-elle. Depuis qu'elle s'est mise avec lui, elle me soûle pour que je me trouve un mec, elle m'envoie des applis de rencontre en permanence. Comme si ça allait résoudre tous mes problèmes !

Elle donna un coup de pied dans une touffe d'herbe.

— Ça a marché ?

Niall avait une boule dans l'estomac.

— Je n'ai jamais utilisé une appli de rencontres.

Cordelia sembla rougir jusqu'au front.

— Non, répondit-elle sans le regarder. Absolument pas. Du coup, elle revient à la charge. Tu sais ce qu'elle m'a envoyé hier ?

Elle sortit son portable et lui montra l'écran. Un article intitulé « *10 manières de se trouver un mec... et de le garder !* »

— Wouah.

Il n'avait pas d'autre mot.

— Comme tu dis.

La bouche de Cordelia forma un U à l'envers, et elle fronça les sourcils. On aurait dit un emoji. Assez drôle.

— À entendre Toby, je devrais vivre ma vie, reprit-elle en esquissant des guillemets imaginaires. D'après lui, je froisse ma mère en n'étant pas une fan absolue de Gary. Comme je ne suis pas heureuse, il faudrait que ce soit le même tarif pour elle. D'accord, la dernière fois que j'étais en couple, c'était il y a trois ans, mais on n'a pas besoin d'être en couple pour être heureux. Je peux y arriver en étant célibataire.

— Et... tu es heureuse ?

Cordelia ouvrit la bouche et la referma aussitôt.

— Non, admit-elle.

Elle s'arrêta de marcher pour contempler l'océan.

— Mais ça n'a rien à voir avec le fait que je vis seule. Les deux types avec qui je suis sortie avant la mort de papa étaient…

Elle eut un frisson.

— Non merci, je préfère être célibataire.

Niall sentit sa mâchoire se serrer. Qui étaient ces types ? Comment avaient-ils pu se comporter aussi mal avec quelqu'un comme Cordelia ?

— À ce point ?

— Liz dit qu'en matière de mecs, j'ai des goûts de chiotte.

— Ravi de l'entendre. Je croyais que j'étais le seul à faire les mauvais choix.

— Mais tu étais censé te marier avec Deirdre, non ?

Cela lui fit tout drôle d'entendre ce nom dans la bouche de Cordelia.

— Oui, mais c'était avant qu'elle se tape mon associé et qu'elle me vole mon pub. Je gagne haut la main en matière d'histoires merdiques.

Le grand sourire qu'elle lui adressa fit danser les taches de rousseur sur sa joue gauche. Niall avait envie de les caresser du bout du doigt. De poser la main sur sa nuque et de laisser ses cheveux glisser entre ses doigts, pour voir s'ils étaient aussi soyeux qu'ils en avaient l'air.

Cordelia tourna la tête, visiblement troublée, et plaça l'œil devant l'objectif de son appareil. Il remit les mains dans ses poches.

— Fais-toi plaisir ! Je sais que tu préfères prendre des photos avec des gens dessus. Et puis comme je suis un excellent sujet…

— Je n'aurais jamais dû te dire ça, s'esclaffa-t-elle en secouant la tête. Va te mettre là-bas.

Sans se faire prier, Niall grimpa sur les rochers.

— Maintenant, fais le tour, lui cria-t-elle. Continue de me parler et oublie l'appareil.

— Facile à dire. Ce n'est pas toi qui es devant l'objectif.

Il se baissa pour ramasser un galet qu'il jeta du haut de la falaise.

— Avec Colin, on venait souvent ici pour jouer. On faisait des concours de lancer de cailloux.

— Colin se prenait pour Frodon ?

— Je n'aurais jamais dû te raconter cette histoire, bougonna-t-il.

Cordelia se tapota la tempe.

— C'est gravé là, maintenant.

Niall éclata de rire, et elle leva à nouveau son appareil. Il essaya de faire abstraction. Autant jouer le jeu ! Et oui, c'était plutôt agréable de savoir qu'elle le regardait, que c'était pour mieux le mettre en valeur qu'elle s'accroupissait, qu'elle se penchait ou qu'elle faisait ces pas de côté. Les nuages se pressaient au-dessus d'eux et de fines gouttes de pluie commencèrent à tomber. Cordelia releva la capuche de son manteau.

— Tu veux qu'on rentre ? demanda-t-il.

— Pourquoi ? C'est juste un peu de pluie.

Elle prit encore quelques photos puis rangea son appareil.

Une sensation presque vertigineuse envahit Niall. En passant la main sur son torse, il se rappela le ressort qui se trouvait là et qui se resserrait si fort qu'il ne pouvait plus respirer. Quand avait-il disparu ? Impossible à dire.

Lorsqu'il avait grimpé ces rochers en discutant avec Cordelia et jeté des cailloux dans l'océan, il ne lui avait pas manqué du tout. Le signe qu'il n'en avait plus besoin pour tenir.

Cet endroit était apaisant, Cordelia l'avait dit.

Elle n'a sans doute pas tort, songea-t-il en la regardant ramasser un caillou pour le lancer au loin.

La semaine suivante, Niall remarqua que Cordelia venait de plus en plus souvent au pub. Et cela avait l'air de faire plaisir à Colin.

— Cordelia s'est enfin rendu compte que c'est le meilleur endroit de l'ile !

C'était un soir. Elle avait le nez plongé dans un bouquin mais elle leva la tête, sa fourchette en suspens au-dessus de son assiette de spaghettis aux fruits de mer.

— Oui, dit Niall en essuyant des chopes de bière.

— Elle nous regarde, tu as vu ?

— Toi, arrête de la regarder.

Il fila un petit coup de coude à son pote.

— Une chose est sûre, ce n'est pas moi qu'elle regarde, dit Colin. Hé, Cordelia, tu lis quoi ?

— Un bouquin sur un *cold case* des années 1980. Une femme avait été retrouvée assassinée chez elle, il a fallu près de trente ans pour coincer le meurtrier. En fait, c'est l'ancienne petite amie de son mari qui avait fait le coup. Elle était flic.

Elle conclut son explication par un sourire radieux.

— Trop fort, répondit-il.

Colin leva un pouce approbateur puis se tourna vers Niall pour lui souffler :

— Un peu glauque, non ? Je pensais que les Américaines étaient plus *fun*.

Niall esquissa un sourire et versa une pinte.

— Chacun ses goûts, qu'est-ce que tu veux ?

— Niall !

C'était son père.

— J'arrive ! répondit-il en servant sa pinte à Darragh.

Dans la cuisine, Owen O'Connor était armé d'un petit calepin et d'un crayon.

— Je prépare les commandes pour *Pátrún*, dit-il.

Et merde...

— Ma liste sera prête dimanche. Pour le dîner.

Les sourcils broussailleux de son père ne firent plus qu'un.

— Dernier carat. Et n'oublie pas que je dois goûter à ton plat d'abord.

— Bien sûr. Aucun souci. Ce sera le menu de dimanche soir, maman pourra souffler.

Avant de sortir, Niall attrapa une assiette de moules qu'il déposa devant un client au comptoir.

— Merde, merde, merde..., murmura-t-il.

— Tout va bien ?

Cordelia l'observait par-dessus son bouquin.

— Mon père doit faire ses commandes pour *Pátrún*, expliqua-t-il.

— Et tu n'as toujours pas décidé ton menu.

En le voyant secouer la tête, elle referma son livre et appuya son menton dans le creux de sa main. Dans la lumière des lampes accrochées au plafond, ses cheveux avaient la couleur de l'or.

— On dirait moi, déclara-t-elle.

Niall haussa un sourcil.

— Tu t'es découvert des talents de cuisinière depuis lundi ?

— Alors là, aucune chance ! Non, ça me rappelle l'époque où je m'accrochais de toutes mes forces à la photo. Le résultat n'était pas brillant. Plus je me mettais la pression, plus j'avais de mal à atteindre le niveau délirant que je m'étais fixe.

Cordelia tapota son appareil à côté de son assiette. À l'évidence, il ne la quittait jamais.

— C'était un vrai cadeau. Je suis contente de t'avoir bousculée, à la sortie du ferry. Heureusement que l'appareil de mon père est réparable, bien sûr, mais en acheter un neuf, ça m'a aidée à relâcher la pression. Je vois les choses d'un autre œil. Tu devrais faire pareil.

Il voyait mal où elle voulait en venir.

— D'accord, mais... mon talent de photographe se limite à prendre mon iPhone et appuyer sur un bouton.

— Je parle de la pression que tu te mets tout seul, dit-elle. Oublie ces histoires d'équilibre parfait. Mettons que tu prépares à manger pour Róisín et pour moi. Tu ferais quoi ?

— Du *colcannon* comme elle aime. Ça la dissuaderait de râler.

Cordelia s'esclaffa.

— Tant mieux, parce que j'ai envie de goûter à ce fameux plat. J'en ai tellement entendu parler... Quoi d'autre ?

— Faut voir. Quelle viande tu préférerais ?

— De l'agneau, répondit-elle sans hésiter.

— Très bien. Mais il nous faut un plat végé.

Cordelia s'agita sur son siège et resta songeuse. Niall aimait ce jeu. C'était plus amusant que de stresser en pensant à la réaction de son père.

— Pourquoi pas des carottes ? finit-elle par répondre. Róisín en a plein dans son potager.

Niall sentit son menu prendre forme. Il pourrait préparer une espèce de marinade sèche pour son agneau. Avec plein d'épices, peut-être à l'indienne. Ce serait bien qu'il glace ses carottes, aussi. Au vinaigre balsamique ? Trop simple. Il y avait mieux.

— C'est fou, j'ai l'impression de voir les rouages de ton cerveau en action, dit Cordelia. Tu veux que je prenne des notes ?

Il secoua la tête et tapota sa tempe.

— C'est là-dedans.

Leur matinée au fort lui revint en mémoire. Pourvu que ce soit pareil pour lui...

— Ça veut dire que je fais partie de la Communauté de l'Anneau ? demanda-t-elle.

Niall lui lança un regard circonspect.

— Pour une fille qui prétend ne pas s'intéresser à l'*heroic fantasy*, tu as l'air de connaître *Le Seigneur des Anneaux* sur le bout des doigts.

La remarque la fit rougir.

— Mon frère a toujours adoré ces bouquins, alors...

— Niall !

Shauna l'appela à l'autre bout de la salle, et Cordelia reprit sa lecture.

Côtelettes d'agneau, colcannon et carottes rôties, songea-t-il.

Il faudrait qu'il demande à sa mère de lancer les invitations pour dimanche soir.

14

Tout en sirotant son thé, Cordelia profita des pâles rayons de soleil qui entraient par les fenêtres.

Elle attendait que Toby soit prêt pour leur appel en visio, en direct de leur lieu de vacances. Pour patienter, elle retouchait certaines des photos qu'elle avait prises aux ruines du fort. Sa préférée ? Celle où Niall lançait ce galet en dessinant comme un arc de cercle. Les nuages tournoyaient derrière lui tandis qu'un jet d'eau s'écrasait sur les falaises. Avec tout ce mouvement, on ne savait plus où donner de la tête. Il fallait qu'elle poste cette photo sur Instagram !

Pour le moment, elle les avait toutes gardées pour elles. Dès qu'elle changerait d'avis, ce ne serait sans doute plus pareil. La légèreté, la liberté, la facilité avec laquelle elle prenait des photos – tout serait étranglé par l'envie d'être à la hauteur.

Elle prit son téléphone pour écrire à Liz.

J'ai envie de poster une photo de Niall sur ma page Insta.

Aussitôt, les points de suspension apparurent à l'écran. Réponse en cours...

ENFIN ! Depuis le temps que je te le dis, elles sont GENIALES. Envoie-la-moi !!! Je rêve de voir à quoi ressemble ce fameux Niall.

Cordelia avait soigneusement évité de le faire. Mais la photo en question ne montrait qu'une partie de son visage. Alors elle l'envoya. Puis attendit. De très longues secondes.

Finalement, Liz répondit.

WAOUH

Cordelia poussa un petit rire suraigu. Heureusement qu'elle était seule...

Cordie, elle est INCROYABLE, cette photo. Il faut absolument que tu la publies. Celles du concert et de la colonie de phoques aussi. Elles sont toutes magnifiques.

Cordelia laissa échapper un soupir. Soit. Elle le ferait.

Maintenant, je peux avoir une vraie photo de Niall, stp ?

Un emoji avec de grands yeux larmoyants accompagnait le message de Liz.

D'accord. Attends.

Alors qu'elle fouillait dans ses photos, elle eut brusquement le souffle coupé. Niall dans la cuisine, en train de préparer ses pommes de terre. Il y avait une étincelle amusée dans ses yeux, on devinait à peine sa fossette. Ses cheveux retombaient sur son front.

Sans se laisser le temps de gamberger, elle envoya la photo à Liz puis retourna son téléphone, le cœur battant. Quelques secondes plus tard, il se mit à vibrer. C'était un déluge de de message.

OH
MON
DIEU
ALERTE BG
Cordie, au secours
JPP
IL EST TROP BEAU !!!!!

Ce mec est SUBLIME. Et c'est une lesbienne qui te le dit. Il n'a pas une sœur jumelle qui préfère les filles ? Il pourrait me la présenter, si jamais.

Cordelia rigolait toute seule devant son écran.

Cordelia : Malheureusement, il est enfant unique.
Liz : J'ai vraiment pas de chance.
Cordelia : Tu as Meena, quand même

Elle s'attendait à une vanne bien sentie. À sa grande surprise, son téléphone resta silencieux.

Liz ?

Pas de réponse.

Cordelia : Liz, réponds-moi ou je vais flipper.
Liz : Pas la peine. Je ne voulais pas t'embêter pendant ton voyage.
Cordelia : Pourquoi ? Qu'est-ce qui se passe ?
Liz : Meena et moi, on s'est séparées. Mais ÇA VA.

Cordelia serra son portable de toutes ses forces.

QUOI ? Quand ? Pourquoi ?

Elle pouvait presque entendre Liz soupirer de son côté de l'écran.

On s'est séparées pendant la première semaine de ton séjour. Je n'ai pas voulu t'en parler pour ne pas t'inquiéter. Et parce que ÇA VA. On n'était plus sur la même longueur d'onde. Depuis un bon moment, on était plus amies qu'amoureuses. Mais on est toujours proches. La preuve : on dîne ensemble jeudi soir. Elle couche avec un mec qui bosse dans la finance. Le profil doit plaire à son père, j'imagine.

Meena était bi, mais Cordelia l'avait presque oubliée. Liz et elle étaient en couple depuis si longtemps...

Cordelia : Tu es sûre que ça va ?
Liz : OUI, JE TE DIS. C'est même sympa d'être célibataire. J'aime avoir du temps pour moi.

Cordelia se mordit la lèvre. Pourquoi Liz ne lui avait-elle pas tout raconté plus tôt ?

Liz : Meuf, je te sens stresser à travers ton téléphone. Arrête. Je te jure que ça va.
Cordelia : Je t'aime fort, tu sais.
Liz : Mais oui.

À ce moment-là, Cordelia regarda l'heure.

Cordelia : Mince, il faut que je te laisse, j'ai une visio avec la famille.
Liz : Mon bonjour à Gary.

Liz ajouta un clin d'œil. Cordelia leva les yeux au ciel, comme l'emoji qu'elle ajouta.

Liz : Sois sympa, Cord. Ta mère est heureuse avec son mec, c'est une bonne nouvelle.
Cordelia : J'ai l'impression d'entendre Niall.
Liz : NAN, SÉRIEUX ?

Cordelia grimaça. Elle aurait dû s'abstenir. Au même moment, son téléphone vibra. Un texto de Niall. Une décharge électrique la parcourut quand elle en prit connaissance.

Content que tu viennes ce soir. Le menu risque de te plaire. XoXo

Elle regarda fixement ce « XoXo », le cœur battant à vive allure. Ça voulait dire bisous. En Irlande aussi ? Est-ce qu'elle devait répondre la même chose ?

Alors qu'elle n'avait toujours pas tranché, son téléphone sonna. Quand elle décrocha, le visage de sa nièce remplit l'écran.

— Coucou, tata !

— Salut, Grace ! Oh ! mais que tu es belle. J'adore ton bandeau.

La petite portait un serre-tête avec des oreilles de chat rose.

— C'est Gary qui me l'a offert, expliqua Grace, tout sourire.

Premier test.

— Waouh. C'est super gentil à lui.

— Miles, il a eu un masque de Batman. Hé, arrête !

Miles avait arraché le téléphone. Cordelia éclata de rire en le voyant avec son masque noir… et une dent en moins.

— Hé, tata, regarde ! J'ai encore perdu une dent.

Il se rapprocha de l'écran pour bien lui montrer.

— Trop cool, dit-elle. Vous vous amusez bien ?

La réponse fut unanime :

— Ouiii !

— Il y a une piscine, dit Miles.

— On a vu un chevreuil, ajouta Grace.

— Ça suffit, les p'tits monstres, je récupère le téléphone.

Le mouvement de la caméra permit à Cordelia d'entrevoir le salon du chalet. Très cozy, avec du bois aux murs et des coussins moelleux partout. Le visage de Nikki apparut.

— Salut, Cord.

Elle avait l'air au bout de sa vie.

— Salut, Nikki. Comment va ?

— Contente d'avoir quitté la ville pour quelques jours. Tout va bien en Irlande ?

Cordelia regarda par la fenêtre.

— Il ne pleut pas aujourd'hui, donc c'est qu'il fait beau !

— On adore les photos que tu nous as envoyés. Les enfants pensent que tu as des amis farfadets.

— Je n'en ai pas encore croisé. Mais Róisín aurait certainement des tas d'histoires à leur raconter.

Hors-champ, on entendit Miles crier qu'il voulait voir un farfadet.

— Chhh, ne crie pas comme ça. Toby, ta sœur est au téléphone !

D'une voix plus calme, elle expliqua :

— Ta mère et Gary sont au bord de la piscine. Je vais les chercher ou tu préfères éviter ?

Nikki ne lui forçait jamais la main, c'était gentil à elle.

— Non, j'ai envie de leur dire bonjour. À tous les deux.

Sa belle-sœur lui adressa un clin d'œil.

— Pigé. Les enfants, allez chercher Nana et Gary, dit-elle en passant le téléphone à Toby.

Cordelia entendit les enfants courir en criant. Une porte claqua au loin. Le visage de son frère apparut à l'écran.

— Salut, dit-il d'une voix tendue.

— Salut.

Elle s'en voulait encore pour leur dispute de la fois précédente. Voir leurs visages lui rappela combien sa famille lui manquait.

— Comment ça se passe ? Gary s'est mis les enfants dans la poche, on dirait.

Toby parut se détendre.

— Oui, il n'arrête pas de les gâter. Et Miles continue de perdre ses dents de lait. La petite souris ne chôme pas. Oh ! voilà maman et Gary.

Cordelia vit son frère lui lancer un regard inquiet. Précaution inutile vu qu'elle avait décidé d'être gentille.

Le visage de sa mère apparut. Elle était étonnamment bronzée et portait un maillot de bain à fleurs, un paréo blanc jeté sur les épaules.

— Cordie ! s'exclama-t-elle avec un grand sourire.

— Coucou maman. Tu es magnifique. C'est un nouveau maillot ?

— Oui, je l'ai acheté en Toscane. Comment vas-tu, ma chérie ? Tout se passe bien, là-bas ? Il fait sombre, j'ai l'impression. Quelle heure est-il ?

— À peu près 3 heures de l'après-midi. Et il fait plutôt beau, aujourd'hui.

Louise pinça les lèvres.

— On ne dirait pas.

Surtout, ne pas réagir au quart de tour…

— On est en Irlande, maman. On s'habitue, à force. Tu me laisses dire bonjour à Gary ?

— Bien sûr, je te l'appelle !

Le visage bronzé de Gary envahit l'écran. C'était un grand gaillard avec une épaisse tignasse poivre et sel et un gros nez. On aurait dit le cousin américain de Darragh.

— Bonjour, Cordelia, dit-il.

— Coucou. C'était bien, l'Italie ? Les photos étaient trop belles.

— Extra. Je crois que ta mère a envie de s'installer là-bas.

— Pas du tout, enfin !

Louise s'invita sur l'écran.

— Jon est une crème, Cordelia. Il te plairait, je suis sûre, car c'est un très beau garçon. Et la villa est splendide. Vivre seul dans un endroit aussi enchanteur, quelle tristesse.

Sa mère essayait de la pousser dans les bras du fils de Gary, sérieusement ?

— Oh ! sa maison de rêve et la Toscane doivent le consoler, je suis sûre, dit Cordelia. Vous vous plaisez, à la montagne ?

Gary s'y trouvait à merveille. Pour Louise, la maison était un peu petite. Mais la piscine était chouette.

— On regrette que tu ne sois pas là, ajouta-t-il.

Soudain, sa mère lança :

— Et si on venait te rendre visite ? Gary, franchement, ce serait sympa d'aller voir Cordelia sur... comment s'appelle ton île, déjà, ma puce ?

— Inishmore, répondit-elle entre ses dents. Maman, je ne sais pas si...

— Super idée, Louise, dit Gary.

Le visage de Nikki apparut derrière eux, l'air ahuri. *Oui, s'il te plaît, viens me sauver !*

— Vous savez, ce n'est pas la porte à côté.

— L'Italie non plus, insista Louise.

Cordelia intervint :

— Après le vol, il faut prendre un train, un bus, un ferry. Et puis... je ne sais pas où vous pourriez dormir, maman.

— Chez toi, quelle question ! Tu loues bien une maison ?

— Un cottage. Il n'y a que trois pièces.

Gary sembla comprendre le message.

— Louise, on ne va pas s'inviter sur le lieu de vacances de Cordelia.

— Ce ne sont pas vraiment des vacances si elle passe trois mois là-bas, répliqua-t-elle. Jon était ravi de nous héberger.

Ravi, vraiment ? Cordelia savait d'expérience que sa mère pouvait être épuisante...

— Ta propriétaire, Alison, elle tient un *bed & breakfast*, non ? Tu m'avais dit que...

Avant même que sa mère puisse finir sa phrase, Cordelia entendit la porte s'ouvrir, et Róisín fit irruption dans la pièce, en faisant entrer un courant d'air frais et un parfum de thym frais.

— Te voilà ! s'exclama-t-elle. Viens vite, j'ai des Néo-Zélandais qui t'attendent au port.

Cordelia écarquilla les yeux.

— Pa... pardon, Róisín, mais je suis au téléphone avec ma famille.

Ses traits ridés s'éclaircirent.

— C'est vrai ? demanda-t-elle en se rapprochant de la table. Bonjour à vous, messieurs-dames !

Louise et Gary parurent sidérés par l'apparition de cette tornade en salopette.

— Bonjour, dit la mère de Cordelia. Je m'appelle Louise James. J'imagine que vous êtes...

— Ah, c'est vous la mère insupportable ? Et vous devez être le petit ami que Cordelia ne peut pas voir en peinture ? Contente de mettre des visages sur vos noms.

Tandis que Cordelia se sentait mourir de honte, elle entendit Nikki pouffer de rire en douce.

Louise répéta d'un ton atterré :

— Co... comment ça, insupportable ?

— Désolée, pas le temps de tailler le bout de gras, enchaîna Róisín. On nous attend au port. Où est ton appareil ? Les Néo-Zélandais vont trouver le temps long.

À peine remise de sa stupeur, Cordelia parvint à articuler :

— Mais de quoi tu parles ?

— Crénom d'un chien, ouvre un peu tes oreilles. Je t'ai trouvé des acheteurs ! Je leur ai montré certaines de tes photos de Brigid et moi, ils ont adoré. Votre fille est une sacrée photographe, Louise, soit dit en toute sincérité. Pas de la petite bibine !

La mère de Cordelia avait l'air complètement dépassée. Incapable de se retenir plus longtemps, Nikki récupéra le téléphone.

— Bonjour, Róisín. Moi, c'est Nikki, la belle-sœur de Cordelia.

— Ah oui, j'ai entendu parler de vous ! Elle vous aime beaucoup. Et votre mari, il est dans le coin ? Pardon, mais son nom m'échappe...

— Toby est juste ici.

Nikki ne semblait pas bouder son plaisir, tant mieux. Elle braqua le portable sur Toby, qui fit un petit signe.

Róisín se rapprocha de l'écran.

— Alors c'est vous, Toby... Tu m'as raconté des bobards, Cordelia, il a l'air absolument charmant. Je vous taquine, mon grand, elle vous trouve formidable. Maintenant, si ça ne vous fait rien, on a des touristes qui attendent de se faire tirer le portrait. Et ce soir, nous sommes invitées à dîner chez Niall. Vous en avez entendu parler, je suis sûre. Cordelia, tu leur as parlé de lui, pas vrai ?

Oh non... Au même moment, sa mère s'écria :

— C'est qui, Niall ?

— Pas le temps, désolée, le devoir m'appelle. Je vous aime, à plus !

— Cordelia, qui est ce Ni...

Cordelia mit fin à l'appel, et l'écran devint tout noir. Róisín ricana :

— En voilà, une fine équipe ! Allez, bouge-toi un peu le popotin. C'est une journée magnifique pour une séance photos.

Ravie, Cordelia attrapa son manteau et son appareil. Grâce à cette visite inopinée, sa mère avait sûrement renoncé à son projet de voyage.

— Comment ça se passe, ici ?

C'était la cinquième fois que son père posait la question derrière la porte de la cuisine.

— Impec, p'pa, répondit Niall.

Une fois de plus...

— Owen, fiche-lui la paix ! cria Róisín de la salle à manger.

Niall sortit les carottes du four pour les retourner. Et en avant pour dix minutes de cuisson supplémentaires.

— Ça sent super bon, non ?

C'était la voix d'Alison. Aussitôt après, on tapa à la porte. Il fonça dire à son père de le lâcher une bonne fois pour toutes. À la place, il tomba nez à nez avec Cordelia.

— Je peux me cacher ici ? murmura-t-elle. Ton père fait les cent pas dans le couloir. Et tu verrais sa tête quand il me croise !

— Oh non. Désolé, vraiment, s'excusa-t-il en la faisant entrer.

— T'inquiète, je comprends. La dernière fois que je suis venue dîner, j'y suis allée un peu fort. Mmh, ça sent vraiment bon.

Niall regarda autour de lui. Quel bazar. D'ordinaire, il aimait travailler dans une cuisine propre, mais il était trop stressé. Il souleva le couvercle de la casserole du *colcannon*. La purée était toujours bien chaude, parfait.

Même avec le dos tourné, il sentait la présence de Cordelia, comme une planète qui l'attirait dans son orbite. C'était très déstabilisant.

— Tu veux bien me presser ce citron, s'il te plaît ? demanda-t-il.

Elle haussa un sourcil.

— Tu me fais confiance ?

— Je prends le risque ! Coupe-le en deux et prends cette passoire pour les pépins.

Niall mit les côtelettes d'agneau à cuire dans une poêle en acier. En se retournant, il vit Cordelia exécuter sa mission d'un air intensément concentré, les lèvres légèrement plissées. Ce n'était plus un creux mais un fossé qu'elle semblait avoir entre ses sourcils. Elle ne faisait que presser un citron, pourquoi un geste aussi simple provoquait-il une réaction aussi viscérale chez lui ? Il aurait voulu effacer sa mince soucieuse d'un simple geste. Et ses lèvres, étaient-elles aussi douces qu'elles en avaient l'air ?

Il fallait vraiment qu'il arrête de la regarder.

Finalement, Cordelia leva le verre rempli de jus comme si elle avait gagné une régate de *currachs*.

— Et voilà ! s'exclama-t-elle.

Son sourire faisait danser ses taches de rousseur. Niall sentit son cœur fondre.

Ce qu'il reflétait parut la faire changer de visage. Elle écarquilla les yeux et sembla avoir le souffle coupé. Il récupéra le verre de jus de citron et se retourna pour préparer la sauce avec de la moutarde, du miel et de l'huile d'olive. *Concentre-toi là-dessus, ça vaudra mieux.*

— Je veux bien que tu me mélanges tout ça, dit-il en tendant le bol sans la regarder.

Leurs doigts se frôlèrent, et il sentit des frissons parcourir tout son corps. *Concentre-toi, on a dit*... Les côtelettes une fois joliment colorées sur une face, il les retourna.

— OK, dit-il en prenant un torchon pour s'essuyer les mains. Ce sera bientôt prêt.

L'ennui, c'était qu'il n'avait pas d'autre choix que de la regarder, maintenant. Elle l'observait d'un air détendu, les lèvres légèrement entrouvertes, en touillant lentement la sauce. Pas exactement ce qui s'appelle mélanger, mais il se sentait incapable d'articuler un mot.

Une sorte de courant électrique les reliait, aussi fin que le fil d'une araignée mais d'une chaleur intense. Si ça se trouve, c'était uniquement la chaleur du four... Aucune idée. Peu importe. Il fallait qu'il la regarde dans les yeux. Il voulait lire dans ses pensées. Sentir sa main dans le creux de la sienne, comme aux ruines du fort.

Cordelia avança légèrement vers lui.

Soudain, la porte s'ouvrit en grand, et Róisín entra. Cordelia sursauta et se renversa de la sauce sur son chemisier.

— Pourquoi c'est si long ? demanda leur vieille voisine. Si ce que tu prépares sent aussi bon, Niall, arrête de nous faire languir. Oh ! Cordie, te voilà baptisée ! Fiona, Cordelia s'est tachée, tu veux bien lui prêter un chemisier ? Celui-ci est bon pour la machine.

Niall avait presque le vertige. Avant qu'il ait le temps de revenir sur terre, Cordelia s'était déjà éclipsée. Plantée sur le pas de la porte, Róisín lui adressa un clin d'œil.

— Quoi ? demanda-t-il d'une voix atone.

— Oh ! ne joue pas au plus malin avec moi. Il se mijote quelque chose dans cette cuisine, et je ne parle pas du repas. Il y a tellement de tension dans cette pièce, on pourrait la couper au couteau.

La mine radieuse, elle ajouta :

— Je vais demander à Alison de t'aider pour le service.

Le dîner fut une franche réussite.

Niall n'eut même pas le temps de goûter au repas.

Il était obsédé par la présence de Cordelia, assise à côté de lui. Elle avait emprunté un chemisier de sa mère. Róisín lui lançait des regards lourds de sous-entendus, et Colin se faisait un malin plaisir à renchérir. Il en avait presque oublié que le but de cette soirée était de convaincre son père. Jusqu'au moment où celui-ci posa sa fourchette et son couteau.

— La marinade sèche pour l'agneau, c'est quoi ?

— Paprika fumé, cumin, piment moulu, un peu de thym et d'origan, du sel et du poivre.

Il était encore assez lucide pour réciter sa propre recette, c'était déjà ça...

— Et pour le glaçage des carottes ?

— Beurre, cassonnade, miel, flocons de piment et fleur de sel.

Owen hocha la tête.

— La purée était divine, intervint Róisín. Préparé à l'ancienne, c'est quand même meilleur.

Owen hocha la tête à nouveau.

Colin leva discrètement un pouce approbateur.

Finalement, le père de Niall rendit son verdict :

— Ça va le faire. On met ton plat au menu.

Alison applaudit tandis que Róisín levait son verre. Sa mère, elle, semblait aux anges.

Quant à Cordelia… Elle l'attirait comme le soleil, une fois de plus. Il fallait qu'il croise son regard, c'était plus fort que lui. Les joues colorées d'un rose nacré, elle leva son verre avec un sourire timide.

— Bravo, dit-elle.

Ils trinquèrent à ce succès inespéré.

Plus tard dans la soirée, il rentra à la maison, accompagné de Colin, Pocket sur leurs talons.

— Il s'en est passé des choses, ce soir.

— Je sais, lui dit-il. Je n'arrive pas à me dire que mon père ait accepté. Je n'aurais jamais cru voir ça un jour.

Son pote répondit :

— S'il avait refusé, il aurait fait une connerie. Mais je ne parlais pas de ça.

— De quoi, alors ?

— De Cordelia.

Il souriait jusqu'aux oreilles.

— Eh bien ?

Niall essaya d'avoir l'air détaché. Raté.

Colin ouvrit la porte d'entrée.

— Elle a passé la soirée à te bouffer du regard, ça t'étonne ?

Aussitôt, Niall se sentit cloué sur place, les jambes raides, le cœur battant si fort que sa tête bourdonnait. L'air amusé, Colin entra, le laissant planté sur le seuil, figé comme une statue.

15

En se réveillant le lendemain matin, Cordelia observa le plafond.

Elle ne voyait que les yeux de Niall.

Est-ce qu'elle avait rêvé ce moment qu'ils avaient vécu dans la cuisine ? On aurait pu lire en elle comme dans un livre ouvert. Seulement, elle était incapable de penser à autre chose qu'à lui. Cette masse de boucles noires, l'ombre qui recouvrait les contours volontaires de sa mâchoire, la courbe sensuelle de sa bouche.

Elle prit son portable pour écrire à Liz. *Hum...* On était encore en pleine nuit à New York. Et puis était-elle prête à entendre ce que son amie risquait de lui dire ? Sa mère avait envoyé une rafale de messages pour en savoir plus sur Niall. Mais elle les avait tous ignorés.

Liz se montrerait enthousiaste, c'était certain. Elle risquait au minimum de danser la gigue en allumant des feux d'artifice. *Cordelia James craque pour un mec, enfin !* Mais ensuite ? Son amie l'inciterait sûrement à essayer, ou carrément à foncer. Mais était-elle prête pour ça ? Et puis Niall n'avait peut-être pas envie qu'elle tente sa chance. Sans doute pas. Certainement pas, même.

Cordelia repoussa les couvertures et se traîna jusqu'à la cuisine pour se faire un café. Elle ouvrit bruyamment les tiroirs et posa son mug sur le plan de travail. Un peu trop fort, sans doute. Elle n'avait aucune envie de craquer sur quelqu'un ! Et surtout pas sur un mec qui se remettait difficilement d'une histoire douloureuse.

On est juste amis, mets-toi ça dans le crâne...

Peut-être, mais elle voulait plus.

Les doigts plongés dans ses cheveux, elle poussa un cri pour évacuer sa frustration. Avoir quelqu'un dans la peau comme ça, il n'y avait rien de pire. Pourquoi les gens se mettaient-ils dans des états pareils ? Elle était à cran, aussi agitée que si des abeilles avaient fait leur nid dans sa poitrine. Tandis que la bouilloire chauffait, elle laissa ses pensées voler jusqu'à ce long moment, dans la cuisine, quand elle avait cru qu'elle allait prendre feu si elle restait une minute de plus sans le toucher.

Elle versa l'eau dans la cafetière à piston et ouvrit son ordinateur. Il était temps de poster quelques photos. Elle avait profité du dîner pour demander leur permission à Colin, Alison et Róisín, qui lui avaient dit oui. Il restait Niall, mais... elle ne lui avait pas encore posé la question.

Et si elle lui envoyait un SMS ? Non, il était sans doute trop tôt. Mais ça faisait une bonne semaine qu'ils échangeaient des messages. Ce ne serait pas mal interprété. Elle prit son portable... puis le reposa.

Au même instant, on frappa à la porte. Cordelia descendit de son tabouret d'un bond. Ce n'était quand même pas lui ? Le battant allait-il s'ouvrir sur ses beaux yeux bleus, son épaisse tignasse noire et ses épaules larges ? Et là, hop, ils se tomberaient dans les bras en s'embrassant fougueusement ?

Pour ne rien arranger, elle était encore en pantalon de jogging et T-shirt. En entendant frapper à nouveau, elle fonça jusqu'à la porte. Tant pis pour sa tenue... Une grande inspiration et elle ouvrit.

C'était Alison.

— Coucou ! lança-t-elle joyeusement.

La poitrine de Cordelia se dégonfla comme un ballon.

— Oh. Salut.

— Tu attendais quelqu'un d'autre ? s'esclaffa-t-elle.

— Euh... non, non, pas du tout. Désolée. Entre. Tu veux du café ?

— Avec plaisir.

Aussitôt entrée, Alison retira son blouson.

— Ma grand-mère arrive. Je comptais la conduire, mais tu la connais...

Cordelia remplit une tasse pour Alison.

— Oui. La voiture et elle, ça fait deux. Une vraie tête de mule.

— J'ai décidé d'abandonner les combats perdus d'avance. Et puis le trajet jusqu'au cottage n'est pas si long. Enfin bon, tu ferais mieux d'aller te préparer.

Cordelia observa Alison d'un air perplexe.

— Tu as rendez-vous avec Cian Byrne, le maire d'Inishmore, expliqua-t-elle. Pour t'occuper des photos pendant *Pátrún*. C'est ce week-end, je te rappelle. Le dîner d'hier soir était censé être une répétition générale...

Mais oui, c'est vrai ! Quelle gourde.

— J'ai failli oublier. Donne-moi deux minutes.

— Prends ton temps, ma grand-mère adore le faire attendre.

Cordelia s'était déjà ruée dans sa chambre. Une fois prête, elle retourna dans la cuisine. Alison regardait une photo de Niall sur son ordi portable.

— Wouah. Super réussie.

— Oh ! euh...

Peut-être qu'en croisant les bras elle s'empêcherait de trembler...

— Merci. Il est…

Alison haussa un sourcil.

— Ne te mets pas dans cet état. Je ne vais pas insister si tu n'as pas envie d'aborder le sujet.

— Non, je… Aucun souci. Il ne s'est rien passé, alors…

— Mais tu aurais voulu qu'il se passe quelque chose, compléta Alison d'un air entendu.

— Ben, euh…

Cordelia renonça à feindre. Il fallait qu'on lui vienne en aide car elle était en train de perdre pied.

— Oui, sans doute. Mais bon, il a l'air d'être encore très attaché à son ex.

— Tu rigoles ? Non, vraiment pas. Quand je l'ai croisé à la descente du ferry, il était tellement en colère qu'il valait mieux éviter de le chercher. On le sentait furieux, amer, triste. Mais plus maintenant. Loin de là. Et puis hier soir, on voyait que ça faisait des étincelles.

En relevant brusquement le nez de sa tasse, Cordelia vit le grand sourire d'Alison.

— Tout le monde s'en est rendu compte, à part Owen, mais il préférait s'occuper de son assiette… Oh ! ma grand-mère arrive, j'ai l'impression.

— Attends, tout le monde s'en est rendu compte ?

Alors qu'une vague de panique envahissait Cordelia, la porte d'entrée s'ouvrit avec fracas, et Róisín fit irruption dans la cuisine.

— Ah, mademoiselle est sortie de son lit, formidable ! Ces Américains, décidément…

— On sait, grand-mère, la coupa Alison. Mais tu vois ? On est prêtes à partir.

— Pas si vite…

La vieille dame vint se planter devant Cordelia et se hissa sur la pointe des pieds.

— Niall est un beau garçon, ça, on le sait. Mais c'est aussi un type bien. Si tu lui fais du mal ou si tu lui brises le cœur, je n'hésiterai pas à venir t'assassiner dans ton sommeil. C'est compris ?

Cordelia se sentit blêmir.

— Mais... pourquoi je voudrais lui faire du mal ? Je n'ai même pas, enfin... Il ne s'est rien passé entre nous !

— Ah bon ? Alors qu'est-ce que tu attends, ma fille ? Tu ne peux pas le laisser filer. Maintenant, en route. Monsieur le maire nous attend.

Et sur ces mots, elle quitta la cuisine en ricanant. Alison vint passer un bras autour des épaules de Cordelia.

— La semaine va être longue, dit-elle.

Les journées passèrent dans une espèce de flou artistique. Avant même que Niall ait le temps de se retourner, le vendredi arriva. C'était le premier jour de *Pátrún*.

Le pub n'avait pas désempli, et il avait vu Cordelia deux fois depuis qu'elle était venue dîner avec Alison. Malheureusement, c'était à peine s'il avait pu lui parler. Avec tout ce monde ! Róisín était passée mercredi pour prendre un whisky et lui avait fait passer un véritable interrogatoire. Ce qu'elle voulait savoir, c'était s'il avait vraiment oublié Deirdre. Enfin, « la foutue gourgandine », comme elle disait...

Honnêtement ? Oui. Il n'avait plus besoin de penser à elle en permanence. Il en avait marre, même. Jusqu'à présent, il s'était accroché à sa tristesse parce c'était un moyen de ne pas oublier son histoire, mais désormais, il s'en était libéré, comme on lâche un ballon attaché à une ficelle : il la regardait s'envoler dans le ciel, et bon vent.

Et puis il s'était rendu à l'évidence : il avait envie de Cordelia. Enfin, il le savait sans doute depuis longtemps

– quand il l'avait aidée à franchir les murs du fort ou dans la cuisine de ses parents. Le constat était là, il s'imposait. Mais que devait-il en faire ? Alors là...

— Niall !

Son père l'appelait en cuisine. Le pub était fermé mais il y avait du pain sur la planche avant le service du déjeuner. Il travaillerait le soir mais il avait pris les deux jours suivants. Il n'allait quand même par faire l'impasse sur les régates. Avec Colin et Alison, ils feraient une fine équipe.

Niall franchit les portes battantes. Un grand cul-de-poule rempli d'un mélange d'épices était posé sur le plan de travail.

— Tiens, dit son père en le désignant. J'ai préparé la marinade sèche pour l'agneau. Vas-y, goûte, et dis-moi si c'est aussi bon que dimanche.

Pour une surprise, c'en était une. C'était bien la première fois que son père lui demandait son approbation en matière de cuisine. Une fois revenu de sa stupeur, il plongea la pointe d'une cuillère dans le mélange.

— Un chouia de paprika, et ce sera parfait, dit-il.

Avec un grognement, Owen attrapa le paprika fumé sur l'étagère.

Au même moment, Colin passa une tête en cuisine.

— Niall, j'aurais besoin de ton aide pour les lumières.

Niall se rinça les mains et le rejoignit. Des guirlandes lumineuses ornaient les fenêtres et le toit du pub. Son pote accrochait de gros lampions à des poteaux de chaque côté de la route. Cottage Road était déjà noire de monde, des touristes s'arrêtaient pour consulter le menu dans la vitrine près de la porte. Enfin, son menu, songea-t-il avec une certaine fierté. Son père l'avait fait imprimer la veille. *Agneau de St. Enda*, voilà le nom qu'il avait donné à sa recette.

— N'hésitez pas, messieurs-dames, c'est le meilleur resto d'Inishmore ! lançait Colin aux passants. Concert ce soir.

— Tu fais homme-sandwich, aussi ? lui lança Niall en s'esclaffant.

— Tout le monde doit venir goûter ton agneau, c'est ma mission personnelle, expliqua son pote. Les touristes et les gens d'ici aussi. Ça fera réfléchir ton père.

Alors qu'il s'apprêtait à répondre, un bruit de sabots résonna dans son dos.

— Ohé, mesdemoiselles ! lança Colin.

Niall se retourna et faillit lâcher sa lanterne. C'était la carriole de Róisín, et Cordelia était avec elle, vêtue d'une combinaison orange avec des fleurs imprimées dessus. Son manteau posé sur ses genoux et son appareil qui pendait contre sa poitrine. Magnifique.

— Coucou, dit-elle en passant devant eux. Je vais prendre en photo les châteaux de sable, au port.

Niall se faisait un film ou il avait l'impression que c'était à lui seul qu'elle parlait ?

— Super, dit-il.

D'un air moqueur, elle enchaîna :

— Róisín m'a raconté que vous adoriez en faire quand vous étiez petits. Mais ce n'était pas votre fort...

Tandis que Colin éclatait de rire, il jeta un regard noir à la grand-mère d'Alison.

— Tu n'étais pas obligée de lui raconter ce genre de trucs.

— Ça, c'est mon problème, répliqua-t-elle en tapotant le genou de Cordelia.

Alors que la charrette reprenait sa route, Niall vit Cordelia se retourner. Leurs regards se croisèrent. Pourvu qu'elle vienne au bar, ce soir. La bonne ambiance et la musique lui donneraient peut-être le courage pour faire quelque chose des sentiments qui bouillonnaient au fond de lui.

— Ils étaient très bien, nos châteaux de sable ! fit remarquer Colin.

Niall lui passa un lampion.

— Désolé de te gâcher tes souvenirs, mec, mais ils ne ressemblaient à rien.

Cordelia avança accroupie sur le sable tandis que deux petits garçons démoulaient soigneusement un seau plein à ras bord sur la plate-forme qu'ils avaient mis une demi-heure à peaufiner. Tout autour, certains adultes étaient de vrais experts, il fallait voir cette sculpture en forme de baleine, très impressionnante ! Mais ces deux gamins débordaient d'enthousiasme. Elle n'arrêtait pas de mitrailler, *clac*, *clac*, *clac*. Puis regarda le résultat.

Parfait. Elle leva le nez de l'écran et jeta un coup d'œil en direction de la ville, derrière elle. Enfin, comme si Niall allait faire un tour à la plage ! *Il a du boulot*, se répéta-t-elle. Des pêcheurs buvaient une bière sur la jetée. Les touristes avaient pris d'assaut le magasin de pulls, et Róisín racontait l'histoire de Finn McCool et du saumon enchanté à un groupe de gosses en faisant des moulinets avec les bras.

On avait hissé des drapeaux partout sur le port et un groupe jouait sur une estrade. Tout en flânant, Cordelia photographia une femme et son fils qui dansaient la gigue en se tenant par la main. Enfin, c'était sûrement une gigue – elle n'était pas hyper calée en danse irlandaise... Des gens les applaudirent à la fin de leur prestation mais la musique continuait de plus belle. Un type en costume se lança dans une chorégraphie acrobatique. Trop fort ! Il salua la foule sous une ovation méritée.

Róisín la conduisit jusqu'à un champ où des dizaines de personnes s'affrontaient au tir à la corde. Après ça, elle dut filer jusqu'au lieu du concours de beauté : on élisait la Reine de *Pátrún* ! Puis le maire voulut qu'elle le prenne en photo entouré de rameurs originaires de Galway. Il la traîna aux quatre coins de Kilronan. Et lorsqu'on finit par la libérer, le temps avait changé. L'épuisement la guettait, elle avait froid, et ses jambes étaient maculées de taches de boue.

Sur le chemin du retour, Cordelia passa devant le bar. Avec un peu de chance, elle pourrait voir Niall deux minutes. Est-ce qu'elle n'avait pas rêvé ce moment entre eux ? Elle commençait à avoir des doutes. L'ennui, c'était que le pub était plein à craquer, les gens ne faisaient qu'entrer et sortir, et on entendait de la musique flotter dans la fraîcheur du soir. Elle essaya de jeter un coup d'œil dans la salle. Trop de monde. Aucune chance de l'apercevoir… Elle n'avait qu'à rentrer au cottage, en essayant d'oublier la boule qu'elle avait à l'estomac.

Le lendemain se leva sur un ciel gris et couvert.

Il faisait même encore plus froid que la veille. Cordelia opta pour un legging épais et un pull vert à rayures sous son manteau. Une écharpe en laine d'Aran autour du cou, elle descendit au port en compagnie de Róisín. Les rues n'avaient pas désempli, au contraire.

— Tout le monde vient voir les régates de *currachs*, expliqua-t-elle. Les favoris, ce sont les types d'Inisheer. Trois années de suite qu'ils l'emportent.

— Et l'équipe de Niall ?

— Ils n'ont aucune chance. Tu as vu les bras de Colin ? Je pourrais m'en servir d'aiguilles à tricoter. Mais Niall a eu le nez creux en appelant Alison à la rescousse. L'eau, c'est son élément, comme son grand-père. Malheureusement, les filles qui aiment les défier sur leur terrain, les gars de l'île n'apprécient pas trop. Foutus crétins…

— Pas Niall, quand même ? fit remarquer Cordelia.

Róisín lui tapota le bras.

— Non. Absolument pas.

Les drapeaux du port claquaient furieusement dans le vent lorsqu'elles atteignirent la jetée.

— Regarde, ils mettent à l'eau les *currachs* !

Róisín fonça jusqu'au mur qui entourait le port et cria en direction de la plage :

— Bonne chance, les petits !

Plusieurs hommes et quelques femmes portaient les longues embarcations pointues jusque dans l'eau. Chacune avait un numéro peint sur la proue. Mais Cordelia n'avait d'yeux que pour Niall. Le *currach* qu'il portait aidé de Colin et d'Alison était orné du numéro 4. Il était vêtu d'un pantalon de jogging et d'un sweat à capuche marron, sa tignasse noire agitée par le vent. Elle sentit son estomac se nouer.

— Je descends, j'aurai de meilleurs angles !

Une fois au bas de l'escalier menant à la plage, elle s'accroupit pour prendre quelques photos avant de rejoindre Niall et les autres.

— Salut ! lança-t-il joyeusement en la voyant approcher.

— Coucou, répondit-elle d'une voix essoufflée.

Elle serra Alison dans ses bras : entre filles, il faut se soutenir ! Puis elle leur souhaita bonne chance.

— Tu fais bien parce qu'on en aura besoin, dit Colin avec trois gilets de sauvetage accrochés à son bras. Vous avez vu les mecs d'Inisheer ? C'est mort.

— Projette-toi après la course, dit Alison. Pense au whisky qu'on s'offrira au pub en se disant qu'au moins on aura essayé.

— Je le ferais sans problème si le temps n'était pas aussi pourri. Mais bon, on est à Inishmore, oui ou non ? Allez, mettons à l'eau ce bateau, qu'on en finisse.

Effectivement, la météo ne serait pas avec eux… Cordelia leva les yeux vers Niall, en train d'enfiler son gilet de sauvetage.

— Ne tombe pas à l'eau, s'il te plaît. Les vagues sont énormes…

— T'inquiète. Tu vois ce bateau, là-bas ?

Il désigna une petite embarcation au large du port.

— Une équipe de sauveteurs nous suivra pendant toute la course.

— Tu es sûr que ça ira ? insista-t-elle.

Les yeux de Niall parurent s'adoucir. Sa main tressaillit, comme s'il voulait la toucher. Elle en aurait eu envie, d'ailleurs. Elle voulait qu'il enroule ses bras puissants autour d'elle, qu'il pose les lèvres sur ses cheveux et qu'il l'assure que tout irait bien. Mais aussitôt après Colin l'appela, et Niall vint les aider à pousser.

Cordelia resta sur la plage de longues minutes, elle fit de grandes allées et venues pour multiplier les angles et les sujets, mais son objectif finissait toujours par se braquer sur le *currach* numéro 4. Après quoi, elle remonta pour suivre la course à côté de Róisín. Brogan, l'un des voisins de sa vieille amie, se tenait au bout de la longue jetée, un fusil à la main.

— Qu'est-ce qu'il fait avec cette arme ? demanda-t-elle.

— Il faut bien donner le départ ! expliqua Róisín. Il tirera une seconde fois quand les vainqueurs franchiront la ligne d'arrivée.

Fiona s'empressa de les rejoindre. Ses cheveux bouclés tourbillonnaient dans le vent.

— Je n'ai rien loupé, rassurez-moi ?

— Non, ils se préparent, dit Róisín.

— Tant mieux. Owen fait un tour au pub, et il arrive.

Cela lui faisait tout drôle de penser si fort à Niall... en étant juste à côté de sa mère. Lorsque Owen arriva à son tour, elle prétexta qu'elle devait faire des photos à l'autre bout du port et s'éloigna, toujours hantée par ces sentiments à la fois nouveaux, étranges, merveilleux et troublants à la fois.

Niall l'attirait. Être seulement son amie ne l'intéressait pas. La voilà, la vérité. Elle devait l'admettre. Mais ce qu'elle ressentait était aussi fragile qu'une bulle de savon. En mettant des mots sur ce qui prenait de plus en plus de place dans son cœur, ne risquait-elle pas de la faire éclater ? Et si Niall voyait les choses autrement ? Alison et Róisín avaient beau parler, elles n'étaient pas à sa place. Elles ne savaient rien.

Cordelia grimpa sur le mur du port. Les embarcations s'alignaient le long d'une corde tendue à partir de l'extrémité du quai. À l'aide du zoom, elle repéra le numéro 4. Niall était assis à la poupe, Colin à la proue et Alison au milieu. L'eau était couverte de moutons d'écume, et les vagues grossissaient à vue d'œil. Heureusement, les sauveteurs n'étaient pas loin. Elle photographia la foule des spectateurs, massés dans le port en manteaux et coiffés d'épais bonnets en laine. Joli temps, pour un mois de juin !

Róisín lui faisant signe de venir, elle descendit du mur.

Elle venait tout juste d'arriver quand un coup de feu retentit. Top départ !

— Allez, l'équipe 4 !

Les *currachs* s'élancèrent en fendant les flots de leurs longues coques en bois. On les voyait tanguer.

— Allez, Alison ! cria Róisín.

— Ne perds pas le rythme, Colin, montre ce que tu as dans les bras ! beugla Owen.

— Elles ne me disent rien qui vaille, ces grosses vagues... Róisín semblait bien sombre...

— Ça va aller. Niall sait se débrouiller, rétorqua-t-il.

— Eh bien ! lança-t-elle d'un ton ironique. Tu devrais le lui dire plus souvent...

Cordelia chercha la ligne d'arrivée.

— Jusqu'où doivent-ils aller ? demanda-t-elle.

Elle n'aimait pas ces grosses vagues, elle non plus. Elle n'y connaissait rien en régates, mais voir ces bateaux remuer si brutalement ne la rassurait pas.

Owen pointa le doigt.

— Ils doivent faire le tour du port puis contourner cette bouée et revenir jusqu'à l'endroit où se trouve Brogan.

C'était un sacré trajet. Et l'embarcation de Niall était à la traîne. L'équipage numéro 2 avait déjà une bonne longueur d'avance.

— Et une victoire supplémentaire pour les mecs d'Inisheer..., dit Owen en secouant la tête.

Il déposa un baiser sur le front de sa femme et ajouta :

— Je retourne au pub.

Cordelia sentait ses doigts se refroidir, ils se mettaient même à trembler. Elle souffla dessus pour les réchauffer puis plaça son œil devant l'objectif pour voir Niall. Le vent soufflait plus fort et des crêtes blanches s'étaient formées au sommet des vagues. Elle le vit crier quelque chose à Alison. Alors qu'elle se penchait pour passer le message à Colin, la houle percuta le flanc du bateau de plein fouet. Tout le corps de Cordelia se glaça. L'embarcation disparut, masquée par un mur d'eau.

Lorsque la vague s'enfonça dans l'océan, il n'y avait plus que deux personnes dans le *currach*.

16

— Niall !

Cordelia s'aperçut à peine que c'était elle qui criait. Elle avait déjà bondi droit devant sous l'effet de l'adrénaline. Elle crut entendre Fiona l'appeler, mais peu importe. Elle se fraya un chemin à travers la foule pour rejoindre la jetée. Alors qu'elle franchissait la dernière marche, quelqu'un s'exclama :

— Regardez ! Ils l'ont repêché !

Sans ralentir une seule seconde, elle aperçut Colin et Alison hisser Niall hors de l'eau par son gilet de sauvetage, avec le bateau des secouristes juste à côté d'eux. Les bottes claquant sur le béton, elle fonça jusqu'au bout du quai à la vitesse d'un missile. Il n'en finissait pas, on aurait dit une autoroute qui s'étirait jusque dans l'océan. Et elle ne courait pas assez vite. Le bateau des secours accosta. Brogan attrapa les cordages tandis que d'autres hommes mettaient pied à terre pour les arrimer.

Mais Cordelia n'avait d'yeux que pour Niall.

Il était enroulé dans une grosse couverture. Alison l'aidait à descendre.

— Niall ! cria-t-elle à nouveau.

Au lieu de s'arrêter pour reprendre son souffle et réfléchir, elle se blottit dans ses bras et colla la bouche contre la sienne. Il était transi de froid, le corps tremblant, et elle l'embrassa pour lui transmettre la chaleur qui l'animait, les doigts plongés dans ses cheveux humides et froids. Il avait les lèvres gelées mais elles parurent fondre contre les siennes, dans un mélange de douceur et d'urgence. Elle le sentit plaquer les mains dans son dos. Il avait un goût d'océan.

Quelque part dans son esprit, Cordelia entendit de grands cris de joies. Niall poussa un soupir qui ressemblait à un frisson. Aussitôt, elle se raidit. Des gens regardaient. Des tas de gens. Des gens qu'elle connaissait. Des gens que Niall connaissait. Sa mère, par exemple.

Elle se sentit rougir de la racine des cheveux jusqu'à la pointe des pieds.

— Je devrais finir à la flotte plus souvent, murmura-t-il contre son oreille.

Entendre sa voix grave la fit frissonner.

Hé, mais... elle ne l'avait toujours pas lâché ! Elle se détacha vivement, les joues en feu. Fiona et Róisín couraient vers eux.

Cordelia s'écarta sur le côté, en se drapant dans son écharpe. Comme si cela pouvait la cacher...

— Oh mon Dieu, Niall, tu vas bien ? demanda Fiona.

— Mais oui, maman, dit-il.

— C'est ma faute, s'excusa Colin. Je n'ai pas vu la vague, j'aurais dû virer plus tôt.

— T'inquiète, mec, le rassura Niall. Maman, pas la peine de me frictionner. Je vais bien, je te dis. Il faut juste que je me change.

— Ton père est parti te préparer du grog et du ragoût au pub, répondit sa mère. Je file à la maison chercher des vêtements secs.

— Ce serait super, maman, merci.

Quand il coula un regard dans sa direction, Cordelia tourna la tête. Qu'est-ce qui lui arrivait ? Qu'est-ce qui leur arrivait ? Pourquoi avait-elle fait un truc pareil devant tous ces gens ?

Róisín serrait Alison entre ses bras frêles.

— Ils auraient dû annuler la régate. Avec ce temps...

Colin intervint :

— Si un jour, je propose à nouveau qu'on s'inscrive, tu auras la permission de me coller une tarte. C'était l'horreur.

Il se tourna vers Niall et ajouta :

— Je suis désolé, mon pote.

Niall le rassura d'un geste tandis qu'ils remontaient le quai. Cordelia veillait à rester en retrait et à caler son pas sur celui d'Alison qui n'arrêtait pas de la regarder, toute contente. Des cris de joie retentirent quand ils traversèrent le port. Des gens interpelaient Niall en lui adressant un mot chaleureux. Une partie de cette joie s'adressait à elle. Mais autant ne pas y penser...

Le pub les accueillit comme un bain chaud par une journée d'hiver. Owen leur avait réservé le canapé et les fauteuils autour du feu qui crépitait. Brusquement, la panique l'envahit. Où devait-elle s'asseoir ? À côté de Niall s'il le demandait ?

Il venait de disparaître dans la cuisine pour se changer.

— Eh bé !

Róisín prit place dans un fauteuil.

— On s'en souviendra, de cette régate.

Personne n'avait fait allusion à ce baiser, mais elle avait un sourire en coin, et Alison arborait toujours cette mine réjouie.

Shauna se précipita vers leur petit groupe.

— Tout va bien ? Niall vient de nous raconter ce qui s'est passé. Je lui ai donné des serviettes pour qu'il se sèche, les grogs seront bientôt prêts. Owen apporte de quoi manger.

Colin la remercia. Au même moment, Fiona déboula, une pile de vêtements entre les mains.

— La ville ne parle que de vous, dit-elle. Aoife a tout filmé, elle va vous montrer ça.

Parce qu'il y a des vidéos ?

— Cordelia, s'il te plaît, apporte ça à Niall, tu veux ? Colin et Alison, je vous ai pris des pulls aussi.

Blême, Cordelia venait de retirer son blouson. Sitôt retournée, elle se retrouva avec les vêtements dans les mains.

— Ou-oui..., dit-elle d'une voix sourde.

Elle adressa un coup d'œil hésitant à Alison qui pencha la tête vers la cuisine pour l'inciter à y aller.

Cordelia passa derrière le comptoir. C'était la première fois qu'elle entrait dans la cuisine. Elle poussa les battants et aperçut Owen en train de verser du ragoût dans des assiettes creuses. Cela suffit à la clouer sur place. Mais lorsque le père de Niall leva les yeux et aperçut les vêtements, il dit :

— Il est derrière.

— OK...

Elle croyait nager en eaux troubles, elle aussi. Il y avait une porte sur la gauche. Elle frappa et jeta un coup d'œil dans son dos. Owen partait servir tout le monde.

— Oui ?

Cordelia ouvrit et se glissa à l'intérieur.

— Ta mère t'a apporté des vête...

Son cerveau eut comme un court-circuit. Niall était là, torse nu, une serviette entre les mains, les jambes moulées par son pantalon mouillé.

Il avait le torse recouvert d'une fine toison noire, et ses épaules étaient plus larges qu'elle l'aurait cru. La courbe de ses muscles était luisante d'humidité, son ventre plat formait comme un V qui disparaissait sous l'élastique de son pantalon. Au prix d'un effort considérable, elle parvint à garder les yeux vers son visage, les joues en feu.

— Vous rougissez, *miss* James, dit-il.

— Je rougis toujours, répondit-elle d'une voix étranglée.

Niall ajouta d'un air amusé :

— C'est pour moi ?

Cordelia baissa le nez vers la pile de vêtements.

— Oh ! euh... oui, tiens.

Elle la lui tendit, les bras tremblants. Niall envahit son champ de vision. Il était d'une beauté presque douloureuse à contempler.

Il se rapprocha et récupéra les vêtements. Son torse était à ça d'elle. Est-ce que ses poils étaient doux ou rêches ? Elle aurait voulu le caresser pour savoir. Elle aurait voulu suivre les contours de sa taille et sentir saillir ses hanches. Et en même temps, elle aurait voulu fuir et disparaître. Tout ce qu'elle éprouvait était d'une intensité troublante. Son esprit n'arrivait pas à y voir clair. Plus rien n'existait en dehors de Niall.

— C'était super agréable, ce que tu as fait tout à l'heure, dit-il tout bas.

Elle essaya de rire, mais on aurait plutôt dit qu'elle toussait...

— Te foutre la honte devant toute la ville, tu veux dire ?

— Je n'ai pas honte.

Elle sentait les battements de son cœur dans tout son être, du bout de ses orteils jusqu'au creux entre ses cuisses.

Finalement, elle parvint à articuler :

— Oh. T... tant mieux.

Niall posa les vêtements sur un tabouret et se rapprocha encore d'un pas. Cordelia fut envahie par un mélange de panique et d'impatience. C'était comme si la surface de sa peau vibrait, elle appelait ce corps magnifique, le moindre de ses cheveux était chargé d'énergie.

Il se pencha. Leurs bouches étaient vraiment toutes proches.

— Je suis glacé et mouillé mais, sans ça, je t'embrasserais encore.

Elle avait le tournis. Il sentait l'eau iodée et le bois.

— Tout à l'heure, ça ne m'a pas empêchée de t'embrasser, fit-elle remarquer d'une voix mal assurée.

— C'est vrai, dit-il dans un murmure.

Et soudain, la bouche de Niall fut sur la sienne. Cordelia se sentit fondre, les bras enroulés autour de sa taille, les mains glissant sur la peau douce et humide de son dos. Elle entrouvrit les lèvres quand il glissa la langue dans sa bouche. Un incendie se déclencha dans tout son corps. Elle voulait encore plus, de ça, de lui, de tout. Elle caressa sa langue pour savourer ce petit goût salé. Cette bouche chaude n'était pas celle d'un homme qui hésite. Quand il referma ses doigts froids autour de sa nuque, un frisson la saisit.

— Oups, j'oubliais, désolé, dit-il en s'écartant.

— Non, répondit-elle en l'attrapant pour l'attirer à elle.

Il émit un petit rire contre ses lèvres, avant de l'embrasser passionnément. Elle se lova contre lui jusqu'à ce que...

— Rha !

Le pull de Cordelia avait absorbé l'eau qui perlait sur la peau de Niall. Il y avait une tache noire sur les rayures vertes, à l'endroit où il avait collé son torse.

— Oh ! merde. Niall !

Il se marrait.

— Arrête, c'est pas drôle.

Elle le poussa, mi-gênée, mi-électrisée.

— Ta mère est là ! dit-elle d'un ton sifflant. Elle va comprendre.

Il attrapa ses mains et les retint contre lui. Elle pouvait sentir son cœur battre sous ses muscles puissants.

— Comprendre quoi ? demanda-t-il d'un ton faussement candide.

— Ben... Qu'on a... Qu'on s'est embrassés !

— À mon avis, c'était déjà plutôt clair quand tu m'as sauté dessus, sur le quai, dit-il en attirant sa bouche vers lui.

Cordelia rendit les armes et glissa les mains le long de ses abdominaux.

— J'ai cru que tu étais mort, murmura-t-elle tandis qu'il déposait des baisers le long de sa joue, jusqu'à la courbe de son oreille.

— J'aurais laissé un grand vide, c'est très réconfortant.

Niall happa le lobe de son oreille qu'il retint entre ses dents. Si elle ne tombait pas dans les pommes, là, dans ce placard...

— Non, arrête, je suis sérieuse, dit-elle en le poussant.

Comment pouvait-elle sortir et affronter le regard des uns et des autres avec les joues en feu et un pull trempé ?

— Il faut que je sois présentable. Enlève ce pantalon.

Mais ça va pas ? Cordelia plaqua les mains sur sa bouche, et Niall s'esclaffa.

— J'aime beaucoup quand tu es comme ça, dit-il en lui tendant la serviette. Mais tu as raison, on ne peut pas rester là à se rouler des pelles comme deux ados. Sors, je vous rejoins dans une minute.

Une partie de la serviette étant encore sèche, elle fit de son mieux pour retirer la tache sombre.

— Impeccable, dit-il.

— Je vais avoir besoin de plusieurs grogs, répondit-elle.

— On sera deux.

Niall était absolument canon. Si elle restait ici un instant de plus, elle allait recommencer à l'embrasser. Alors elle se faufila hors de la pièce et sortit de la cuisine. Un bol de ragoût et un mug fumant rempli de grog (au whisky, bien sûr) l'attendaient sur la table.

— Cordie, tu as quelque chose sur ton pull, fit remarquer Róisín.

Le nez dans sa tasse, Colin pouffa. Tandis qu'elle baissait la tête, rouge de honte, il lança :

— C'est dingue, je n'ai jamais rencontré quelqu'un qui rougit aussi vite. Et toi, Róisín ?

— Dire le contraire serait mentir.

Alison leur fit signer d'arrêter leurs bêtises. Pendant ce temps, Cordelia avala deux énormes cuillérées de ragoût. Parce qu'elle avait besoin de regarder ailleurs. Et parce qu'elle crevait de faim.

Quelques minutes plus tard, Róisín dit :

— Ah, revoilà Niall.

Cordelia faillit avaler un morceau de pomme de terre de travers. Il eut droit à une salve d'applaudissement des clients du bar.

— Tout va bien, p'tit gars ? demanda Darragh.

— Impec, répondit-il. Beau temps pour piquer une tête, pas vrai ?

Tout le monde s'esclaffa. Dehors, la pluie s'était mise à tomber, elle s'abattait sur les carreaux en claquant comme un fouet sous l'effet du vent. Cordelia s'aperçut que pas mal de gens l'observaient. Mais le plus gênant, ce fut que Niall vint s'asseoir... à côté d'elle.

— Tiens, Niall. Mange, ça te fera du bien, dit Alison.

— Pas de refus, je meurs de faim !

Il avait l'air si détendu. Non, il n'avait pas honte de ce qui s'était passé, semble-t-il...

— Passer à ça de la noyade, rien de tel pour ouvrir l'appétit, dit Róisín.

— Il a juste bu la tasse. On l'a tiré d'affaire en même pas dix secondes, protesta Colin.

— C'est toi qu'on jettera à la flotte la prochaine fois, on verra ce que tu en penses.

— Niall, regarde ça !

Fiona se précipita vers son fils en brandissant un iPhone. La vidéo n'avait rien loupé de la scène. Mortifiée, Cordelia se vit foncer au bout de la jetée. Quand elle sauta sur Niall pour l'embrasser, on entendit des gens s'attendrir et d'autres émettre de petits sifflements moqueurs. Aoife – qui avait tout filmé, donc – lança à quelqu'un :

— Tout va bien ! Ils l'ont ramené sain et sauf.

Fiona tapota le bras de Cordelia, rayonnante.

— C'est bien.

Aussitôt après, elle couvrit son fils d'attentions. Elle insista pour qu'il reprenne du ragoût et alla le resservir en grog.

Avec cette pluie, il n'était plus possible de prendre des photos. Une heure plus tard, Cordelia se retrouva donc dans la voiture de Fiona, seule avec Niall au volant. Ils roulaient jusque chez lui. Elle avait proposé de l'accompagner. Un moment rien que tous les deux ne leur ferait pas de mal. En plus, elle en avait par-dessus la tête d'être la cible de tous les regards. Seulement… maintenant qu'elle était vraiment seule avec Niall, que devait-elle faire ? Jouer la fille détendue ? Ce n'était pas son fort…

— On ne t'entend pas beaucoup, dis donc, fit Niall.

Il venait de se garer au bout de l'allée. La pluie s'abattait sur les vitres de la voiture.

— Ça va, répondit-elle d'une voix un peu trop aiguë pour être naturelle. Tu devrais rentrer. Après cette journée…

— Effectivement… Tu viens ?

Elle se surprit à acquiescer, et ils se précipitèrent à l'intérieur.

Niall accrocha leurs manteaux tandis que Pocket trottinait autour d'eux en remuant la queue. Le silence semblait les engloutir. Il gratta la chienne derrière les oreilles. Puis posa le front contre celui de Cordelia.

— Bon..., dit-elle.

— Bon, répéta-t-elle.

Il y aurait eu tant de choses à dire, mais elle était hypnotisée par cette bouche charnue. Ses doigts tremblaient. Elle voulait tellement l'embrasser, c'était presque effrayant.

— Et, euh... et si tu allais te poser ? Je vais préparer du thé.

Niall hésita, comme s'il guettait sa réaction. Finalement, il répondit :

— Ah oui, je veux bien. Pocket, viens.

Tandis que la chienne le suivait joyeusement jusqu'au canapé, elle s'engagea dans le couloir. Une fois dans la cuisine, elle se colla contre le battant, les mains plaquées sur la poitrine. Elle sentait son cœur tambouriner contre sa poitrine. C'était super troublant, comme si elle avait changé de peau pour devenir quelqu'un d'autre. Mais alors qu'elle avait rempli la bouilloire et s'apprêtait à sortir des mugs, la vérité lui tomba dessus.

Ils étaient seuls dans cette maison. Est-ce qu'il s'attendait à ce qu'ils couchent ensemble. Est-ce qu'ils devaient coucher ensemble ? Est-ce qu'elle était prête ? Trois ans qu'elle n'avait pas partagé de moment d'intimité avec un homme. Niall risquait d'être déçue...

Le sifflement suraigu de la bouilloire l'arracha à ses pensées. Elle remplit soigneusement les mugs d'une main tremblante et regagna le salon.

Du calme, s'ordonna-t-elle.

Mais c'était une précaution inutile.

Lorsqu'elle entra, Niall ronflait doucement, Pocket roulée en boule contre lui. Avec un sourire, elle reposa les mugs sur la table basse et prit la couverture jetée sur le dossier d'un fauteuil. Elle l'étendit sur les jambes de Niall et offrit une caresse à la chienne en guise d'adieu avant de s'éclipser et retourner au cottage.

17

Niall se réveilla le lendemain matin avec la sensation de flotter dans un rêve dont il ne se souvenait qu'à moitié.

Les événements de la veille défilèrent dans sa mémoire – Cordelia qui l'embrassait sur le quai, les caresses dans le réduit de la cuisine, le goût suave de sa bouche, la chaleur de son corps contre le sien. Elle était partie depuis un moment lorsque Colin le réveilla sur le canapé où il s'était endormi. Mais elle lui avait envoyé un texto.

Hâte de te voir demain.

Avec un grand sourire, Niall le relut pour être bien sûr que c'était la réalité. En un mois, plus rien n'était pareil... Il observa sa chambre, d'un œil neuf pour ainsi dire. Il n'avait toujours pas perdu cet air béat lorsqu'il se rendit dans la salle de bains.

Le grand soleil qui brillait reflétait parfaitement son humeur. Un vrai gosse le jour de Noël. Il avait hâte de voir Cordelia.

Il essaya à peu près toutes les tenues dans son armoire. Finalement, il opta pour une chemise bleue et un jean noir, puis descendit se faire un café. Quand Colin s'annonça avec un bâillement, les yeux encore gonflés par le sommeil, un véritable buffet était prêt à être dégusté :

œufs brouillés, bacon, saucisses, haricots, tomates à la poêle et pain grillé.

— Waouh, dit son pote tandis qu'il lui servait du café. Tu as invité la ville entière à prendre le petit déj' ?

Niall haussa les épaules.

— J'avais envie de cuisiner.

— Regarde-toi, avec ton grand sourire béat. Il s'est passé quoi, hier, quand vous êtes partis du pub ? Je ne te cache pas que je m'attendais à trouver Cordelia à la maison quand je suis rentré.

— Je me suis endormi.

— Je sais. C'est moi qui me suis cassé le cul à te traîner en haut de l'escalier... Bon.

Colin se hissa sur l'un des tabourets, le menton dans le creux de ses mains, et battit des paupières.

— C'était du grand spectacle, hier après-midi, sur le quai.

— Ce n'était pas un spectacle, rétorqua Niall en allant servir les œufs.

— Si tu le dis. Mais on se serait cru dans un film. Et ensuite, quand vous êtes partis vous rouler des patins dans la cuisine... Ha ha, les ados !

Niall se sentit rougir.

— Qu'est-ce qui te fait croire que...

— S'il te plaît, Cordelia est ressortie de la cuisine avec son pull mouillé. J'avais l'impression qu'elle allait se liquéfier sur le plancher. Elle était couleur tomate.

À ces mots, Colin se leva et vint l'entourer de ses bras immenses.

— C'est génial, mec. Trop content pour toi.

— Merci, Colin. Moi aussi, je suis content.

— Tu m'étonnes, avec le grand sourire que tu as plaqué sur la tronche.

Colin se rassit et découpa une saucisse.

— Et puis ça fait tellement plaisir d'avoir raison. Je le savais. Dès l'instant où elle est entrée dans le pub et qu'elle t'a traité de connard, je me suis dit : « Cette fille, elle est pour lui. »

Niall leva les yeux au ciel.

— N'importe quoi.

— Je t'assure !

Colin avala une énorme bouchée.

— Je t'ai dit qu'elle était fort agréable à regarder.

— Ce n'est pas la même chose.

— Évidemment que si je t'avais dit : « Hé, Niall, voilà la meuf qui va t'aider à soigner ton cœur en un mois grand max », tu m'aurais défenestré direct.

Niall sourit.

— Possible, admit-il.

Leur petit déjeuner terminé, ils quittèrent la maison ensemble. La journée froide et venteuse de la veille n'était plus qu'un souvenir, et Inishmore brillait comme une émeraude. Niall inspira à fond. Ce parfum d'herbe verte et d'océan qui flottait dans l'air était un cocktail envirant. Il risquait de voir la vie en rose, aujourd'hui.

— Je vais faire un saut au cottage, dit-il.

D'un geste, Colin l'incita à se retourner.

— Pas la peine.

Róisín et Cordelia descendaient la route à bord de la carriole.

Elle avait un sourire si large, si rayonnant qu'il en perdit l'usage de la parole. On aurait dit un rayon de soleil, la gaieté et la fraîcheur incarnées. Elle portait une robe de plage blanche avec des motifs dorés sous un cardigan jaune pastel.

— Alors, Niall, on pète la forme, ce matin ? lança Róisín tandis que Cordelia sautait au bas du véhicule.

Peut-être aurait-elle envie de garder ses distances et... ah non, elle s'empressa de venir l'enlacer, comme si elle avait attendu ce moment avec autant d'impatience que lui.

— Bonjour, dit-il en l'attirant contre lui.

— Bien dormi ? demanda-t-elle.

— Oui. Au moins douze heures. Désolé d'avoir sombré alors que tu étais encore là.

— Tu en avais besoin. Salut, Colin !

— Salut. Prêts pour la course des Guinness ?

— Des quoi ?

— Surprise ! dit Niall en l'aidant à remonter à l'arrière de la carriole.

Colin se mit à l'avant, et Róisín se tourna vers eux, l'air sérieux.

— Soyez prévenus, tout le monde ne parle que de vous, à Kilronan. Aoife a posté sa vidéo sur Snapchaipaquoi.

— Tu es sur les réseaux, maintenant ? lui lança-t-il.

— Même pas en rêve ! Mais disons que, entre l'enfant prodigue et la jolie petite Américaine, ça fait une belle histoire à raconter.

— Hé, Niall, en parlant de réseaux sociaux...

Cordelia avait dégainé son portable.

— Je compte enfin poster des photos sur ma page Insta. Et je sais par laquelle je veux commencer. Ça me stresse un peu, de montrer ce que je fais, après tout ce temps. Mais cette photo-là, elle... elle me tient à cœur.

— Euh... d'accord, dit-il.

Où voulait-elle en venir ?

— Tu serais d'accord ? demanda-t-elle en levant son téléphone.

C'était une photo de lui au fort, de profil. Le bras tendu, il jetait une pierre du haut de la falaise tandis que des nuages gris s'enroulaient derrière lui. L'espace d'un instant, il resta bouche bée. À elle seule, cette image saisissait la beauté intemporelle de cet endroit. Brusquement, il eut l'impression d'y être, ce fameux jour. Ce poids qu'il sentait sur sa poitrine, c'était... de la nostalgie, il n'y avait pas d'autre mot. Cordelia avait réussi à fixer ce qui le rattachait à Dún Dúchathair... et à Inishmore, surtout.

— Wouah.

Voilà tout ce qu'il put dire. Tant bien que mal, il parvint à ajouter :

— C'est... c'est sublime.

— Je ne la posterai pas si ça te met mal à l'aise, s'empressa-t-elle de préciser. Je sais que tu n'aimes pas qu'on te prenne en photo.

— Je vais peut-être changer d'avis, avoua-t-il.

Le visage de Cordelia s'illumina.

— C'est vrai ?

— À ce qui paraît, je suis très photogé...

— Chut ! dit-elle en posant un doigt sur ses lèvres. Puisque tu es d'accord, je me lance.

Elle prit une grande inspiration. Comme si elle devait sauter du haut des falaises, justement.

— Ce n'est pas anodin, pour toi, hein ? demanda-t-il.

Le petit creux entre ses sourcils se forma quand elle grimaça :

— J'ai arrêté de poster des photos après la mort de mon père. Et quand j'ai recommencé, c'était peut-être un an après sa disparition, ça n'a rien donné. C'était juste une vue de mon café préféré, rien d'intéressant ou d'émouvant. Mais je tenais tellement à ce que les gens aiment, tu comprends ? Tous ces clics, tous ces petits cœurs, les notifs qui s'enchaînent pour me dire que des gens apprécient ce que je fais. Sur Internet, on ne prend pas de gants. Personne n'a aimé mes nouvelles photos, et des gens se sont sentis obligés de m'expliquer pourquoi. Du coup, j'ai commencé à douter de moi et de mon travail. Je le faisais déjà, cela dit… Alors j'ai désactivé les notifs. Mais si j'ai envie de poster cette photo, c'est parce qu'elle est belle et parce qu'elle raconte quelque chose sur quelqu'un qui n'est pas comme les autres.

Elle lui adressa un regard timide.

— Recevoir des likes, je m'en fiche. C'est partager mon travail qui m'intéresse.

On n'avait jamais dit des choses pareilles à Niall. Cordelia voyait des choses en lui qu'il ne soupçonnait même pas. Face à ce constat, sa poitrine se gonfla. Il pensait la même chose à son sujet. Elle était belle, elle n'était pas comme les autres, et même plus encore.

Niall se pencha pour l'embrasser tendrement.

— Hé ! On ne se bécote pas dans ma carriole ! s'exclama Róisín.

— Tu as des yeux derrière la tête, ou quoi ? s'étonna-t-il.

Cordelia s'occupait de poster sa photo. Le titre ? *Niall au Fort Noir*. Quelques *hashtags*, une grande inspiration pour calmer sa peur et son impatience… puis elle valida l'envoi.

— Et voilà, dit-elle avec un ouf soulagé. C'est fait !

— Bravo, dit-il en l'enlaçant.

Il déposa un baiser sur sa tempe, le cœur rempli de fierté. Pourvu que ces abrutis d'Instagram se rendent compte qu'elle était une fille en or qui mettait de l'amour et du soin dans ses photos.

Son portable rangé, Cordelia se frotta les mains.

— Et maintenant, envoyez les Guinness !

Ils passèrent la matinée et l'essentiel de l'après-midi au port.

On n'aurait pas pu rêver d'un meilleur temps pour le dernier jour de *Pátrún*. Il y avait de la musique sur les quais et une brise chaude flottait dans l'air. Les voiles rouges des bateaux ponctuaient la mer qui était aussi lisse qu'un miroir aujourd'hui. Cordelia papillonnait d'un endroit à un autre, juchée sur le mur en pierre qui faisait le tour du port ou accroupie au milieu des musiciens pour photographier des enfants qui dansaient le *céilí*, une danse traditionnelle irlandaise. Mais elle se tournait toujours dans sa direction, pour lui tenir la main, pour l'embrasser. Ou pour être à son côté, tout simplement.

Et effectivement, ils étaient devenus des petites célébrités, Róisín n'avait pas menti. Des gens qui n'étaient même pas de Kilronan souriaient d'un air entendu, tapaient sur l'épaule de Niall ou leur adressaient un mot gentil. Au moment de la course, il décida de ne pas s'inscrire : il avait assez donné de sa personne, merci. Mais il aida son père à servir ceux qui avaient soif.

— C'est quoi, le principe ? demanda Cordelia après les avoir pris en photo. Il faut enchaîner les pintes de Guinness ?

— Mais non ! s'insurgea Owen. Vous voyez ces plateaux, là-bas ? Chaque participant doit en porter un avec une pinte posée dessus, sans rien renverser. Et d'une seule main, sinon c'est pas du jeu. La ligne d'arrivée est au bout de la rue. Fiona est là-bas.

— Trop bien ! J'y vais tout de suite.

Après le départ de Cordelia, Niall versa une autre pinte tandis que son père essuyait les plateaux.

— Alors comme ça, toi et l'Américaine...

Niall aurait dû se douter que ce moment finirait par arriver.

— Elle s'appelle Cordelia, p'pa.

— Je sais bien.

Niall se retint de répliquer. Pas la peine de se prendre la tête avec son père au sujet de Cordelia. Ce qu'il pouvait penser d'elle n'avait aucune importance.

Il y eut un blanc. Puis Owen reprit :

— Si on m'avait dit qu'un jour, une fille que je ne connais ni d'Ève, ni d'Adam viendrait m'expliquer comment aimer mon fils. Chez moi, en plus !

Niall arrêta de servir des bières.

— Tu n'as toujours pas digéré ?

— Je n'étais pas fâché et je ne le suis toujours pas, dit son père. Enfin, ce n'est pas le bon mot. Ça m'a remué, pour sûr.

Il posa le plateau qu'il nettoyait et laissa échapper un soupir.

— Je sais que j'ai été dur avec toi, Niall. Mais dis-toi que quand tu es parti... c'était pire que me prendre une gifle. Tu avais l'air de mépriser tout ce que je fais et ce qui me tient à cœur. Cet endroit, cette ville, cette île, tout. Ce pub, c'est... c'est toute ma vie. Il fait partie de la famille. Et pour moi, c'était comme si tu avais craché dessus.

— P'pa, je ne...

Owen leva la main.

— Laisse-moi terminer. Tu es bourré de talent. Et je n'avais pas envie de l'admettre parce que ça me renvoyait l'image d'un vieux nullard qui savait à peine cuisiner un ragoût. Mais je passais à côté de l'important. Tu es mon fils. Mon seul enfant. Et ce que cette Améri... ce que Cordelia a dit ce soir-là, je l'ai toujours dans un coin de ma tête, depuis.

Il attrapa Niall par l'épaule et planta les yeux dans les siens.

— Je suis fier de toi, fils. Fier de l'homme que tu es devenu. Fier que tu aies tenté ta chance à Dublin et fier que tu sois revenu quand tu avais besoin d'aide. Tu es un cuisinier en or.

Crois-moi sur parole. Du coup, j'ai pensé… que tu pourrais nous trouver d'autres recettes, on les mettrait à la carte.

Niall crut que sa mâchoire se décrochait.

— P'pa…

Ce fut tout ce qu'il parvint à bafouiller, abasourdi.

— Je ne te propose pas d'ouvrir un trois étoiles, attention, mais…

Il vit son père rougir et récupérer son plateau.

— Tu es d'accord pour compléter la carte, ou pas ?

— Bien sûr, s'empressa de répondre Niall.

S'il laissait passer sa chance, ce serait fichu…

— Alors marché conclu.

Niall versa une dernière pinte qu'il posa à côté des autres.

— C'est grâce à toi, tu sais, dit-il dans un murmure.

— Grâce à moi que quoi ?

— Que j'ai eu l'envie de faire ce métier. Je me souviens quand je venais ici, je te suivais aux quatre coins de la cuisine comme une ombre, je te regardais préparer de la soupe ou cuire des moules. Tu avais tellement d'assurance, c'était ton royaume. Tu émincais, tu faisais mijoter, tu pochais, tu grillais, et tout à coup, *paf*, le repas était prêt. C'était magique.

Finalement, il osa lever les yeux vers son père.

— C'est grâce à toi que je me suis lancé dans la cuisine, p'pa.

Owen déglutit difficilement.

— Eh bien…, je ne me serais jamais douté que…

— Comment ça se passe, ici ?

Colin fit irruption dans le pub.

— On se calme, Colin Doyle, ou c'est toi qui vas finir à la flotte, aujourd'hui.

Colin leva les yeux au ciel.

— Cette histoire va me poursuivre un bon moment, je sens...

— Non, lança joyeusement Niall. Appelle tout le monde, les pintes sont prêtes.

Cordelia l'attendait dehors. Elle avait l'air hésitante. Il lui demanda aussitôt pourquoi.

— Ton père ne veut pas que je traîne dans ses pattes, j'ai l'impression. Il me déteste, c'est sûr.

— Pas du tout, détrompe-toi.

Niall lui expliqua tout ce qu'ils s'étaient dit après son départ.

— C'est formidable ! s'exclama-t-elle. Tu cuisines divinement bien mais, ce qui me fait plaisir, c'est que ton père l'ait reconnu, enfin !

Niall l'enlaça et glissa dans un souffle :

— Merci.

— Roger, regarde, c'est le petit couple de la régate ! Bravo, vous êtes mignons tout plein !

Une touriste américaine et son mari venaient de passer à côté d'eux. Cordelia soupira :

— Je croyais que Róisín exagérait. Alors qu'en fait...

Au même moment, Darragh apparut derrière eux.

— Coucou, les tourtereaux ! En temps normal, je n'aime pas trop que des filles qui ne sont pas d'ici viennent nous piquer nos gars. Mais pour toi, Cordelia, je ferai une exception.

— Très généreux de ta part, Darragh, répondit Niall d'un ton sec.

Colin et d'autres jeunes hommes s'étaient placés sur la ligne de départ, leurs plateaux à la main. Alison les rejoignit, les joues rouges. Des mèches de cheveux auburn s'échappaient de sa queue-de-cheval.

— Coucou ! Je n'ai rien loupé, j'espère ? Au fait, Cordie, j'ai vu la photo de Niall que tu as postée. Trop belle. Oh ! regardez, c'est parti !

Colin venait de s'élancer en marchant le plus vite possible, sans lâcher des yeux de la pinte qui remuait sur son plateau.

— Allez, Colin ! cria Niall sous les sifflets d'Alison et les applaudissements de Cordelia.

Un mec d'Inisheer le suivait de près mais Colin avançait à petits pas rapides, toujours avec une longueur d'avance. Le plateau d'un autre coureur pencha dangereusement mais il rectifia le tir avant la catastrophe. Quelques gouttes s'échappèrent de son verre : disqualifié ! Tout le monde salua l'artiste qui s'inclina et quitta la course en avalant sa bière.

— Je préfère ça à la régate, dit Cordelia.

— Moi, j'hésite, susurra-t-il tout contre son oreille. On a moins de chance d'être embrassé par une jolie fille...

Les yeux de Niall se posèrent à l'endroit où ses cheveux retombaient sur son épaule, ils semblaient de la même couleur que les motifs de sa robe.

— Pardon, mais... ce sont des ananas ?

— Oui.

— Laisse-moi deviner, c'est un cadeau de Liz.

Cordelia éclata de rire.

— Même pas, c'est moi qui l'ai achetée.

— Entre ça et les chaussettes avocat, tu as un truc avec ce genre de vêtements...

— Pourquoi pas ? Si ça te donne envie de goûter..., répondit-elle d'un ton aguicheur.

Les dents doucement enfoncées dans sa lèvre inférieure, elle le regarda à travers ses cils épais.

— Tu ne me laisses pas indifférent, c'est sûr, dit-il dans un grognement.

Cordelia fit courir la main sur son torse. Niall l'attrapa et l'embrassa.

— Mais tous ces ananas, ce n'est pas trop pour un seul homme ? demanda-t-elle dans un murmure.

— T'inquiète, j'ai toujours de l'appétit..., dit-il d'une voix rauque.

La tête penchée vers lui, elle esquissa un sourire coquin qui embrasa les sens de Niall.

Soudain, Alison s'écria :

— Il a gagné !

Ils se séparèrent, et Cordelia leva les bras.

— Bravo, Colin !

Au bout de la rue, Colin était à côté de Fiona, sa bière bien haut. Au milieu des acclamations de la foule, le vainqueur vida son verre cul sec.

— On remet ça tout de suite ! cria-t-il sous un nouveau tonnerre d'applaudissements.

Niall se tourna vers Cordelia.

— Ouh là... Prête pour une nouvelle journée endiablée ?

— À ton avis ? répondit-elle en glissant la main dans la sienne.

Quand la soirée finit par arriver, Niall se dit qu'il n'avait pas vécu une aussi bonne journée depuis longtemps.

Jusqu'à présent, sa vie se résumait à ce qu'il y avait avant Deirdre et après. Mais il avait changé de regard. Il n'avait pas souvenir d'avoir été aussi heureux, aussi apaisé, aussi comblé. Et c'était à Inishmore qu'il ressentait un truc pareil ? Incroyable. Assis avec Cordelia à côté de lui, il affichait ce sourire qui ne le lâchait pas depuis le début de la matinée.

— Vous reprenez quelque chose ? demanda Shauna en se frayant un chemin jusqu'à la table. Quelque chose à grignoter ?

— Oui, de l'agneau de St. Enda !

Cordelia, Alison, et Róisín avaient répondu en chœur, sans même se concerter !

— Aïe, aïe, aïe..., répondit la serveuse d'un air faussement contrarié. J'ai bien peur qu'il n'y en ait plus.

— Mais non ?! s'exclama Alison.

Sa grand-mère avala son whisky et fit claquer son verre sur la table.

— En voilà, une bonne nouvelle !

Cordelia toucha le genou de Niall sous la table, elle était aux anges.

— Ta recette a eu du succès. Je le savais !

Ils se rabattirent sur d'autres plats mais, pour sa part, il n'avait pas tellement faim. Ce dont il avait envie, c'était de filer en douce et d'emmener Cordelia dans un coin tranquille de Kilronan, histoire qu'ils soient seuls, enfin. Cette robe qui révélait ses longues jambes fines et le renflement de ses seins commençait à le rendre cinglé.

Leurs regards n'arrêtaient pas de se trouver. À croire qu'ils étaient exactement sur la même longueur d'onde... Tandis que Colin jouait une chanson de Taylor Swift, Róisín se lança dans une de ses innombrables histoires. Cette fois, c'était celle du *púca* qui avait sauvé la vie de Brigid en conseillant à Róisín de rester chez elle. Car peu de temps après, une tempête terrible s'était levée et plusieurs moutons avaient disparu.

Alors que Shauna revenait avec leurs consommations, elle conclut :

— Vous voyez ? Ce n'est pas un mauvais bougre. Rien à voir avec celui d'Inishmaan. Celui-là, c'est un vrai vicieux. Il est toujours assis du côté gauche.

Elle avala une gorgée du whisky que la serveuse venait à peine de déposer.

— Enfin, j'aurais aimé qu'il me prévienne pour Aidan..., dit-elle avec une mélancolie au fond des yeux.

— Mon grand-père, expliqua Alison.

— Il adorait la mer. Je n'aurais pas pu le repêcher si j'avais essayé.

Róisín adressa un sourire ému à Niall et Cordelia.

— Vous formez un bien joli couple, tous les deux. L'amour, c'est un vrai trésor. On croit qu'il ne nous fera jamais faux bond, mais c'est faux. Il faut en profiter pleinement tant que c'est possible.

— Arrête un peu, grand-mère, dit Alison.

— Quoi ? Ils forment un joli couple. Tout le monde le dit. Je ne trahis pas un secret.

Niall ricana.

— Tu veux nous faire croire ça ? Tu passes ton temps à raconter des ragots.

— Tu me connais trop bien. Oh ! regardez ! Ça se prépare pour la danse. Enfin de la vraie musique et pas ces chansons modernes que personne ne connaît...

— Tout le monde connaît Taylor Swift, grand-mère.

— Jamais entendu parler. Peu importe. Alison, aide-moi.

Róisín se leva avant même que sa petite-fille ait le temps de réagir. Les portes du pub venaient de s'ouvrir en grand. Un flot de personnes sortit dans la rue, verre à la main. Ça riait, ça discutait. Colin alla s'installer dehors. Fergus avait son *bodhran* et Eoghan, son minuscule accordéon. Cormac sortit son violon de son étui.

— Je vais voir si mon père s'en sort...

Niall passa derrière le bar. Shauna versait deux shots de whisky. Elle lui en passa un.

— À ton succès, dit-elle. *Sláinte.*

— *Sláinte*, répondit-il gaiement.

Le whisky lui brûla la poitrine et échauffa le désir qu'il sentait grandir, tel un incendie indomptable. Le groupe attaqua des airs traditionnels qui parlaient à tout le monde. Tandis qu'Alison entraînait Cordelia dehors, il se dépêcha d'aller en cuisine. Pas question d'abandonner le pub si on avait besoin de lui. Au passage, il attrapa une pile d'assiettes sales. *Pas de voyage à vide*, lui avait toujours dit son père.

— Tout va bien, p'pa ?

Son père essuyait les plans de travail.

— Pour la cuisine, c'est terminé, dit-il. À partir de maintenant, il n'y aura que des boissons à servir. Les danses ont commencé ?

Avec un hochement de tête, Niall déposa la vaisselle sale dans l'évier et ressortit. Où était Cordelia ? Ah, Alison essayait de lui apprendre quelques pas de *céilí*. Sa peau semblait briller dans la lumière des lampions, ses cheveux retombaient en cascade dans son dos. La regarder le serra au niveau du bas-ventre.

— Niall !

Alison l'appela en faisant de grands gestes.

— Viens rejoindre ta partenaire, j'ai promis la prochaine danse à Liam.

Elle désigna son cavalier. Un gamin d'une dizaine d'années qui n'aurait pas voulu être ailleurs.

— Hé, vous avez participé à la régate, hier ! s'exclama le gosse.

— C'est vrai, admit Niall.

— Et vous êtes tombé à l'eau.

— C'est vrai aussi.

Liam montra Cordelia.

— Et elle vous a embrassé !

Niall l'ébouriffa et répondit :

— On ne peut rien te cacher.

Le torse bombé, Liam ajouta :

— Moi aussi, je ferai les régates dès que ma mère sera d'accord. Et je finirai premier !

— Je n'en doute pas.

— Attention, les amis, mettez-vous deux par deux !

Colin avait attrapé le micro. Niall tendit la main à Cordelia.

— Je vais être nullissime, tu es prévenu, dit-elle en l'attrapant.

— Ça fait des années que je n'ai pas dansé de *céilí*, alors pas de pression.

Elle avait une main minuscule et toute douce. Qui donnait envie d'être embrassée.

La musique démarra. Niall et Cordelia se tournèrent pour se retrouver face à Alison et Liam.

— OK. Maintenant, on avance, dit-il.

— J'ai pas compris le pas de côté en sautillant, dit-elle tandis qu'ils avançaient vers les autres.

— Pas grave, improvise. Allez hop, demi-tour. Et en avant.

— Et, là, on croise ! lança Alison.

Les deux filles échangèrent leurs positions, et Alison se retrouva à côté de Niall.

— Je suis perdue ! fit Cordelia.

Niall échangea sa place avec Liam et se retrouva de nouveau à côté de Cordelia.

— Prends la main de Liam, dit-il tandis qu'il en faisait autant avec Alison.

Ils s'écartèrent puis se rapprochèrent.

— Et maintenant, on tourne !

Les deux mains de Cordelia entre les siennes, il se mit à tourner autour d'elle.

— Ahhh ! cria-t-elle tandis qu'elle lui marchait sur le pied.

— C'est bon. Maintenant, on ne bouge plus.

Il glissa la main autour de son corps pour qu'elle vienne se placer à côté de lui. Pendant ce temps, Alison et Liam recommençaient la séquence avec un autre couple de danseurs. Il laissa ses doigts s'attarder dans le bas de son dos. Elle leva la tête vers lui, les lèvres légèrement entrouvertes, les yeux brillant dans la lumière des guirlandes. Quelque chose se figea dans sa poitrine.

La musique prit fin, et tout le monde applaudit. Colin cria :

— On enchaîne tout de suite avec une gigue !

Niall demanda :

— C'est reparti ?

Cordelia lui répondit par un sourire lumineux.

— Oh oui, s'il te plaît !

Ils rejoignirent deux lignes. Cordelia observa la mère de Niall et Darragh pour mémoriser la choré avant que ce soit à eux d'entrer dans la danse. On se décale et *hop*, on saute ! Niall se fit écraser le pied deux fois, mais ça faisait si longtemps qu'il ne s'était pas autant marré. Les danses s'enchaînèrent, et de longues minutes plus tard, il se retrouva essoufflé à force de rire et de tourner sur lui-même.

— On va ralentir un peu le rythme, dit Colin en se rapprochant du micro. Pendant que les danseurs se reposent, j'invite les amoureux à nous rejoindre. Petit hommage à un maître de la soul.

Les premières mesure d'un morceau d'Otis Redding retentirent. Niall retourna auprès de Cordelia, qui haussait un sourcil interrogateur. Il lui répondit par un sourire plein de tendresse. Elle leva les bras et se laissa attirer vers lui. La main placée dans le creux de son dos, il se lova contre elle. Tandis que leurs doigts se mêlaient, elle baissa les yeux, son front caressant l'épaule de son partenaire.

Niall pencha la tête et murmura :

— Tu fais quoi ?
— J'essaie de ne pas t'écraser les pieds...
— Cordelia...
Entendait-elle qu'il avait la voix tremblante ?
— Oui.
— Je n'en ferai pas une maladie, tu sais...
Tout ce qu'il voulait, c'était voir son visage. Ils tournèrent lentement sur eux-mêmes. Les autres danseurs n'existaient même plus. Ce n'était que des formes floues, des taches de couleur. Il n'y avait que Cordelia, le contour de sa joue, la forme de son nez, la chaleur de sa peau. Elle se lovait contre son corps, et chacun de ses mouvements provoquait des sensations intenses en lui. Il la fit pivoter pour qu'ils s'écartent lentement, loin de la foule et des lanternes. Une fois à l'autre bout de la rue, ils s'enfoncèrent dans les ténèbres sans cesser de danser. Et puis, tout à coup, Niall se retrouva dos à un arbre. Les lumières du pub brillaient derrière Cordelia. On aurait dit un personnage des contes féeriques de Róisín. Ils s'immobilisèrent mais il n'avait pas lâché sa main. L'autre était déployée dans le creux de ses reins. Il sentait son souffle dans son cou, et les battements de son cœur contre le sien.
— Niall, murmura Cordelia.
Finalement, il l'embrassa.
Elle avait une bouche si douce, si chaude. Et ces lèvres étaient comme du velours. Puis, avec un petit gémissement, elle l'accueillit pour qu'il puisse la goûter. Elle avait une saveur douce comme du miel et piquante comme du vin rouge. Il la fit pivoter pour la plaquer contre l'arbre, et ils approfondirent leur baiser. Leurs langues se mêlaient fougueusement. Elle lâcha sa main afin de plonger les doigts dans ses cheveux et l'attirer. Il le voulait, il voulait se donner à elle, entièrement, corps et âme, de tout son cœur.

Niall attrapa sa nuque et pencha sa tête pour aller encore plus loin. Il referma doucement les dents autour de sa lèvre inférieure et la suça avant de glisser sa langue pour la goûter à nouveau. Elle avait des cheveux tellement soyeux. On sentait son parfum de bergamote et de pin partout.

Quand Cordelia s'écarta pour reprendre son souffle, il plongea le visage dans le creux de son cou, incapable de s'arrêter, de ne pas la caresser. Il sentait son cœur battre à coups répétés, chaque centimètre de son corps brûlait de désir pour elle. Il embrassa son épaule puis déposa des baisers jusque sur son menton. Sans hésiter, elle chercha à nouveau sa bouche. Il laissa ses doigts courir le long du col de sa robe, jusque là où le tissu frôlait ses seins. Elle laissa échapper un petit gémissement. Le désir qui l'animait menaçait vraiment de le faire basculer...

— Tu me raccompagnes ? glissa-t-elle à son oreille.

— Oui, répondit-il dans un murmure.

18

Rentrer au cottage fut plus long que d'ordinaire, mais Cordelia ne s'en plaignit pas.

Toute cette journée était passée comme dans un rêve, de l'heure du réveil jusqu'au moment où Niall l'avait plaquée contre cet arbre. Elle avait envie de se pincer. C'était irréel, elle était physiquement incapable d'éprouver un tel bonheur. Elle allait éclater en mille morceaux !

Ils s'arrêtaient tous les cinq pas pour s'embrasser. Alors comment tenir une conversation dans ces conditions ? Pour parler, ils n'avaient qu'à se toucher – la bouche de Niall sur la sienne, les doigts qu'elle plongeait dans ses cheveux, les mains qu'il refermait autour de sa taille. Elle ne s'était jamais sentie aussi vivante. Vivante et lumineuse, comme si une lanterne brillait en elle, en répandant sa lumière à travers chaque centimètre de sa peau.

Le temps qu'ils atteignent le cottage, cette lueur chaude s'était transformée en étincelles prêtes à tout dévorer. Elle se connaissait assez bien pour se douter de la tournure qu'allaient prendre les événements. Alors quand Niall l'embrassa devant la porte d'entrée, avec une intensité qui faillit la faire décoller du sol. Le souffle court, elle mobilisa toute sa volonté et le repoussa doucement.

— Attends, dit-elle d'une voix étranglée.

— Tu as raison, pardon, répondit-il en reprenant difficilement son souffle.

Pendant une seconde, elle fut tentée de l'attirer à nouveau vers elle, d'accueillir ses baisers. C'était ce qu'elle aurait voulu. Elle ne pouvait pas lâcher cette bouche des yeux...

— Cordelia ? demanda Niall avec inquiétude. Ça va ?

Reste forte, se rappela-t-elle.

— Qu'est-ce qu'on fait ? lâcha-t-elle brusquement.

Niall haussa les sourcils.

— Euh... là, maintenant ? On s'embrasse ?

— Niall, sérieux !

— Je suis sérieux, répliqua-t-il en penchant la tête. Tu veux savoir ce que je compte faire, c'est ça ?

Des picotements dans le creux des mains, elle tira sur le bord de son cardigan.

— Oui, voilà. Ce n'est peut-être pas très moderne, mais... les aventures d'un soir, ce n'est pas mon truc.

— Très bien, dit-il en plongeant le nez à la base de son cou pour l'embrasser. Ce n'est pas mon truc non plus.

— OK.

Cordelia sentit un frisson la traverser.

— C'est la première fois que je vis un truc pareil.

Niall remonta le long de sa gorge pour se coller contre son oreille.

— Comment ça ?

— Ben... tu es mon voisin.

Elle sursauta quand la main de Niall se glissa sous son cardigan pour la caresser dans le dos.

— Tes parents sont mes voisins. On vit dans une petite ville, tout le monde sait tout sur tout le monde...

— C'est vrai.

L'air contrarié, il se détacha.

— Tu es... gênée ? De passer du temps avec moi ?

— Quoi ? Mais non ! s'empressa-t-elle de répondre. Pas du tout. J'aimerais passer encore plus de temps avec toi.

Cordelia avait parlé un peu vite. Trop tard. D'expérience, elle savait qu'avouer ses sentiments de but en blanc était le meilleur moyen de faire fuir un mec. Mais Niall se contenta de sourire. La lune brillait au-dessus de sa tête, les étoiles étincelaient sur un grand tapis noir.

— J'aimerais passer plus de temps avec toi, moi aussi, dit-il tout bas.

Tout l'air dans les poumons de Cordelia fut comme aspiré d'un coup.

— Ce... c'est vrai ? parvint-elle à articuler.

Niall haussa un sourcil.

— Je t'ai laissée penser le contraire ?

— Tu viens de m'embrasser. Ça ne veut pas dire que... qu'on pourrait... je ne sais pas. À New York, les choses se passent autrement.

Le coin de la bouche de Niall se releva.

— Tu risques d'avoir un choc, mais on n'est vraiment pas à New York.

— Je sais.

Cordelia baissa la tête. Les mains sur le torse de Niall, elle joua avec un bouton de sa chemise. Elle avait tellement envie de lui, c'en était presque douloureux.

— Je te l'ai dit pendant notre balade au fort, ça fait très longtemps que je n'ai pas été avec quelqu'un. Et j'ai perdu l'habitude de... de tout ce qui va avec la vie de couple. La preuve : ce que je fais en ce moment n'a aucun sens. Je ne prends pas les choses à la légère. Quand je m'attache, c'est du sérieux.

Elle prit une grande inspiration. Autant jouer la franchise. Au moins, ce serait fait.

— Et ce que je ressens pour toi, c'est vraiment très fort. Tu m'as permis de me sentir vivante, pour la première fois depuis des années. Depuis la mort de mon père, si je veux être tout à fait honnête. Seulement, si tu n'es pas prêt, ou si ce que je te dis te fait flipper, dis-le maintenant, je comprendrai.

Finalement, Cordelia osa risquer un coup d'œil. Niall avait l'air abasourdi mais légèrement amusé. Il tendit la main vers elle pour coincer une mèche de cheveux derrière son oreille. Il ne retira pas sa main tout de suite.

— Le jour où on s'est rencontrés, j'étais vraiment au fond du trou. Je me croyais incapable de m'ouvrir à quelqu'un. Tu m'as aidé à m'en sortir. Moi aussi, je me sens vivant depuis.

Un bras enroulé autour de sa taille, il posa le front contre le sien.

— Ça ne me fait pas flipper que tu sois sérieuse, murmura-t-il. Au contraire, ça m'électrise.

Cordelia sentit sa poitrine s'ouvrir, comme une fleur s'épanouissant au soleil.

— C'est vrai ?

— J'ai envie de t'embrasser depuis notre visite au fort, alors imagine...

Devant le petit cri de surprise qu'elle émit, il ajouta :

— Mais je ne savais pas ce que tu éprouvais.

— J'ai pourtant fait passer le message assez clairement, répondit-elle en grimaçant.

— Oui. Et c'était merveilleux. Je te reverrai toujours sur le quai en train de foncer vers moi.

Cordelia sentait son cœur battre la chamade, incapable de croire que tout cela était bien réel, incapable de se dire que, oui, il partageait les mêmes sentiments qu'elle.

— Mais mon séjour ne dure que jusqu'à la fin du mois d'août, dit-elle. Et après ?

— Pas la peine de se prendre la tête avec ça maintenant, répondit-il. Peut-être que dans deux mois, tu ne pourras plus m'encadrer.

— C'était il y a un mois que je ne pouvais pas t'encadrer, fit-elle remarquer. Et regarde où on est !

Niall éclata de rire.

— Pas faux.

Il l'attrapa par le menton pour que leurs regards se croisent.

— Mes intentions sont claires, c'est bon ? Ou tu veux que je t'offre une *claddagh* pour te les confirmer ? Je peux te laisser porter mon blouson de la fac, aussi.

— Tu as un blouson de ta fac ?

— Non. Mais si j'en avais un j'y tiendrais comme à la prunelle de mes yeux et je te le prêterais quand même.

Avec une œillade de séducteur, il demanda :

— Cordelia James, est-ce que tu veux bien sortir avec moi ?

C'était à son tour d'éclater de rire. Un rire cristallin, irrépressible. L'espace d'un instant, les étoiles semblèrent briller encore plus fort.

— Oui, dit-elle en se penchant pour embrasser ces lèvres qu'elle connaissait déjà si bien.

Quand elle fit courir la main le long de sa poitrine, Niall parut ronronner de plaisir, un son viscéral qui fit vibrer la corde reliée directement à son désir, dans son bas-ventre. Elle sentit sa peur et son stress fondre, pour ne laisser derrière eux qu'une chaleur vibrante.

— Tu veux entrer ? demanda-t-elle timidement.

L'intérieur du cottage était plongé dans le noir.

Cela faisait des années que Niall n'était pas entré. Il sentait le parfum de bergamote de Cordelia derrière ce mélange de cire d'abeille et de laine. Elle posa son sac et ferma la porte. En un clin d'œil, il plongea la main dans ses cheveux, la bouche posée sur la sienne. Il ne se lassait pas de l'embrasser. Elle était si douce... Lorsqu'il attrapa sa lèvre inférieure entre ses dents et qu'il tira gentiment, elle laissa échapper ce petit gémissement. D'un geste fluide, il la défit de son cardigan qui tomba par terre sans un bruit. Il la poussa contre la porte, son érection plaquée contre elle. Mais cela ne sembla pas la gêner : elle se tortilla entre ses bras et l'embrassa avec encore plus d'ardeur. De sa main libre, elle pouvait faire courir le bout de ses doigts sur la bosse de l'entrejambe. Il grogna contre sa bouche.

La main de Niall glissa sur sa hanche et remonta jusqu'à son sein. Il passa le pouce sur son téton à travers le tissu vaporeux. Elle ne portait pas de soutien-gorge. Il continua son manège, encore et encore, jusqu'à ce qu'il le sente durcir. Cordelia plongea les doigts dans son dos, en frissonnant.

— Je veux te goûter, dit-il d'une voix rugueuse.

Elle sursauta quand il glissa la bretelle de sa robe le long de son épaule et tira sur le col pour révéler un sein parfait, d'une douceur de satin et qui ne demandait qu'à être embrassé. Il le prit en entier dans sa main pour le sucer et fit jouer sa langue sur le téton jusqu'à ce qu'elle pousse un cri. Puis il remit la bretelle en place.

— Qu'est-ce que tu fais ? demanda-t-elle d'une voix haletante.

Niall posa la bouche près de l'oreille de Cordelia.

— Je ne suis pas pressé, murmura-t-il.

Elle était tellement adorable, il n'en revenait pas. Alors pourquoi précipiter les choses ? Il voulait la savourer lentement, entièrement. Il voulait la dévorer jusqu'au lever du soleil et avoir encore faim ! Il glissa sa main libre sous le bord de sa robe et caressa la peau délicate de sa cuisse. Elle eut le souffle coupé lorsqu'il remonta sa jambe autour de sa cuisse, pour être encore plus près d'elle. Il laissa sa bouche explorer ses épaules, puis plongea la tête pour embrasser le sillon entre ses seins. La main qu'il refermait autour de sa cuisse passa jusqu'à ses fesses, et il la leva pour qu'il la sente encore mieux.

— Tu es tellement dur, glissa-t-elle à son oreille.

C'était comme un shot d'extase à l'état pur dans ses veines. Cordelia commença à batailler avec les boutons de sa chemise. Niall voulut lui venir en aide, mais elle l'arrêta.

— Laisse tes mains là où elles sont, gronda-t-elle tandis qu'il gloussait, le souffle court.

Ce petit ton autoritaire ne lui déplaisait pas, au contraire. Il fit courir un doigt le long de sa poitrine et balaya son sein, ce téton tendu qui le narguait et qui l'appelait en même temps. L'autre méritait qu'on s'occupe de lui. Il eut besoin d'un effort surhumain pour ne pas déchirer le tissu.

Cordelia défit le dernier bouton de sa chemise et la retira. Le vêtement forma un petit tas par terre. Mais quand elle posa les mains sur lui, il fut incapable de réfléchir, de voir, et même de respirer, presque… En dehors de Cordelia, plus rien n'existait. Elle déposa des baisers le long de son épaule, puis mordit doucement son cou, en le faisant tressaillir. La pointe de ses ongles caressa les poils de son torse, puis elle s'arrêta au niveau de ses hanches, en s'amusant à glisser l'index sous la ceinture de son jean. De sa main libre, elle attrapa son sexe et imprima un mouvement régulier qui le mit au supplice. De bas en haut, de haut en bas.

— Tu vas me tuer, gémit-il.

— Déshabille-moi, murmura-t-elle.

Pas besoin qu'on le lui répète. Le temps de trouver la fermeture Éclair dans le dos de la robe, il la débarrassa de sa tenue. Cordelia était devant lui éclairée par la lumière de la Lune, nue à l'exception d'une culotte qui ressemblait à… à une tranche de pastèque ?

C'était une manie !

— Oh ! dit-elle avec un sourire innocent. Je n'ai pas fait exprès. Il ne me restait que ça.

Avec un petit rire, Niall suivit la couture qui courait sur son ventre. Elle avait la chair de poule, il le sentait.

— Voyons si c'est aussi bon que ça en a l'air, dit-il en se mettant à genoux.

Niall l'embrassa juste au-dessus du nombril puis leva le nez vers elle. Les seins de Cordelia tremblèrent, les tétons durcis par l'air frais. Il ne put résister à l'envie d'en attraper un entre ses doigts. Avec un petit cri, elle se mordit la lèvre. Le sexe de Niall était désormais si dur qu'il en avait presque mal. Elle écarta une mèche de cheveux qui barrait son visage et caressa doucement son menton. Il tourna la tête pour embrasser sa paume, puis la regarda à nouveau.

— Tu es tellement belle, Cordelia, dit-il.

Les yeux écarquillés, elle entrouvrit les lèvres mais il ne pouvait pas attendre. Il l'embrassa doucement et savoura le gémissement qu'il lui arracha, plus rauque et plus sauvage que les précédents. Il avait hâte de la voir lâcher prise, de savoir comment la faire crier de toutes ses forces, de percer les secrets de son corps, jusqu'à ce qu'elle frissonne des pieds à la tête.

Un doigt accroché autour de la culotte, il l'écarta et put enfin la goûter. Elle était humide, elle était prête. Lorsqu'il glissa la langue autour de son clitoris, il sentit ses cuisses frissonner, la main plaquée sur son ventre pour l'empêcher de bouger. Il la lécha et la suça, en sentant quand elle se raidissait et quand elle devenait humide, avant d'esquisser des cercles en s'enfonçant de plus en plus bas, jusqu'à sa fente.

— Niall..., dit-elle d'une voix étranglée. Attends.

Il venait de glisser un doigt en elle.

— Je ne peux pas, avoua-t-il dans un souffle.
— Oh ! là, là...
En penchant la tête, il vit que Cordelia avait une main plongée dans les cheveux.
— Je crois que je vais tomber par terre.
Leurs regards se croisèrent.
— Dans la chambre.
C'était la seule chose qui aurait pu lui faire quitter cet endroit où il se sentait divinement bien. Niall entendit ses genoux craquer quand il se releva puis embrassa intensément Cordelia et se pencha pour l'arracher du sol. Il la berça doucement pendant qu'elle piaillait.
— Salaud ! gloussa-t-elle en tapant son torse.
— Salaud mais costaud, répondit-il avec un sourire.
Les bras enroulés autour de son cou, elle se hissa pour l'embrasser.
— Encore, s'il te plaît, murmura-t-elle.
— Avec plaisir, acquiesça-t-il dans un souffle.
Il n'en avait pas fini avec elle. Oh que non. Il traversa le salon avec Cordelia entre ses bras.
— Attends, la lumière ! dit-elle.
— Rien à foutre de la lumière, répondit-il dans un grognement.

Tendue, nouée, contractée, Cordelia était dévorée par le plaisir.

Elle avait la peau brûlante. Son cœur tambourinait à l'intérieur de sa poitrine. Ce qui se nichait entre ses cuisses semblait animé d'une vie propre, et elle avait envie de la bouche de Niall. Sans difficulté, il la porta jusqu'à la chambre dont il poussa la porte d'un coup de pied et l'allongea doucement sur le lit. Tandis qu'il la surplombait, il semblait briller comme de la nacre dans la pénombre qui entrait par la fenêtre de la chambre, les yeux aussi sombres que du lapis-lazuli.

— Tu as gardé ton pantalon, dit-elle en se levant. Ce n'est pas juste.

Elle déboutonna son jean et, tandis qu'elle couvrait de baisers le ventre de Niall, elle sentait ses muscles se tendre et trembler sous ses lèvres. Puis elle s'allongea et attendit qu'il retire ses chaussures, ses chaussettes et son jean avant de grimper sur le lit pour s'étendre à côté d'elle, la tête calée sur une main.

Du bout des doigts, il la caressa de la gorge jusqu'à sa poitrine, entre ses seins et sur son ventre, jusqu'à ce qu'il passe ses doigts sur son clitoris. Elle tressaillit, la tension bouillonnait en elle sous ces doigts virils. Avec un grand sourire, il continua sa douce torture, comme s'il avait tout son temps. Il reprit ses gestes circulaires, des taches de lumière brillaient dans un coin de son champ de vision. Il plongea pour sucer son sein, en mordant doucement son téton.

Cordelia dut se retenir de crier.

— Tu es tellement tendue, murmura Niall en s'occupant de son autre sein.

Elle avait le tournis, des vagues de plaisir faisaient frémir sa peau. Une ligne impalpable était tendue entre ses tétons jusqu'au cœur de son intimité. Et alors qu'elle se pensait à deux doigts de tomber dans les pommes ou d'éclater en morceaux, il se glissa à nouveau en elle.

Tandis qu'elle laissait échapper un cri, Niall pivota pour la surplomber, en prenant appui sur son coude pour la caresser, plongeant jusqu'au cœur de son intimité avant de se retirer pour recommencer ces mouvements magiques. Elle attira violemment sa bouche vers elle, les cuisses serrées autour de sa main, les hanches cambrées pour qu'il soit encore plus près d'elle. Elle était à deux doigts d'exploser, mais pas tout de suite. Elle ne voulait pas qu'un simple bout de tissu la sépare de Niall, le moment venu.

— Enlève-la, dit-elle d'un ton suppliant.

Il ne se fit pas prier. D'un geste expert, il la débarrassa de sa culotte, et hop, disparue.

— Fais pareil, murmura-t-elle contre sa joue.

Elle le sentit s'agiter sur le matelas. Une seconde plus tard, son boxer atterrit sur le plancher, presque sans un bruit.

Cordelia avait toujours cru que dès qu'elle se sentirait assez sûre d'elle pour faire l'amour à nouveau, elle serait dévorée par un mélange de honte et de timidité, gênée de sa nudité ou de ses hésitations. Mais pas avec Niall. Il la regardait comme un homme assoiffé regarde une source d'eau pure, comme le joyau le plus précieux qu'il ait jamais vu. Elle se sentait précieuse. Précieuse, sexy, vivante, heureuse. Elle n'avait jamais éprouvé une telle allégresse, on aurait dit qu'elle flottait. Les lois de la gravité n'avaient plus cours.

Elle laissa son regard courir le long de ses épaules, puis son torse, jusqu'au V qu'elle avait aperçu dans la cuisine, la veille. C'était la veille, seulement ? Niall était puissant et dur. Lorsqu'elle attrapa son membre viril entre ses mains, elle fut surprise qu'il soit à la fois si doux et si gonflé. En l'entendant retenir sa respiration, elle esquissa un sourire diabolique et se mit à le caresser avec la même délicatesse, en le regardant serrer la mâchoire.

— Tu ne serais pas tendu, toi aussi ? lança-t-elle d'un ton moqueur.

Avec un ricanement grave, il répondit :

— Tu vas me tuer.

Cordelia resserra sa prise, il gémit.

— Pas ce soir, j'espère.

Avec une fougue qui la surprit elle-même, elle le plaqua sur le lit et le chevaucha, les seins collés sur son torse, la langue plongée dans sa bouche. Pendant ce temps, elle continua de le caresser, alternant la force et la douceur.

— Je veux que tu sois en moi, grogna-t-elle. J'ai envie de toi en moi.

— Oh merde...

Cordelia se releva. C'était maintenant que son rêve allait éclater comme une bulle de savon ? Niall perçut sa stupeur et se releva.

— Je n'ai pas de capotes, expliqua-t-il. J'en avais toujours dans mon portefeuille, mais j'ai arrêté après...

Le soulagement l'envahit, et elle répondit :

— Je prends la pilule et j'ai fait un test récemment.

— Moi aussi.

Quelle joie de savoir qu'ils pouvaient poursuivre, qu'elle n'était pas obligée de tempérer cette faim insatiable, ne serait-ce qu'un instant.

Cordelia s'allongea sur la couette et laissa Niall la recouvrir, en écartant les cheveux de son visage.

Tandis que le torse de Niall frôlait ses tétons, il entra lentement en elle, sans se précipiter, en veillant à ce qu'elle soit à l'aise. À travers chacun de ses gestes, chacun de ses mouvements, c'était à elle qu'il pensait, elle le sentait. Il savait combien cette période avait été longue pour elle. Il connaissait ses peurs et ses doutes, ses angoisses. Mais lorsqu'il s'enfonça en elle, Cordelia laissa échapper un son dont elle ne se serait jamais crue capable, une espèce de plainte déchirante, remplie de désarroi et de joie.

Niall posa la tête sur sa poitrine.

— Oh ! putain. Cordelia.

— Encore.

Il s'enfonça encore plus profondément. Tandis qu'elle se sentait comme remplie, elle le griffa dans le dos, haletant, savourant les mouvements lents et puissants de son sexe qui cherchait son point le plus sensible. C'était un plaisir enivrant, troublant. Comme si tout son univers s'étendait et se contractait, comme si chaque parcelle de son être se concentrait sur cet endroit secret entre ses jambes. Quand Niall commença à la caresser sans cesser d'aller et venir, elle crut qu'elle allait exploser dans un million d'étincelles et finir emportée aux quatre vents.

Il décida d'augmenter la pression et la cadence. Quand Cordelia gémit à nouveau, le dos cambré, il prit le temps de faire passer sa langue sur ses tétons, d'abord l'un puis l'autre. Elle poussa un gémissement qui résonna dans tout son corps. Il murmura quelque chose dans le creux de son oreille mais elle ne l'entendit même pas. Impossible de réfléchir ou de voir, elle n'était qu'une boule d'énergie rayonnante. Niall allait et venait à une vitesse folle, mais ce n'était pas suffisant, elle en voulait plus. La pression augmentait, elle le sentait, et elle était toujours plus humide. Elle sentait l'intensité monter en lui aussi, il continuait de se tendre pour mieux s'enfoncer, et alors qu'elle se pensait incapable de tenir plus longtemps, alors qu'elle s'apprêtait à hurler, à le supplier d'arrêter ce doux supplice, il s'enfonça à fond tandis que ses doigts allumaient l'incendie en elle. Alors ce fut comme si elle était un fruit qu'on ouvre en deux, le plaisir fit déferler sur son corps des vagues brûlantes qui n'en finissaient pas. Elle cria son nom en frissonnant tout contre lui, ça n'arrêtait pas. Cet orgasme l'emmena vers des contrées inconnues, des feux d'artifice explosaient dans son champ de vision. Elle se laissa envahir par cette extase à l'état pur puis elle le sentit venir à son tour et exploser en déclenchant un autre tsunami de frissons qui contractèrent son corps et balayèrent son esprit.

Un dernier frisson et tout s'arrêta. Les cheveux de Niall étaient humides de sueur, il respirait bruyamment. Ils restèrent un instant sans rien se dire. Cordelia se sentait étrangement molle, comme si tous ses os étaient en mousse. Lorsqu'elle passa une main dans sa tignasse, il essaya de bouger, mais elle le retint immobile. Soudain, la peur l'envahit. Pourquoi ? Mystère. Elle n'aurait même pas su dire de quoi elle avait peur. Elle ne voulait pas qu'il parte, voilà tout, elle voulait sentir encore le poids si doux de ce corps sur le sien.

— Je fais juste un saut à la salle de bains, ma belle, murmura-t-il.

Ce simple mot suffit à ce que son cœur s'emballe. Si minuscule, si simple, et pourtant si puissant. Dès qu'il se retira, le manque se fit cruellement sentir. Même s'il l'avait comblée, elle voulait déjà qu'il revienne à nouveau en elle. Elle l'entendit faire du bruit, au loin. Puis, très vite, elle se retrouva bercée contre son torse.

Les lèvres de Niall se posèrent sur ses cheveux tandis qu'elle traçait des formes sur sa peau. Elle avait la joue collée pile au niveau de son cœur. L'entendre battre était la plus belle musique au monde. Elle était infiniment légère, ses jambes étaient comme en coton. On aurait dit qu'elle avait fondu et changé de forme.

— Tout va bien ? finit par murmurer Niall.

Cordelia pencha la tête pour plonger dans ces yeux d'un bleu troublant et désormais si chers à son cœur.

— Parfaitement bien, dit-elle.

19

La première chose que Niall remarqua en se réveillant, le lendemain matin, c'était qu'il avait des courbatures entre les cuisses. Il avait l'impression que son corps était vidé, mais dans le bon sens du terme, comme si on l'avait étalé au rouleau à pâtisserie.

La seconde chose qu'il remarqua, c'était la magnifique chevelure nichée dans le creux de son bras. Cordelia avait l'air si paisible dans son sommeil, elle respirait lentement et régulièrement. Elle s'était enroulée entre les draps, ne laissant apparaître qu'un sein ponctué d'un téton rose pâle. Il n'en fallut pas plus pour qu'il durcisse à nouveau. La nuit dernière, il n'avait pas pu voir ce feu d'artifices de couleurs, cette peau de pêche délicate, le blond flamboyant de ses cheveux, le rouge de ses lèvres.

Même s'il n'avait pas envie de la réveiller, il devait absolument faire un saut aux toilettes. Il s'extirpa délicatement et sortit de la chambre. À son retour, Cordelia était déjà réveillée et le regardait, un sourire tranquille flottant sur ses lèvres. Et puis ce sein découvert qui continuait de le narguer… D'instinct, il se lécha les lèvres. Il se souvenait encore de leur goût délicieux.

— Coucou, dit-elle.

— Salut, répondit-il en marchant à quatre pattes sur le lit pour venir l'embrasser.

Elle enroula les bras autour de lui et suivit la ligne de son dos du bout des doigts. Il glissa la langue dans sa bouche, à peine retenu par le fait qu'il aurait pu avoir une haleine plus fraîche. Être auprès d'elle, voilà tout ce qui comptait. Elle répondit en s'ouvrant pour lui. Il n'eut qu'à glisser la main le long de sa taille et à enrouler sa cuisse pour qu'il se retrouve entre ses jambes. La cheville plantée dans le creux de son dos, elle leva l'autre jambe pour s'agripper à lui.

— Je te tiens, dit-elle d'un air triomphal. Tu ne peux plus m'échapper.

Pas grave. Pour rien au monde il aurait voulu être ailleurs...

— Je suis ton prisonnier, alors, dit-il en plaçant les poignets au-dessus de sa tête. Fais ce que tu veux de moi.

Le rire de Cordelia résonna jusque dans les tréfonds de son corps. Lorsqu'il frotta son membre contre sa cuisse, elle poussa un petit gémissement. Pas aussi intense que cette plainte qui avait annoncé l'arrivée de son orgasme la nuit précédente et dont le souvenir suffit à le rendre dur. Mais ce délicieux frisson était de bon augure...

— J'ai faim, dit-il.

— Je peux aller voir dans le fri...

— Pas la peine.

Le temps de se débarrasser de ce drap qui le gênait, Niall se glissa jusqu'au bout du matelas afin de pouvoir la prendre dans sa bouche.

Ils s'écroulèrent ensemble sur le lit en respirant bruyamment.

— Oh putain, lâcha Niall.

— Oh putain, acquiesça Cordelia dans un murmure.

Pendant un moment, un merveilleux moment, le monde entier était en parfaite harmonie. Les planètes s'étaient alignées, tout était rentré dans l'ordre dans l'univers, et Cordelia James était entre ses bras.

Et puis on entendit son estomac gronder.

— Oh ! s'exclama-t-elle d'un ton gêné.

Niall ricana dans le creux de son cou.

— Et si je nous préparais le petit déj' ? proposa-t-il.

— Oui, s'il te plaît ! répondit-elle avec enthousiasme.

Après être allé lui chercher une serviette dans la salle de bains, il enfila son boxer et son jean. Puis direction la cuisine. Le ciel était couvert mais le soleil pointait le bout de son nez entre les nuages. Il ne savait pas quelle heure il pouvait être. Et, au fait, on était quel jour ? Il aurait pu passer l'éternité dans ce cottage. Cordelia lui suffisait pour survivre.

Niall ouvrit le frigo et eut un mouvement de recul.

— Qu'est-ce que...

Cordelia le rejoignit vêtue d'un pantalon de pyjama à rayures et d'un sweat à capuche, les cheveux hâtivement rassemblés dans un chignon. Ce ravissant spectacle le détourna très brièvement de la vision d'horreur qui s'offrait à lui.

— Cordie, c'est quoi, ça ?

Le visage de cette dernière s'illumina.

— Hé, c'est la première fois que tu m'appelles Cordie !

Puis elle regarda l'intérieur de frigo et se décomposa.

— Oh...

— Je croyais que Róisín exagérait...

À l'intérieur du frigo, une pomme était abandonnée à son triste sort, entourée de trois fromages différents et deux Mars.

— Je ne sais pas cuisiner, je te l'ai dit, tenta-t-elle d'expliquer en venant l'enlacer.

— Mais tu sais manger, pas vrai ?

— Pour ça, je vais au pub.

— OK, dit-il en refermant la porte. Un tour au marché s'impose. La cuisine, ce n'est pas sorcier. Je peux t'apprendre quelques recettes, la base de la base.

— Ça me va ! s'exclama-t-elle en venant déposer un léger baiser sur ses lèvres. Au fait, j'espère que personne n'a mal pris qu'on quitte la fête en catimini, hier soir.

— On a beau appeler ça filer à l'anglaise, ce sont les Irlandais qui ont dû inventer l'expression, c'est sûr.

Niall remplit une cafetière à piston et mit de l'eau à bouillir.

— Crois-moi sur parole, ça n'aura surpris personne. Mais attends-toi à quelques remarques de Róisín. Je risque d'avoir droit au même tarif, cela dit.

Pas de réponse en provenance de la pièce à vivre.

— Cordelia ? Tout va bien ?

Toujours rien. Niall courut voir. Cordelia était plantée au milieu de la pièce, son sac qui pendait mollement dans une main et son portable dans l'autre. Elle avait le regard vide.

— Qu'est-ce qui se passe ? demanda-t-il accourant auprès d'elle. Dis-moi.

— Liz m'a écrit la nuit dernière, parvint-elle à bredouiller.

Niall se pencha pour voir. Une farandole de textos envahissait l'écran

Cordelia !!!!
VA SUR TA PAGE INSTA
VITE
Allô ??? Meuf, ta photo est en train de tout déchirer.
Les gens adorent !! Il faut que tu en postes d'autres.
Genre maintenant.
Tu es vivante ? Réponds stp

— Tu es allée voir ? demanda-t-il.

Cordelia secoua la tête puis le regarda d'un air perdu. Il esquissa un sourire et l'embrassa sur la tempe.

— Vas-y, alors.

Elle envoya d'abord un texto pour rassurer son amie.

Tout va bien, pas de panique, déso. Je regarde ça tout de suite.

Dans un coin de sa tête, Niall nota l'adresse de son compte - @cordjamesshoots - puis découvrit la photo de lui qu'elle avait prise au fort. À côté du petit cœur dans le coin gauche, on pouvait lire : 20,3K.

— Oh merde, dit-il. C'est énorme !

Cordelia observait l'écran, partagée entre l'effarement et l'effroi. Il était assez dur de trancher.

— Cord ? répéta-t-il. C'est super, non ?

Elle leva des yeux remplis de larmes.

— Oui, c'est énorme, dit-elle. Je n'ai jamais... Tous ces gens ont aimé ma photo ? Niall !

Elle se jeta littéralement à son cou.

— Oh ! là, là, j'y crois pas !

Elle s'écarta pour regarder l'écran. Le nombre de *likes* avait déjà augmenté, en quelques secondes à peine. Des photographes professionnels commentaient les couleurs, la composition et l'éclairage, mais la plupart des gens parlaient de l'endroit. Niall les passa en revue avec elle.

J'ai toujours rêvé d'aller dans l'archipel d'Aran !
C'est Dún Dúchathair, je reconnais.
Ces nuages !

— Les gens adorent, fit remarquer Niall, avec une certaine fierté.

— Regarde, des gens parlent de toi, dit Cordelia.

Ouuuuuuuuh, la sexytude à l'irlandaise !
Beau mec, bel endroit, belle photo.

Un autre commentaire se contentait d'aligner des emojis de flamme.

Niall se frotta la nuque.

— Eh bien, euh…

Cordelia posa la tête contre son torse et partit dans un vrai fou rire. Impossible de s'arrêter.

— Ça te fait marrer que ton mec ait un certain succès sur les réseaux, pas vrai ? dit-il d'un ton moqueur.

C'était un peu bizarre, mais pas grave. Tout ce qui lui importait, c'était que Cordelia soit heureuse et qu'elle reçoive les compliments qu'elle méritait.

— Mon Irlandais plein de sexytude, dit-elle en se hissant sur la pointe des pieds pour l'embrasser.

Au même moment, un bruit sourd résonna. Ça venait de la porte.

— Ohé !

C'était Róisín.

— Et merde ! dit Niall.

Vite, il ramassa sa chemise qu'il tâcha de vite boutonner tandis que Cordelia allait ouvrir.

— Tiens, tu as frappé ? lança-t-elle d'un ton moqueur à sa vieille voisine. Étonnant !

— Je ne voulais pas déranger.

— Tu veux toujours déranger.

— Hé hé, je ne voulais pas tomber sur Niall en tenue d'Adam.

Tandis que Cordelia se retournait, le visage cramoisi, il répliqua :

— Róisín, il faut qu'on te montre un truc incroyable.

— Ma photo !

Toujours un peu sonnée, Cordelia lui tendit son portable.

— Oh ! c'est que tu es à ton avantage sur cette photo, Niall, dit Róisín en lui tapant sur l'épaule. C'est bien le fort qu'on voit derrière toi ? Ah, oui, c'est marqué.

— Les gens adorent.

— Évidemment, cette bonne blague ! Ils ne sont pas aveugles.

Róisín lui rendit l'appareil et ajouta :

— Mets une photo de moi, c'est ça que les gens veulent voir.

Niall éclata de rire, et Cordelia les regarda d'un air interloqué.

— Tu crois ?

— Mais oui ! s'exclama Róisín.

— OK. C'est parti.

Niall sentit son estomac se nouer, ému de voir cette joie à l'état pur sur le visage de Cordelia, cette gaieté sans nuage, l'excitation avec lequel elle passait en revue ses photos. Elle opta pour un portrait en noir et blanc de Róisín et Brigid. La première qu'il avait vue, il se la rappelait parfaitement.

— Et si tu rajoutais une histoire de notre amie, tiens ?

— Super idée ! s'exclama-t-elle. Je devrais même faire toute une série. *Gens d'Inishmore*, ça s'appellerait, avec un petit clin d'œil à James Joyce. Róisín, redis-moi comment le *púca* a sauvé Brigid.

Leur vieille amie embraya aussitôt :

— Alors, voilà. C'était un jour de grand froid, il soufflait un vent terrible…

Cordelia pianotait rapidement sur son écran pour ne rien louper.

— Il avait pris la forme d'un lapin, un grand bestiau avec des yeux jaunes et perçants, des oreilles pointues…

L'esprit encore chamboulé, Cordelia suivit Róisín jusqu'à la maison en haut de la colline.

Niall était rentré chez lui pour prendre une douche et se changer. Le nécessaire de peinture était enfin arrivé et l'écrivaine en herbe avait hâte qu'on reprenne le travail sur son livre. Cordelia mélangeait les couleurs pour trouver l'exacte nuance de jaune pour le millepertuis quand son téléphone sonna.

— Qui c'est ?

À l'autre bout de la table, Róisín écossait des petits pois.

— Liz ! répondit Cordelia en lançant la visio.

— Coucou !

Le visage de son amie apparut sur l'écran.

— Meuf, c'est la folie sur ta page Insta, je kiffe ! La photo de Róisín est splendide. Et l'histoire est à mourir de...

— Niall et moi, on est ensemble.

Voilà, c'était dit. Róisín ricana tout bas. Elle semblait très concentrée sur ses petits pois, tout d'un coup...

Tandis que les sourcils de Liz ressemblaient à des accents circonflexes, sa bouche teintée de rouge forma un O. Elle battit des paupières, prit une grande inspiration puis cria :

— Quoi ?! Quand ça ? Comment ? Cordie, balance les détails. Tu l'as embrassé ? Tu as couché avec lui ? C'était bien ? C'est arrivé quand ??

Cordelia aurait bien essayé de répondre mais on la devança :

— Il était torse nu au cottage il n'y a pas une heure, ça a dû plutôt bien se passer.

— C'est Róisín ?

Liz était surexcitée.

— Bonjour, Róisín !

— Bonjour, ma jolie !

La vieille dame fit le tour de la table. Cordelia en profita pour préciser :

— Il avait une chemise.

La remarque ne suffit pas à convaincre son inarrêtable voisine :

— Le lundi était boutonné avec le mercredi. Laissez-moi vous dire une chose, Liz. Ces deux-là se tournent autour depuis le premier jour.

— Je sais bien !

Róisín se lança dans l'histoire de la régate et du baiser sur le quai. Au terme du récit, Liz s'exclama :

— C'est encore plus fort que ce qui se passe sur Insta !

Cordelia fut bien obligée d'admettre que c'était assez dingue, oui.

— Non, ce n'est pas dingue, la corrigea aussitôt son amie. C'est merveilleux, c'est incroyable, formidable. Oh ! Cordie. Personne ne mérite ça autant que toi. Je suis tellement heureuse pour vous.

— Merci, dit-elle avec gratitude. Je suis heureuse aussi.

— Tu m'étonnes. Regarde-toi, tu es rayonnante ! Tu en as parlé à ta mère ?

Cordelia grimaça tandis que son estomac se nouait.

— Non, avoua-t-elle en baissant la tête.

— Merde, j'aurais dû me taire. Ne la laisse pas gâcher cette journée ! Tu n'es pas obligée de lui en parler si tu n'en as pas envie.

— Si je le fais, elle sera insupportable. Comme quoi elle avait raison depuis le début...

Róisín était retournée à ses petits pois lorsqu'elle dit :

— Ne laisse pas ta mère te ronger le cerveau...

— Entièrement d'accord, acquiesça Liz. Elle peut penser ce qu'elle veut, ça ne prouve pas qu'elle a raison. Et surtout ça ne lui donne pas le droit de te prendre la tête. Cette histoire ne regarde que toi et Niall, pas elle. Niall et Cordelia, Même vos prénoms sonnent très bien ensemble !

Cordelia se redressa.

— Tu as raison.

Pas question de laisser sa mère tout gâcher, que ce soit en se vantant d'avoir vu juste ou en la poussant à se marier et fonder une famille dans la seconde. Non. Cordelia était enfin heureuse. Pleinement, vraiment heureuse. Et elle ne comptait laisser personne interférer dans son bonheur.

20

Le mois de juillet fut le plus heureux que Cordelia ait jamais vécu.

Elle passait tout son temps libre avec Niall. Il l'emmena aux quatre coins de l'île et la laissa poster d'autres photos de lui sur Instagram. Les gens étaient toujours plus nombreux à suivre sa page. À chacun de ses posts, à chacune des histoires qu'elle partageait, le succès était au rendez-vous, et les compliments pleuvaient. Et depuis que Róisín avait commencé à lui faire de la pub, on aurait dit que l'île entière avait décidé de s'inscrire sur Insta. Ceux qui n'avaient pas encore sauté le pas tannaient sans arrêt Niall pour qu'il leur montre les photos sur son téléphone, même quand il était de service. Il n'y voyait pas d'inconvénient, cela dit. Dès que quelqu'un le sollicitait, elle discernait une étincelle de fierté dans ses yeux. Elle n'avait jamais été avec un mec à fond derrière elle, qui croyait dans ce qu'elle faisait de tout son cœur.

Les locaux se bousculaient pour figurer sur sa page. Elle n'avait même plus besoin de chercher des histoires : tout le monde en avait une à raconter. Au passage, elle retrouva sa patience et sa bonne humeur. Discuter avec les uns et les autres se faisait tout naturellement, elle mettait son cœur et ses talents à leur service. Que ce soit pour écouter

Aoife O'Shea évoquer la mort de son mari ou regarder Liam Sullivan s'entraîner à bord d'un *currach*. Colin avait un certain succès, pour son plus grand bonheur, tout comme Pocket. Une photo avec le border collie, c'était une avalanche de *likes* et de commentaires assurée.

Mais la star secrète, c'était Niall, Cordelia le savait. L'amour qu'elle éprouvait pour lui transparaissait sur chaque photo.

Une fois, il lui dit :

— Tu fais vivre cette île. Je n'avais encore jamais vu ça. Je crois que pour la première fois, je suis fier d'être de cet endroit.

Après cet aveu, Cordelia l'avait embrassé. Si cela n'avait tenu qu'à elle, elle aurait passé le plus clair de son temps à rouler fougueusement des pelles à Niall. Ou au lit avec lui. Ou nue avec lui. Si le monde devait s'effondrer, c'était dans les bras de Niall O'Connor qu'elle aimerait passer ses derniers instants.

Mais dans un coin de sa tête, une peur menaçante la rongeait : le tic-tac d'une horloge. Car son séjour à Inishmore prendrait bientôt fin. Mais on était encore en juillet, se rappelait-elle sans cesse. Pas la peine de gâcher les jolies choses en gambergeant dessus, aurait dit Róisín.

Elle avait parlé de Niall à Nikki et Toby, mais elle n'avait toujours pas trouvé la force d'aborder le sujet avec sa mère. Celle-ci avait envoyé quelques textos avec des liens vers de nouveaux articles et une autre appli de rencontres (Irish Love). Conclusion : Toby n'avait pas encore vendu la mèche. Seulement, elle n'avait pas répondu du tout à sa mère. Mentir n'était pas dans ses intentions... mais dire la vérité non plus. Alors que la fin du mois approchait, Cordelia savait que ce n'était qu'une question de temps. Tôt ou tard, elle devrait avoir cette conversation. Sa mère avait commencé à appeler, une fois la semaine précédente, et à trois reprises depuis le début de celle qui venait de démarrer. Elle ne pourrait pas toujours éviter l'obstacle.

Pour l'heure, Cordelia se concentrait sur sa mission. En l'occurrence, suivre les cours de cuisine de Niall. Il dormait au cottage tous les soirs, et son frigo était toujours rempli de légumes frais, d'œufs, de lait, de volaille et de fromage.

Plus exactement, elle essayait de se concentrer. Pas facile, alors que Niall était juste à côté, plein d'assurance et de « sexytude » irlandaise, même pour casser un œuf et le verser dans un bol.

— Plus simple qu'une omelette aux champignons, tu meurs, dit-il en commençant à battre l'œuf pour obtenir un liquide jaune et brillant.

— Mmh...

Placée derrière lui, elle faisait mine d'être très attentive.

— C'est rapide et c'est une bonne source de légumes et protéines.

— De protéines, c'est cela, oui...

Le parfum discrètement boisé de Niall envahit ses narines et déclencha en elle des petits frissons, jusqu'entre ses cuisses. Le col de sa chemise était ouvert, et elle posa la tête contre son bras tandis qu'il lui montrait comment brosser un champignon. Elle laissa courir les mains autour de sa taille, en frôlant le haut de son jean.

— Tu ne m'écoutes même pas, en fait ! s'exclama Niall en la regardant avec une lueur diabolique au fond des yeux.

— Mmh..., répondit-elle en glissant une main entre ses cuisses.

Cordelia le sentit se raidir sous ses doigts.

— Tu es vraiment terrible, murmura-t-il tandis qu'elle caressait son membre dur.

— Qui ça, moi ? dit-elle en battant des paupières et en raclant ses ongles sur son jean.

Il tressaillit.

— Oui, toi, dit-il en se retournant pour l'embrasser.

Niall s'empara de sa bouche, avec cette fougue qui avait le don de la rendre folle. Elle se lova contre ce torse musclé, sans lâcher son membre viril et le poussa contre le plan de travail. Leurs langues mêlées, elle déboutonna son jean et plongea la main dans son boxer pour l'empoigner. Elle aimait le sentir grossir et s'allonger entre ses doigts. Et elle voulait être aux commandes. Alors elle se mit à genoux sur le sol de la cuisine et le prit dans sa bouche.

Avec un grognement de plaisir, Niall attrapa l'arrière de son crâne. Elle laissa son membre s'enfoncer dans sa gorge puis s'écarta et traça ses contours du bout de la langue, sur toute sa longueur.

— Putain..., murmura-t-il tandis qu'elle caressait la pointe de son sexe avant de le sucer, doucement d'abord, puis de plus en plus énergiquement.

Cordelia l'avala complètement et l'explora de sa langue. Après avoir retiré sa chemise par l'encolure, il s'occupa de la débarrasser de la sienne. C'est justement pour ça qu'elle aimait se promener sans soutif dans la maison. Ses seins se dévoilèrent, et elle se redressa pour caresser le sexe de Niall avec. Puis elle le reprit en bouche. Alors qu'elle était en pleine action, elle se retrouva brusquement plaquée sur le sol de la cuisine.

— Tu es terrible, murmura-t-il encore en lui retirant son short.

Elle se fit un plaisir de l'aider en retirant sa culotte. Niall entra en elle et elle hoqueta. Il était tellement dur et plein d'ardeur, mais elle voulait quand même avoir les rênes.

— Allonge-toi sur le dos, lui glissa-t-elle à l'oreille.

Il s'exécuta sans sourciller. Elle rampa sur lui pour le chevaucher et l'attrapa par les poignets pour qu'il saisisse ses seins.

— Putain, répéta Niall tandis qu'elle accueillait son sexe en elle.

Il pétrit ses seins à pleines mains tout en caressant ses tétons du bout des doigts. Elle s'enfonça profondément, plus loin que jamais, et ils crièrent tous les deux à l'unisson.

Cordelia commença à ondoyer au rythme des caresses de Niall, qui continuait de la pincer, la toucher. Ses tétons étaient des pointes dures lorsqu'il faisait jouer ses doigts autour. À chacun de ces gestes experts, une décharge électrique la traversait jusqu'à son intimité. Alors qu'elle se frottait contre lui, il se saisit de ses hanches pour accompagner ses mouvements et la maintenir. Une main plaquée sur son torse, elle le chevaucha passionnément. Elle était déchaînée. Le désir et la passion l'emportèrent tandis qu'elle le guidait vers le point le plus sensible de son être. Niall s'enfonçait en elle, les hanches cambrées. Elle sentait la vague monter, comme si quelque chose la chatouillait au fond de sa gorge ou la démangeait au sommet du crâne. Puis il toucha... pile au bon endroit. Alors elle s'abandonna, le corps parcouru de frissons extatiques. Niall agrippa son sein et vint en elle, ils étaient partis ensemble vers les cimes du plaisir.

Elle se laissa tomber sur lui et l'embrassa sur le bout du nez.

— Tu es diabolique..., dit-il d'un ton haletant en coinçant une mèche de cheveux derrière son oreille.

— Est-ce que ça te dérange ?

— Pas du tout.

Lorsqu'il l'embrassa, elle se retira et attrapa une feuille d'essuie-tout pour se nettoyer. Niall s'était relevé et avait enfilé son jean.

— Bien. J'étais parti pour te montrer comment faire cette omelette à la con et je me retrouve obligé de prendre une douche. Je ne peux pas aller au pub en sentant le sexe.

Cordelia éclata de rire.

— Les évaluations Google seraient sans doute moins positives.

Deux heures plus tard, elle avait réalisé une omelette. Ce dont elle n'aurait jamais été capable sans l'aide de Niall. Ils étaient tous deux douchés, habillés et en chemin pour le pub.

En cours de route, elle dit :

— Hum, j'ai deux appels en absence de Toby.

— Tu veux le rappeler ?

— Pas tout de suite, répondit-elle en glissant la main dans la sienne.

Au même moment, son téléphone sonna.

— Pff. Encore mon frère, marmonna-t-elle en le mettant sur silencieux.

— Rappelle-le, insista-t-il.

— Je vais le faire. Je sens qu'il appelle pour jouer au grand frère. Mais j'ai envie d'un verre.

— Ça peut s'arranger...

Niall ouvrit la porte du pub.

Róisín était au bar avec une grande femme qui leur tournait le dos, coiffée d'une toque en fourrure et vêtue d'un caban.

— Ah, la voilà ! lança sa vieille amie.

La femme se retourna et...

— Ma chérie !

Cordelia sentit sa mâchoire se décrocher.

— Maman ?

— Regarde, Cordie, ta maman arrive tout droit du Groënland pour te voir, dit Róisín qui fixait le chapeau de sa mère d'un œil moqueur. J'espère qu'il faisait beau temps, au pôle Nord...

Tandis que Niall se marrait à côté d'elle, Cordelia était abasourdie.

— Viens faire un câlin à ta maman, dit Louise.

Derrière le comptoir, Shauna regardait la scène d'un œil ahuri, en essuyant le même verre encore et encore.

— Cet endroit est ravissant ! Quant à vous...

La mère de Cordelia détailla Niall de la tête aux pieds.

— Vous devez être Niall.

Cordelia était clouée sur place. Il la poussa doucement dans le dos. Voyant qu'elle ne bougeait toujours pas, il la prit par le coude. Elle avait l'impression d'être shootée.

— C'est moi, dit-il. Heureux de vous rencontrer.

— Absolument enchantée de vous rencontrer également, répondit Louise. Gary nous rejoint, il est au petit coin.

— Qu'est-ce que vous faites là ?

Cordelia avait enfin retrouvé sa voix.

— Je t'avais dit qu'on viendrait te rendre visite, lui rétorqua sa mère.

— Pas du tout. Tu ne m'as jamais dit ça, maman.

— On en a parlé quand j'étais au chalet avec Nikki et Toby.

— Ce... c'était il y a un moment !

D'un ton pincé, sa mère répliqua :

— Si tu daignais décrocher quand je t'appelle, tu n'aurais peut-être pas ce genre de surprise.

Avec un sourire digne du chat d'*Alice au pays des merveilles*, elle enchaîna :

— Alors dites-moi, Niall...

— Comment tu es au courant pour Niall ? voulut savoir Cordelia.

— Ma chérie, je te suis sur Instagram. Et puis ton frère m'a tout raconté. Il ne sait pas garder un secret.

Niall l'entendit tout bas traiter son frère de « sale traître ». Au même moment, la mère de Cordelia fit signe à un grand costaud aux cheveux poivre et sel de venir.

— Gary, je te présente Niall, le petit ami de Cordelia.

— Maman !

Cordelia avait presque crié.

— Je ne... je pensais t'avoir dit de ne pas venir.

— Oui, mais ça, c'était avant. Tu as un petit ami, il fallait que je le rencontre ! Et puis j'ai trouvé un hôtel pas cher, une affaire en or. Oh ! ne fais pas cette tête, nous ne sommes là que pour une nuit. Ensuite, nous partons voir Dingle.

— Très bel endroit, Dingle, intervint Niall. Vous allez adorer.

— C'est ce qu'on a cru comprendre ! s'exclama Louise. C'est qu'il est charmant, ce jeune homme, Cordie. Je ne comprends pas pourquoi tu me l'as caché.

— Je ne le cachais pas, insista Cordelia.

— Et si beau garçon.

— Maman !

Róisín saisit l'occasion pour demander :

— Vous restez dîner ? Il faut qu'ils mangent ici, pas vrai, Cordie ? Pour goûter à l'un des plats de Niall. Il en a trois à la carte, maintenant.

Elle n'était pas peu fière de le préciser.

Le visage de Louise s'illumina.

— Oh ! Vous êtes chef ? Ce serait un grand plaisir !

— Allons vous installer, alors.

Au regard noir que lui adressa Cordelia, Róisín répondit par un sourire radieux puis dirigea Louise et Gary vers l'une des tables.

— Il faut que j'aille faire le point avec mon père, dit Niall.

— Ne me laisse pas, lui glissa Cordelia.

Il la rassura avec un léger baiser.

— Je reviens vite. Viens, Róisín. Mon père veut te parler aussi.

Pas le plus convaincant des bobards, mais elle le suivit d'un pas guilleret jusqu'à la cuisine.

La mère de Cordelia se laissa tomber dans l'un des fauteuils et se débarrassa de son chapeau ridicule.

— Oh ! c'est merveilleux. Niall est vraiment beau garçon, Cordelia. Et il a l'air très gentil. Chef cuisinier ! En voilà, un beau métier.

Cordelia en profitait pour écrire à Toby, sous la table.

Cordelia : MAMAN EST LÀ

Toby : Je sais, c'est pour ça que j'ai essayé de t'appeler. Décroche, la prochaine fois, frangine.

Super. Merci du conseil.

Ce fut un soulagement de voir Shauna approcher.

— Bonsoir, Cordie, dit-elle en observant Louise et Gary d'un œil curieux.

— Shauna, voici ma mère, Louise. Et lui, c'est Gary.

La serveuse s'empressa de dire :

— Enchantée. Nous sommes ravis d'avoir votre fille sur notre petite île, madame James.

— Oh ! c'est trop gentil !

— Que puis-je vous servir ?

La réponse de Cordelia fut immédiate.

— Du vin. Beaucoup de vin. Toute la cave, même.

— Cordie, ne dis pas de bêtises, enfin !

Sa mère éclata de rire et lui tapota le bras d'un air amusé.

— Un verre de vin blanc, s'il vous plaît, Shauna

Gary commanda une Guinness, et Shauna les laissa. Un sourire artificiel plaqué sur le visage, Cordelia reprit :

— Bon. Quand avez-vous eu cette idée, exactement ?

— C'est en voyant tes photos… qui sont magnifiques, d'ailleurs, Cordie. Cette île avait l'air si belle, et j'ai eu envie qu'on la découvre à notre tour. À ce moment-là Toby nous a parlé de Niall… même si mon petit doigt me disait qu'il y avait anguille sous roche. On le voit souvent sur ton mur et, oui, j'espérais que peut-être…

— D'accord, d'accord, mais vos billets, vous les avez achetés quand ? Et puis d'abord, vous dormez où ?

Pourquoi Shauna mettait-elle un temps fou pour apporter leurs boissons ? Elle guettait les portes de cuisine avec l'espoir que Róisín ou Niall vienne la sauver.

— Au… Killartruc. Rappelle-moi le nom de l'hôtel, Gary !

— Le Kilmurvey ? avança Cordelia.

— C'est ça ! s'exclama sa mère.

C'était l'un des plus beaux hôtels de l'île.

— Nous n'avions pas envie de nous imposer, précisa Gary. Ta mère était curieuse de voir où tu vis.

Il sembla tout aussi soulagé qu'elle de voir leurs boissons arriver. Avait-il des doutes sur ce voyage ? Il s'était peut-être laissé entraîner par la tornade nommée Louise James.

— Évidemment que nous ne voulons pas nous imposer, répondit celle-ci pour couper court. Nous ne restons qu'une nuit, en plus. Maintenant, j'aimerais en savoir plus sur…

Un coup d'œil alentour et elle finit tout bas :

— Sur Niall.

— Pas besoin de chuchoter, maman. Tout le monde sait qu'on est ensemble.

— Donc… c'est ton petit ami ?

Elle se mordit la lèvre, des étoiles plein les yeux.

Cordelia bougonna en réponse :

— Oui, c'est mon petit ami.

Louise joignit les mains et se tourna vers Gary, la mine radieuse.

— Je le savais ! Je savais qu'elle se trouverait quelqu'un ici. Hein que je te l'avais dit, Gary ? Au moment de son départ, elle était à ramasser à la petite cuillère, mais ce voyage pouvait changer la donne.

D'un ton agacé, Cordelia la coupa :

— Pas du tout. C'est le contraire de ce que tu as dit.

— Allons, Louise, pas la peine de la mettre mal à l'aise, intervint Gary.

Cordelia venait d'avaler la moitié de son verre de vin en deux gorgées et fit signe à Shauna de lui rapporter la même chose.

Sa mère parut déroutée.

— Je ne veux que ton bonheur, ma chérie.

— Sans rire ? Parce que si tu le souhaitais vraiment, tu m'aurais écoutée quand je t'ai dit de ne pas venir.

— Pourquoi es-tu si compliquée ? Ça me dépasse.

— Je ne suis pas compliquée, maman !

L'accumulation de colère, de ressentiment et de douleur qu'elle avait tenté de contenir finirent par éclater.

— C'est toi qui cours la planète en te comportant comme une ado. C'est toi qui fais les questions et les réponses dans une conversation. C'est toi qui essaies de me pousser dans les bras d'un mec comme si ça allait résoudre tous mes problèmes. C'est toi qui fais comme si papa n'avait jamais existé ou comme s'il comptait pour que dalle. À se demander si tu l'as aimé !

Le reste de la salle les regardait, désormais. Cordelia devina vaguement la présence de Niall et de Róisín, près des portes de la cuisine. Aucune importance. Les battements de son cœur résonnaient dans ses oreilles.

Le visage de sa mère blêmit.

— Comment oses-tu prétendre une chose pareille ? Je ne te permets pas.

Gary était absorbé par les maillots de foot accrochés aux murs.

— Excuse-moi.

Cordelia en avait assez. Elle quitta la table et fonça dehors. L'air était frais et humide mais elle avait le visage en feu et les yeux remplis de larmes qui se mirent à ruisseler le long de ses joues.

— Cordelia.

Elle se retourna. Sa mère était plantée sur le seuil, bras croisés.

— Réponds franchement : tu crois que je n'ai jamais aimé ton père ?

Cordelia leva les mains au ciel.

— Je ne sais pas, tu l'as oublié tellement vite.

— Pardon ? Ton père me manque tous les jours depuis qu'il est parti et il me manquera tous les jours jusqu'au moment où ce sera à moi de m'en aller. C'était l'amour de ma vie. Alors ne mets plus jamais en doute mes sentiments pour lui, c'est bien compris ?

— Alors pourquoi est-ce que tu t'es mise aussi vite avec Gary ? Et pourquoi est-ce que tu me pousses à me trouver quelqu'un ? Ma date de péremption approche, c'est ça ?

Louise changea d'expression. Le doute parut soudain s'immiscer en elle.

— Je sais que j'y suis allée un peu fort, quand je t'ai envoyé toutes ces applications de rencontres...

— Oh ! à peine !

— Mais Cordie...

Louise hoqueta et une larme brilla dans ses yeux.

— Je ne pensais pas qu'on me volerait Chris aussi vite. À mes yeux, nous avions toute la vie, ou presque. Et puis du jour au lendemain, il n'était plus là. Toute mon existence s'est évanouie, comme ça. Ton père est parti travailler, un mercredi comme un autre, et il n'est jamais revenu. Ça m'a fait comprendre que le temps nous est compté, toujours. J'ai toujours voulu que tu connaisses un amour pareil et que tu en profites aussi longtemps que possible. Plus tu attends, moins tu y auras droit, c'est mon impression. Et tu peux trouver ça bête, mais Toby n'a pas besoin de mon aide et Nikki a sa mère pour demander conseil. J'ai cru que je pourrais t'aider. Je voulais que tu reçoives l'amour que tu mérites. Mais à l'évidence, je fais toujours tout de travers, pas vrai ?

Cordelia ne savait pas quoi dire. C'était pour ainsi dire la première fois qu'elles parlaient du jour de la mort de son père.

— Quant à Gary, eh bien... Ce n'est pas allé si vite. Pas de mon point de vue, en tout cas. J'étais si seule, Cord. Seule à t'en déchirer le cœur. Et sois sincère : que ce soit maintenant ou dans dix ans, tu n'aurais jamais accepté que je sorte avec un autre homme, pas vrai ?

Cordelia plissa les lèvres mais n'osa pas répondre. Sa mère continua :

— Non, bien sûr que non. J'aime avoir un lien avec quelqu'un, faire partie d'une équipe. Mais ce qui fonctionne avec moi n'est pas vrai pour tout le monde, j'aurais dû en avoir conscience. Du coup...

Un haussement d'épaules et elle finit :

— Les choses en sont là. Libre à toi de me juger. On va annuler notre hôtel et partir dès ce soir. Je ne voulais pas te mettre en colère, vraiment pas. Mais ne mets jamais en doute l'amour que je portais à ton père. Tu m'entends ? Jamais.

— Oh ! maman...

Cordelia prit Louise dans ses bras et respira son parfum – Chanel n° 5 et cashmere. Elle se rappela tout. Les chocolats chauds que sa mère lui préparait et les tonnes de chamallows qu'elle l'autorisait à rajouter. La fois où elle avait dit deux mots aux parents d'une fille qui la harcelait, à l'école primaire. Depuis la mort de son père, c'était comme si Cordelia avait mis de côté tous les bons souvenirs avec sa mère, pour mieux l'accuser de la laisser tomber. Alors que c'était elle qui esquivait ses appels ou qui coupait court aux conversations. Elle l'avait évincée au lieu de lui parler à cœur ouvert.

— Je t'aime, maman, murmura-t-elle contre son épaule.

— Je t'aime aussi, ma toute petite.

Louise s'écarta et la recoiffa.

— Je voulais que tout redevienne comme avant, dit Cordelia. Comme avant la mort de papa. Mais ce n'est pas possible. Et j'ai eu l'impression qu'à tes yeux, il me manquait quelque chose parce que je n'étais pas en couple.

— Effectivement, admit sa mère sans hésiter. Tu es l'un des plus beaux cadeaux que la vie m'ait offerts. Avec tout ce que tu as réalisé ! N'importe quelle mère serait fière, à ma place.

— J'aurais aimé que tu me le dises plus souvent...

Louise marqua une pause.

— J'aurais dû. Tu as raison.

Cordelia se mordit la lèvre.

— Je n'ai pas pensé à ta solitude. C'est bizarre d'imaginer ses parents comme... comme des gens avec des envies, des besoins.

— Navrée de casser un mythe, mais on en a ! s'esclaffa sa mère.

— Je suis heureuse pour toi, crois-moi. Gary te rend heureuse. C'est quelqu'un de bien. Et j'ai conscience d'avoir été un peu... cassante.

— Un peu, seulement ?

Sa mère avait haussé un sourcil circonspect.

— Bon, d'accord, j'ai été très cassante. Mais je vais essayer de rectifier le tir, à partir de maintenant.

Louise sourit.

— Moi aussi.

— Bon, c'est fini, cette prise de bec ?

Róisín venait d'ouvrir la porte du pub et se tenait sur le seuil, les mains plantées dans les hanches.

— Entre mère et fille, on a besoin de se voler dans les plumes de temps à autre, mais il y a des verres et des assiettes à vider. Ce pauvre Gary va tourner de l'œil sans une bonne ration de ragoût irlandais. Cordie, Niall se joint à nous pour le dîner, j'ai dit à Owen d'appeler Rory McDermott pour qu'il vienne lui donner un coup de main. Eh bien, qu'est-ce que vous attendez pour entrer ? On caille, et ces nuages ne me disent rien qui vaille...

Et sans attendre la réponse, elle tourna les talons et s'engouffra à l'intérieur.

— Un peu insistante, cette dame, non ? demanda Louise.

— Oui, s'esclaffa Cordelia en passant un bras autour des épaules de sa mère. Vous êtes faites pour vous entendre.

21

Niall et Cordelia regagnèrent le cottage sans un mot après le dîner.

Sa main dans la sienne, il la laissait digérer tout ce qui était remonté à la surface. Louise était une vraie tornade, d'une énergie inépuisable, elle sautait d'un sujet à l'autre à une vitesse qui vous donnait le tournis. Gary, lui, était un roc, les pieds sur terre et toujours prêt à la remettre gentiment sur les rails. Ils allaient plutôt bien ensemble. Mais ça, il préférait le garder pour lui. Prudence…

— Gary est vraiment quelqu'un de bien, finit par dire Cordelia.

Le cottage apparaissait à l'horizon.

— C'est ce que je me disais, justement, répondit-il avec un sourire.

— Oui, j'ai vu que vous vous entendiez bien.

Avec un soupir, elle posa la tête sur son épaule.

— Ma mère n'est vraiment pas possible. Mais bon… je suis contente qu'elle soit venue. J'ai compris d'où elle revient. Et c'est réciproque.

— Moi aussi, j'ai été content de la rencontrer.

Ça lui faisait plaisir de se sentir intégré à ses attaches en Amérique. Il avait papoté avec Liz en visio, mais ce n'était pas la même chose. Il aurait aimé rencontrer

Toby, Nikki et leurs enfants. À cette idée, un poids lui écrasa l'estomac. Car la fin du séjour approchait… Et à ce moment-là, qu'allaient-ils décider ? Ils n'avaient pas encore abordé le sujet. Il avait caressé l'idée de partir de l'autre côté de l'océan avec elle. Mais obtenir un visa était un vrai parcours du combattant, et ça coûtait une blinde. Il valait mieux qu'il la suive. Elle avait une vie à New York, elle devait la retrouver. Alors que rien ne le retenait en Irlande.

— C'est super que tu l'aies rencontrée, dit Cordelia en ouvrant la porte du cottage. Je t'assure, on aurait dit qu'elle était sous substances. Elle a passé le repas à nous observer d'un air béat…

— Elle est heureuse que tu sois heureuse, dit-il en l'embrassant dans le cou.

Puis il l'attira contre son torse.

— Je suis plus qu'heureuse, dit-elle tandis qu'il glissait une main sous son sweat pour lui caresser le ventre. Je suis aux anges. Je suis radieuse. Je suis…

— Tu es un vrai trésor, laisse-moi te le dire.

La main de Niall était remontée jusqu'au bord de son soutien-gorge.

Elle se tortilla entre ses bras.

— Dans la chambre, vite, murmura-t-elle.

Le lendemain matin, ils montèrent à bord de la carriole de Róisín et partirent chercher Louise et Gary pour un petit tour de l'île avant le départ de leur ferry, dans l'après-midi. Ils visitèrent les vestiges d'un ancien monastère, puis Dún Aengus et finirent par une halte au *Wormhole*.

Ils firent le tour la falaise verdoyante en regardant le trou parfaitement rectangulaire en contrebas. C'était la marée montante, et l'océan s'agitait.

— Les gens du coin l'appellent le *Poll na bPéist*. La Tanière du Serpent, expliqua Róisín. On dirait une création humaine, mais détrompez-vous ! C'est l'œuvre de dame Nature et de personne d'autre.

Ils descendirent pour mieux voir. Niall proposa à Louise de l'aider.

— Grand merci ! s'exclama-t-elle. Vous êtes un vrai gentleman, Niall. Je suis ravie que ma fille vous ait rencontré.

— Je suis heureux de l'avoir rencontrée, moi aussi, répondit-il.

— Il y a bien longtemps que je ne l'ai pas vue aussi épanouie.

Louise jeta un coup d'œil vers Cordelia. Róisín leur montrait quelque chose, à elle et Gary.

— Elle était très proche de son père.

— Elle m'a souvent parlé de lui, dit-il. C'était quelqu'un de bien, j'ai l'impression.

— Oh oui.

Louise déglutit difficilement et ajouta :

— Cordie est restée seule si longtemps.

Elle leva vers lui des yeux noisette, exactement de la même nuance que ceux de sa fille.

— Vous avez parlé de ce que vous ferez après l'été ?

Niall se gratta la nuque.

— Oh ! euh... non, pas encore. Mais croyez-moi, madame James, je serai prêt à la suivre où qu'elle aille.

Elle resserra son écharpe en soie et lui adressa un pâle sourire.

— Bien. C'est ce que je voulais entendre.

Róisín les reconduisit à leur hôtel. L'heure de se dire au revoir avait sonné. Niall vit Cordelia échanger tout bas avec sa mère. Elle parut légèrement agacée... puis finit par la serrer fort dans ses bras.

Ce soir-là, tandis qu'il la tenait endormie entre ses bras, il songea à sa conversation avec Louise. La sincérité de ses propos semblait éclairer la pénombre qui l'entourait.

Il suivrait Cordelia partout. Restait à savoir comment.

Les jours s'écoulèrent, et avant même que Niall s'en aperçoive, la deuxième semaine d'août était là, face à lui.

Plus il avait envie que le temps ralentisse, plus il le voyait filer. Et il n'avait pas encore abordé la question du départ avec Cordelia. Le sujet était devenu un énorme tabou qu'ils avaient l'air tous les deux décidés à soigneusement ignorer, alors même qu'il prenait toujours plus de place. Et qu'il devenait de plus en plus pressant.

Finalement, Niall se dit que s'ils n'en parlaient pas maintenant, le 31 août serait là et il serait dépassé. Alors il donna rendez-vous à Cordelia dans l'après-midi, au fort, puis se dépêcha de préparer un pique-nique. Dans le sac, il glissa une toile étanche qu'il étendrait sous la nappe si jamais le sol était humide. C'était une belle journée, l'air était chaud et le soleil brillait. Il trouva un endroit à l'écart des ruines, une petite baie dont les pierres millénaires protégeaient des regards indiscrets. Mais son endroit préféré d'Inishmore n'était pas loin.

Niall vit arriver Cordelia vêtue de la robe qu'elle portait pour leur premier dîner ensemble. Le temps de se débarrasser de ses bottes de pluie, elle se mit à genoux pour l'embrasser.

— C'est quoi, tous ces trucs ? demanda-t-elle.

— Je nous ai préparé un petit pique-nique, dit-il en ouvrant une bouteille de vin qu'il versa dans deux gobelets.

Il avait apporté du fromage et des sandwichs, un paquet de chips et des tranches de fruits frais. Ils passèrent un long moment à manger, boire et discuter. Ce que Niall avait besoin de dire gonflait sa poitrine, prêt à jaillir comme la créature dans *Alien*. Cordelia, elle, avait l'air parfaitement à l'aise. Elle prit son appareil pour le prendre en photo à la volée, tandis qu'il avait la bouche pleine.

— Celle-là, tu ne la mets pas sur Insta, hein ? dit-il en s'essuyant la bouche avec une serviette.

— Non, promis, répondit-elle tout sourires. Celle-là, elle est pour moi.

Avec un soupir, elle observa l'océan.

— Cet endroit va me manquer.

C'était le moment ou jamais.

— Cordie...

Le ton sérieux qu'il avait pris l'étonna.

— Il faut qu'on parle de la fin de l'été.

Elle blêmit. Le sujet avait dû hanter ses pensées, c'était certain.

— Chh, dit-elle en se penchant pour l'embrasser. Pas maintenant.

— Si, maintenant,

Au prix d'un gros effort, il essaya de ne pas se laisser distraire tandis qu'elle déposait des baisers le long de sa mâchoire.

— Je suis nue sous ma robe, dit-elle dans un souffle.

— Oh merde, murmura-t-il, déjà tendu.

Niall la fit basculer sur le dos, et Cordelia poussa un petit cri de plaisir. Ses cheveux s'étalèrent sur la nappe comme une rivière dorée et elle le fixait à travers ses longs cils, en jouant avec un bouton de sa robe. Elle finit par l'ouvrir, révélant un carré de peau et la courbe de ses seins. Il se pencha pour l'embrasser puis fit sauter le bouton suivant.

— Il faut qu'on en parle, dit-il tout en faisant courir ses lèvres sur elle.

Tandis qu'elle répondait par un murmure, un autre bouton s'ouvrit, et le tissu s'écarta pour offrir un sein de Cordelia à la caresse du soleil.

— Tu pars bientôt, déclara-t-il en déposant des baisers tout autour de son téton. On ne peut pas faire comme si ce n'était pas le cas.

À nouveau, elle répondit par un murmure, et il l'embrassa sous son sein, à l'endroit où sa peau était douce et tendre.

— Tu me tues.

— C'est sérieux, dit Niall en déboutonnant sa robe jusqu'à son nombril.

Il l'embrassa sur le ventre, ne s'arrêtant que pour mordre doucement sa hanche. Elle se tortillait sous son corps, les mains plongés dans ses cheveux, les muscles tendus.

— Alors n'essaie pas de me déconcentrer.

— Moi, te déconcentrer ? Jamais. Tu avais des idées ?

Niall remonta jusqu'à ses seins, en pinçant un téton entre son pouce et son index.

— À propos de quoi ? grogna-t-il dans son oreille tandis qu'il cherchait les deux derniers boutons de sa robe.

Une seconde plus tard, Cordelia était nue, son corps parfait baigné par le soleil de l'après-midi. Ce spectacle le tendit douloureusement.

— De ce qu'on devrait faire après l'été, répondit-elle en se cambrant.

Niall glissa jusqu'à se retrouver au niveau de son ventre. Il embrassa sa hanche puis l'intérieur de sa cuisse. Lorsqu'il atteignit son sexe, elle était déjà humide, et il dut faire appel à toute sa volonté pour ne pas se donner à elle, là, maintenant.

D'un rapide coup de langue, il la goûta. Elle laissa échapper ce petit cri aigu de plaisir qu'il avait appris à tant aimer.

— Je veux qu'on continue de se voir, murmura-t-il contre sa cuisse.

— Moi aussi, je veux qu'on conti… Ohhh !

Inutile qu'elle en dise plus pour l'encourager. La langue de Niall remonta sur son intimité, qu'il suça tout en dessinant des cercles à mesure qu'il se rapprochait de sa fente. Jambes écartées, Cordelia hoqueta quand il glissa un doigt en elle pour l'explorer, un peu plus loin à chaque geste. Elle le rendait tellement dur, entre ses petits gémissements, sa saveur délicieuse et la manière dont elle serra les fesses quand il toucha un point très intime. Sans le lâcher, il plaqua la bouche sur sa chair, en grognant contre son bouton. Avec un grand cri, elle s'agrippa à ses cheveux. Il la sentait se contracter, de plus en plus mouillée. Brusquement, il s'arrêta et remonta vers l'intérieur de sa cuisse, les mains toujours agrippées à ses fesses pour la cerner de plaisir.

— Viens en moi, s'il te plaît, gémit-elle.

— Pas tout de suite, répondit-il d'une voix rauque.

Cordelia était comme de la pâte à modeler entre ses mains.

Niall referma la bouche autour de son sein, si tendu, si parfait, et suça son téton jusqu'à ce qu'elle plante les ongles dans son dos. Puis elle mordit son épaule.

— Hé ! s'exclama-t-il en revenant l'embrasser. Ça fait mal.

— Oui, mais… tu vas me tuer, répondit-elle d'une voix haletante.

Il plongea la main pour caresser son intimité, si gonflée, si soyeuse. Avec de petits cris délicieux, elle s'agrippa à lui, les hanches plaquées contre son membre tendu.

— Tu voudras toujours de moi ? demanda-t-il.

Il devait avoir la certitude qu'ils étaient sur la même longueur d'onde, au moins sur ce point.

— Même quand l'été sera fini ?

— Oui, gémit-elle en se frottant contre lui.

Voyant qu'elle cherchait à agripper le bord de son T-shirt, Niall s'arrêta pour s'en débarrasser. Aussitôt après, il frotta le torse contre ses tétons, leurs lèvres unies. Il glissa les mains sous son corps pour empoigner ses fesses et la colla contre son membre durci.

— Peu importe où, peu importe comment, je m'en fous. Je t'aime, Niall.

À ces mots, il la sentit se raidir. Il s'écarta pour la contempler. Ses traits délicats crispés par la peur, elle ouvrait de grands yeux inquiets.

— Moi aussi, je t'aime, dit-il.

Aussitôt, il la sentit fondre. Impossible d'attendre plus longtemps. Ce n'était pas ce qu'il avait prévu, mais c'était cent fois mieux. Cette réponse dépassait ses espoirs les plus fous. Il aimait Cordelia, et elle l'aimait. Il avait envie de le lui montrer.

Sans même retirer son jean, il ouvrit le bouton et sortit son sexe. Un bras autour d'elle, il la fit pivoter sur le côté et écarta le tissu de sa robe pour ne pas être gêné. Heureusement qu'ils étaient dans un endroit tranquille. Peut-être qu'il l'avait choisi pour ça, d'ailleurs...

Lorsque les fesses de Cordelia se retrouvèrent collées contre lui, Niall gronda et plongea la main entre ses cuisses. Elle leva la jambe et, quand il entra en elle, ils gémirent tous les deux. Leurs corps paraissaient faits l'un pour l'autre, tant ils s'imbriquaient à la perfection. Tout en esquissant lentement des gestes circulaires sur son clitoris, il la pénétra en sentant son sexe gonfler à chaque mouvement. De sa main libre, il attrapa son sein.

— Plus fort.

Niall se fit une joie d'obéir et s'enfonça encore davantage en elle. Il la sentit se contracter autour de lui, son sexe caressé par de minuscules frissons. Il écarta la bretelle de sa robe et posa les lèvres sur son épaule sans ralentir. D'une main, Cordelia chercha ses fesses pour qu'il se rapproche, pour qu'il continue. En levant la cuisse, elle lui permit de trouver ce point tant convoité. Tandis qu'il continuait ses caresses foudroyantes, il sentit le plaisir monter en elle. Le raz-de-marée rassembla ses forces, prêt à déferler avec puissance. Et pour lui, pareil. Le sexe près d'exploser, il augmenta la cadence, incapable de s'arrêter, de se concentrer sur autre chose que sur son clitoris entre ses doigts et ce velours où plongeait son membre. Cette fille était d'un autre monde, cette fille était son monde, il n'avait jamais aimé quelqu'un d'un amour aussi pur, aussi profond. Il le lui murmura encore et encore tandis qu'ils atteignaient l'extase ensemble, en criant d'une seule voix. Cordelia poussa une plainte déchirante qu'il sentit alors qu'il était au fond d'elle. Elle fit vibrer son sexe, ses doigts, son torse. Il la sentit lâcher prise et tressaillir tandis qu'elle continuait d'être balayée par ces vagues de passion. Il s'éteignit doucement en elle.

Allongés l'un près l'autre, ils reprirent leur souffle, leurs corps trempés de sueur. Niall se demandait même s'il pourrait à nouveau bouger. Son cœur tambourinait contre le dos de Cordelia qui tremblait entre ses bras. Elle leva la main qu'il avait toujours plaquée sur son intimité et la porta à sa bouche pour l'embrasser.

— Je t'aime, dit-elle tout bas.

— Je t'aime, murmura-t-il en retour.

L'air chaud du mois d'août caressait leurs peaux.

— On fait quoi ? finit-elle par demander. Enfin, comment est-ce qu'on...

— Aucune idée. On pourrait se marier.

Niall la sentit aussitôt se raidir.

— Excuse-moi, je ne...

— Tu es sérieux ?

Elle se tourna entre ses bras, leurs nez se frôlaient presque. Il n'avait pas réfléchi quand il avait lancé ça. L'idée pouvait sembler folle, mais... elle était aussi séduisante. La réponse était sous ses yeux mais il n'avait pas su la voir.

— Ben... oui, finit-il par dire. Ça peut sembler dingue, mais... on pourrait. Je serais du voyage pour New York.

Cordelia écarquilla les yeux.

— Tu veux venir à New York avec moi ?

— Tu ne m'as pas cru tout à l'heure, quand je te disais que je voulais continuer de te voir ?

— Oui, mais je pensais...

Elle fronça les sourcils et ajouta :

— Je pensais que tu voulais qu'on reste en Irlande.

Niall se pencha pour l'embrasser.

— Tu as de drôles d'idées, parfois, tu sais ? Pourquoi voudrais-tu que je reste en Irlande ? Tu as une vie qui t'attend à New York. Alors si ça ne te dérange pas que j'en fasse partie...

— Si ça ne me dérange pas ?

Cordelia se releva à une vitesse qui le déstabilisa.

— Niall, tu es sérieux ?

— Arrête de me poser cette question, répondit-il en s'esclaffant.

Il remonta son jean et s'accouda.

— Mais... qu'est-ce que tu ferais à New York ?

— Je chercherais du boulot. Il y a peut-être quelques restaus sympas...

Il se pencha pour embrasser son genou et reprit :

— Cordelia, je veux faire partie de ta vie. Ma place est auprès de toi.

Elle plaqua les deux mains sur sa bouche et ses yeux se remplirent de larmes.

— Attends.

Niall arracha un long brin d'herbe qu'il attacha en forme de cercle puis le glissa au doigt de Cordelia. Le cœur gonflé d'excitation et la gorge serrée, il avait lui aussi les larmes aux yeux.

— Cordelia Mary James, veux-tu m'épouser ?

Cordelia regarda fixement le brin d'herbe enroulé.

— Je peux prendre un moment pour te donner ma réponse ? demanda-t-elle tout bas. Disons cette nuit.

Elle se pencha pour l'embrasser.

— J'ai envie d'être avec toi. Mais ce... Un mariage, ce n'est pas rien, Niall.

— Je n'en doute pas. J'ai déjà été fiancé...

— Et on n'est ensemble que depuis un mois...

— J'ai l'impression que ça fait plus longtemps, il faut croire, dit Niall d'un ton gêné.

Il se leva et attrapa son T-shirt, qu'il enfila. Quel abruti. Elle avait raison, c'était bien trop prématuré.

— Attends, dit-elle en boutonnant sa robe.

Cordelia se leva à son tour et se lova contre son torse.

— Je n'ai pas dit non. Et moi aussi, j'ai l'impression qu'on est ensemble depuis... bien plus qu'un mois. J'ai envie que tu viennes à New York avec moi. Vraiment. De tout mon cœur. Mais il me faut du temps pour faire le point. D'accord ?

Niall avait fait une connerie, il en était conscient. Lui était prêt à sauter le pas, mais elle ? Elle était contente qu'il l'accompagne à New York, et c'était déjà énorme. Il pouvait profiter de la nuit pour réfléchir à d'autres façons de parvenir à ses fins, en dehors du mariage. Il ferait n'importe quoi tant que cela lui permettait d'être avec Cordelia. C'était la première fois qu'il vivait un truc pareil. Il ne s'était jamais senti aussi à l'aise, aussi lui-même. Il n'avait jamais donné autant d'amour... et il n'en avait jamais reçu autant.

Lorsqu'il était avec Cordelia, il était à sa place. Il aimait tout chez elle – sa passion pour la photo, son humour, ses rougissements soudains.

S'il y avait bien une chose dont il était certain, c'était qu'une vie sans Cordelia James ne l'intéressait pas. Alors si elle avait besoin de la nuit pour réfléchir, il la lui accorderait sans sourciller. À l'échelle de l'univers, ce n'était pas grand-chose...

Il l'embrassa sur le sommet du crâne, en la serrant fort contre lui.

— Bien sûr, dit-il. Je comprends tout à fait.

Niall eut la tête ailleurs pendant le service.

— Cordelia n'est pas là ce soir ? demanda Colin pendant une pause.

Il prit son pote à part et lui raconta ce qui s'était passé sur les falaises.

— Tu l'as demandée en mariage ?

Colin était absolument surexcité.

— Pas si fort !

Inutile que la nouvelle fasse le tour de Kilronan...

— Elle n'a pas encore dit oui.

— Elle le fera, crois-moi, l'assura Colin avec une étincelle joyeuse au fond des yeux. Pourquoi elle refuserait ? J'aurais dû y penser avant de m'inscrire à leur tirage au sort pour décrocher un permis de séjour.

Niall haussa un sourcil.

— Je ne savais pas que tu voulais t'installer aux États-Unis.

Colin haussa une épaule.

— C'était avant que ta mère me demande de venir, expliqua-t-il. Enfin bref, je n'ai pas eu de réponse et j'ai arrêté d'en attendre une. Ta technique est bien meilleure.

— Tu penses ? Ce n'est pas trop précipité ?

Colin posa une main sur son épaule.

— Entre nous, mec, l'engagement n'a jamais été ton problème.

— Ah ? Parce que c'est quoi mon problème ?

— Disons que tu n'as pas toujours choisi la fille qu'il te fallait. Mais, avec Cordelia, tu l'as trouvée et tu le sais.

Un élan de bonheur gonfla la poitrine de Niall.

— C'est vrai.

— Viens là, que je te félicite !

Colin l'entoura de ses longs bras.

— Je suis tellement content pour toi. Vraiment.

— Attends demain pour me le dire...

Son ami fit semblant de verrouiller sa bouche et de jeter la clé. Autant être prudent, oui...

Le lendemain matin, Niall essayait de lire le journal ouvert à côté de son café mais ses yeux cherchaient toujours son téléphone. Cordelia allait-elle lui écrire ? Ou passer le voir, tout simplement ? C'était la première fois qu'il passait la nuit seul depuis *Pátrún*. Et il n'avait pas aimé. Il s'était réveillé encore plus sûr de lui. Évidemment qu'il allait épouser Cordelia. Pas question de passer une nuit supplémentaire loin d'elle.

Au même moment, on frappa à la porte. Niall se leva d'un bond. *Nous y voilà*, songea-t-il. Il avait hâte de revoir le visage de Cordelia, peu importe sa décision.

— Tu es bien matinale, dit-il en ouvrant la porte.

Son cœur manqua un battement.

En manteau Burberry et bottes Prada, la femme qui se tenait devant lui avait le même carré plongeant que dans son souvenir.

— Salut, Niall. Je peux entrer ?

C'était Deirdre.

22

L'espace d'une seconde, Niall fut incapable de bouger, réfléchir ou même respirer.

— Qu'est-ce que tu fous là, bordel ? demanda-t-il quand il finit par retrouver sa voix.

— J'avais besoin de te parler, dit Deirdre.

— Ça m'étonnerait. Peu importe ce que tu as à me dire, je n'ai pas envie de l'entendre.

Les yeux de Deirdre s'écarquillèrent sous le rideau de sa frange.

— L'accueil est mérité, dit-elle. Mais s'il te plaît, Niall...

— Si tu es venue t'excuser, tu as trois mois de retard.

— Pas du tout, insista-t-elle. Enfin, si, mais ce n'est pas... Je dois te parler de quelque chose, j'espérais que tu m'écouterais.

— Eh bien, tu as eu tort.

Niall allait fermer la porte mais Deirdre avança d'un pas et tendit la main pour l'arrêter.

— Cinq minutes. C'est tout ce que je te demande. Cinq minutes de ton temps pour que tu me laisses m'expliquer. Si ce que j'ai à te dire n'est pas à ton goût, tu n'entendras plus jamais parler de moi, promis.

Niall serra les dents. Deirdre pouvait être têtue comme une mule. Et à en croire sa mâchoire crispée, elle était prête à passer la journée sur le pas de la porte, à attendre qu'il change d'avis. Et ça, c'était hors de question. Autant crever l'abcès et lui faire débarrasser le plancher avant que Cordelia débarque.

— Cinq minutes, pas plus, dit-il.

Cordelia était calée contre ses oreillers, le brin d'herbe enroulé sur son genou.

Elle n'avait quasiment pas dormi. Et ce n'était pas uniquement parce que son cerveau avait mouliné toute la nuit, façon hamster dans sa roue. Elle détestait dormir sans Niall à son côté. Le lit lui avait paru immense et vide. Elle était restée éveillée, les yeux tournés vers le plafond. Cette demande en mariage revenait hanter son esprit, encore et encore.

Elle aimait Niall, elle n'en doutait pas une seule seconde. De là à sauter à la case mariage... Des tas de gens le faisaient, oui, mais après des années de vie commune. Ce n'est pas le genre de décision qu'on prend au débotté, tout ça pour rester avec l'homme qu'on aime à la fin de l'été.

Si ?

Elle avait résisté à l'envie d'appeler Liz à la rescousse. Et sa mère, qu'en penserait-elle ? Au bout du compte, c'était sa décision. Pas la peine que d'autres personnes s'en mêlent. Passer l'été sur une île et en revenir fiancée, ce serait quand même fou. Elle essaya de regarder la situation de l'extérieur, comme si on parlait de quelqu'un d'autre. Quelle serait sa réaction ? *N'importe quoi. Ça ne marchera jamais. C'est trop prématuré. Il faut attendre, prendre le temps de se connaître. Dans six mois, ce sera le divorce.* Bah, les gens auraient toujours des remarques mesquines. Si c'était la seule chose qui la retenait de dire oui...

Était-elle prête à sauter le pas et dire oui à Niall ? La voilà, la vraie question. Elle ne connaissait rien à la vie d'un couple marié. Ou à la vie de couple en général… Le quotidien avec Niall était si facile, pourtant ! Se laisser tomber sur un lit moelleux à la fin d'une longue journée n'était pas aussi agréable. C'était lui qu'elle avait en tête dès le matin en se réveillant. C'était lui qu'elle avait hâte de voir jour après jour. Auprès de lui, elle se sentait à l'abri de tout. Elle se voyait mal y renoncer.

Mais si ça ne marche pas ? Et s'il te quitte juste après le retour à New York ? Ou si tu te rends compte que tu ne l'aimes pas à ce point, en fait ? Ou s'il te trompe ? Ou si le courant ne passe plus ? Ou s'il commence par te rendre dingue à force de laisser les assiettes sales s'empiler dans l'évier ?

Plus elle envisageait ces hypothèses de manière rationnelle, moins elle les trouvait vraisemblable. Certes, ils pourraient s'éloigner, et chacun reprendrait son petit bonhomme de chemin. Mais ça, c'était le lot de couples qui étaient restés ensemble bien plus longtemps qu'eux. Et même de n'importe quel couple. Ce n'était pas une raison suffisante pour se dispenser d'essayer. Et les tromperies ? Elle ne ferait jamais ça à Niall, jamais. Et vu ce qu'il avait traversé, elle l'imaginait mal en faire autant. Maintenant, pour ce qui est de la vaisselle dans l'évier… C'était surtout un reproche qu'il pouvait lui faire à elle, pas l'inverse !

Oh ! Niall avait forcément des manies qui finiraient par l'agacer. Et vice versa. Mais c'est le principe de la vie en commun, non ? En plus, ils n'avaient guère d'alternatives. Se lancer dans une relation à distance ? Elle ne supporterait sans doute pas. Au début, elle serait contente de le recevoir ou de revenir en Irlande pour lui rendre visite. Mais elle se connaissait assez bien pour savoir qu'elle voulait vivre avec quelqu'un auprès d'elle. Avoir un océan pour obstacle serait la pire des choses pour elle. Et sans doute pour lui aussi.

Alors de deux choses, l'une. Cordelia pouvait laisser la peur, les conventions sociales ou l'opinion des autres lui dicter ce qu'elle devait faire de sa vie. Ou bien elle pouvait sauter dans l'inconnu avec Niall, main dans la main. Elle pouvait dire oui à cette demande. Si ça se trouve, ils pourraient se marier ici, à Inishmore. Ce serait charmant, non ? Alison serait sa témoin et Colin serait celui de Niall. Il serait entouré de ses parents. Et ils n'auraient qu'à organiser quelque chose une fois à New York. Pas un grand mariage avec robe blanche et tout le tralala, surtout pas, mais une petite fête avec les amis et la famille. Sa mère serait ravie. Elle voyait déjà la scène : Miles et Grace sur leur trente et un, Toby et Niall apprenant à se connaître autour d'une bière.

Niall ferait son nid dans son petit appartement de Manhattan. Il y aurait les dimanches matin en mode cocooning, au lit avec un café et les mots croisés du *New York Times*. Les changements de saison à Morningside Park. Les plats de pâtes qu'ils partageraient dans son restau italien favori, au bout de la rue. Niall s'inscrirait peut-être dans une équipe de foot de Central Park. Il n'aurait pas de mal à trouver du taf dans un pub irlandais. Et de son côté, elle pourrait accepter le boulot que Liz lui avait proposé. Cette existence qu'ils pourraient mener ensemble, Cordelia se l'imaginait déjà parfaitement. Elle en avait même terriblement envie, comme un chocolat chaud un jour de froid glacial.

Avec une certitude troublante, elle se rendit compte qu'elle n'avait pas peur de passer le restant de ses jours avec Niall. Non, cette perspective lui paraissait même enchanteresse. Un rêve devenu réalité. Et d'ailleurs, un mariage, est-ce que ce n'est pas une promesse pour la vie, justement ?

Cordelia ramassa sa bague improvisée et la glissa à son doigt. Un frisson traversa tout son corps.

Est-ce que je viens de me fiancer, vraiment ?

Il fallait d'abord qu'elle dise oui à Niall. *Oui.* Encore un frisson... Elle se leva d'un bond et enfila les premiers vêtements qui lui tombèrent sous la main. La matinée était fraîche et brumeuse, elle remonta l'allée qui menait jusqu'à la maison blanche. Son cœur qui battait si fort qu'elle avait mal. En arrivant devant l'entrée, elle avait des fourmis partout dans le corps. Elle s'apprêtait à frapper quand elle entendit des voix, très distinctement, ça venait de derrière la porte.

Elle se glaça. Et ce n'était pas qu'une image : ses muscles s'étaient comme figés, son sang ne circulait plus. Une femme parlait à Niall. Et bizarrement, son instinct savait exactement de qui il s'agissait, même si elle n'avait jamais entendu cette voix de toute sa vie.

— Merci, dit la femme.

— Ne me remercie pas, Deirdre, répondit Niall d'un ton brusque. Je t'ai donné cinq minutes, alors vas-y, qu'est-ce que tu veux ?

Plantée devant la porte, Cordelia tendit l'oreille.

Les bras croisés, Niall était si tendu qu'il risquait d'avoir des crampes.

Colorée de rose, le bouche de Deirdre forma un U inversé. Il connaissait bien sa mine de chien battu.

— D'accord, j'ai merdé, dit-elle.

Ah, au moins, elle le reconnaissait, c'était déjà ça.

— J'ai été conne, vraiment conne. Je suis tellement désolée. Vraiment, Niall, je ne me pardonnerai jamais ce que je t'ai fait.

— Tu n'es pas venue ici pour t'excuser, pourtant, tu l'as dit toi-même, fit remarquer Niall. Patrick sait que tu es là ?

— Patrick et moi, on s'est séparés, répondit-elle d'une voix tendue.

Elle laissa échapper un soupir et fit un grand geste théâtral.

— Il me rendait la vie impossible. Parano, dépensier, et... pardon, tu t'en fiches pas mal, j'imagine.

— Tout juste.

— Je lui ai racheté ses parts et je suis repartie de zéro, avec quelqu'un d'autre. Le pub tourne vraiment bien. Tu serais fier. On est complet pour toute la saison. Mon nouvel associé est ravi. C'est à cause de lui que je suis là.

— Tu te le tapes aussi ?

Deirdre prit un air pincé.

— Non. C'est Ritchie Malcolm.

— Quoi ?

Entendre ce nom lui fit brièvement oublier sa colère.

— Ton associé, c'est Ritchie Malcolm ?

Ce type était l'un des plus célèbres restaurateurs du Royaume-Uni. Il avait ouvert des tables aux quatre coins du monde. Et il avait investi de l'argent dans son pub ?

Non, justement, ce n'est plus ton pub, se rappela-t-il.

— Lui-même.

Deirdre semblait à la fois satisfaite et soulagée. Niall se ressaisit. Elle n'avait pas le droit de débarquer à Inishmore et d'agiter le nom de Ritchie Malcolm, tout ça pour qu'il passe l'éponge.

— Et le truc, Nie, c'est que...

— Ne m'appelle pas comme ça, la coupa-t-il.

Elle eut la décence de s'en vouloir.

— Tu as raison, pardon.

Une grande inspiration et elle reprit :

— Il veut ouvrir une nouvelle adresse. Pour le pub. Il a déjà trouvé l'emplacement idéal, à Londres. La salle est presque identique et pour l'aspect déco, ses équipes sont sur le coup.

Niall n'en croyait pas ses oreilles.

— Une deuxième adresse ? À Londres ? Tu... tu es sérieuse ?

— Oui. C'est très grand. Et Ritchie est motivé. Il veut mettre le paquet pour ouvrir en décembre, pile à temps pour les fêtes de fin d'année. Le truc, c'est que...

Elle sembla hésiter puis finit :

— Il veut que tu sois dans l'affaire, Niall. Ta cuisine l'a marqué. Il veut ajouter deux, trois nouveaux plats à la carte. Pour plaire à la clientèle de Londres, tu vois le genre. Mais il veut le faire avec toi. Il veut que tu sois aux commandes. À la tête de la brigade. Tu en as toujours rêvé...

— Ne me parle pas de mes rêves, Deirdre, gronda-t-il.

Elle prit un air navré.

— Je... je sais à quel point je t'ai blessé.

— Sans rire ?

Elle ne savait pas quoi, répondre, manifestement.

— Le passé est le passé, dit-elle tout bas. Mais c'est l'occasion idéale de tourner la page, Niall, et tu le sais. Diriger ta propre cuisine, servir tes plats à Londres ! Tu auras la visibilité et le succès que tu mérites. Parce que tu le mérites vraiment. Et je suis désolée d'avoir tout foutu en l'air. Le Fallen Star était comme ton bébé, et j'aimerais arranger les choses.

— Et quel est ton rôle, dans l'histoire ? demanda-t-il d'un ton acide. Tu seras à Londres pour superviser l'ouverture du restau ?

— Oui, dit-elle. Mais j'essaie simplement de réparer mes erreurs. Si ça te pose un problème, je me ferai discrète, tu ne m'auras pas sur le dos. Mais imagine ! Bosser avec

Ritchie Malcolm, le seul, l'unique. Il est vraiment fan de ta cuisine, Niall. C'est ça qui l'intéresse dans ce projet, depuis le début. Il avait entendu parler du pub, et puis un soir il est venu dîner. Patrick et moi, on... on avait déjà des soucis, à l'époque.

Niall n'en avait rien à cirer de ce qui s'était passé entre eux. Ce qui le sidérait, c'était que l'un des plus grands chefs anglais ait goûté sa cuisine. Et il n'avait même pas été là pour voir ça !

Deirdre se frotta la nuque et poursuivit :

— Bref, on a lancé le projet et il a tout de suite pensé à un local dont il est propriétaire à Camden, ce serait l'endroit parfait pour ouvrir une nouvelle table. Et le menu serait parfaitement adapté. On a passé l'été à négocier, et il ne reste plus qu'un seul détail à trancher.

— Moi, dit Niall.

— Toi, dit Deirdre.

Face à face dans l'entrée, ils restèrent un long moment muets.

— Tu ne manques vraiment pas d'air de te pointer ici et de me balancer ça, Deirdre. Comment tu as su que j'étais à Inishmore, d'abord ?

Elle rougit puis avoua :

— Quelqu'un m'a montré la page de cette fille d'Instagram. Elle a plein de photos de toi sur son mur.

Niall se passa une main sur le visage. Sans le savoir, c'était Cordelia qui avait fait revenir son ex dans sa vie ? Bordel...

Deirdre s'éclaircit délicatement la gorge.

— C'est ta copine ?

— Je n'ai aucune envie de te parler d'elle, grogna-t-il.

Elle déglutit difficilement et répondit :

— C'est parfaitement normal. Bien sûr. Bon, voici le dossier complet, avec ton salaire et les parts que tu aurais dans le business, le contrat, des croquis d'architecte, des suggestions pour la liste des vins...

Elle sortit un épais classeur de son sac et le lui tendit.

— Prends le temps d'y réfléchir mais sache que Ritchie souhaite avoir une réponse assez vite.

— Concrètement ?

— D'ici après-demain. Si tu es partant, on aurait besoin de toi à Londres tout de suite.

Niall attrapa le dossier

— Et merde. Zéro pression, hein ? Tu n'aurais pas pu appeler ?

— Tu aurais répondu ?

— Non, admit-il.

— Tu mérites de réussir, Niall, dit Deirdre. Pardon de me répéter mais je ne me pardonnerai jamais ce que je t'ai fait. Là, j'essaie simplement me rattraper, d'arranger les choses. Ou d'essayer, du moins.

Ses yeux se remplirent de larmes.

— Excuse-moi.

— Je n'ai pas besoin de tes excuses, Deirdre.

Elle pencha la tête.

— Très bien. Je te laisse. Si tu me cherches, je suis au Kilmurvey. J'ai préféré éviter Kilronan. Si je croise Róisín, elle risque de me balancer du haut d'une falaise.

Elle ricana doucement mais la bouche de Niall n'était qu'une ligne dure.

— Ça me rend dingue, vraiment, dit-il. Tu t'en rends compte, j'espère ? Tu reviens sans prévenir, pour me proposer - il agita le dossier - tout ça. J'ai une vie, tu sais. Et tu viens la foutre en l'air, une fois de plus. Tu as déjà voulu m'aider à réaliser mon rêve, tu te souviens ? Et regarde le résultat...

Elle lui adressa un sourire timide.

— Aucun risque pour que je couche avec Ritchie, il est 100 % gay.

— Je me fous de savoir avec qui tu couches. La question n'est pas là.

Elle tressaillit et répondit :

— OK.

Niall se frotta la tempe.

— J'ai besoin de temps pour réfléchir.

— Bien sûr.

Quand Deirdre tourna les talons et ouvrit la porte, Niall sentit une boule lui serrer la gorge. Cordelia était sur le seuil.

Deirdre semblait sortie d'une pub dans un magazine de mode.

Dans des circonstances différentes, Cordelia aurait peut-être eu honte de son jean délavé et de son débardeur avec un pot de guacamole dessiné dessus. Mais ce n'était pas elle qui avait brisé le cœur de Niall. *Ressaisis-toi et fais parler la New-Yorkaise qui est en toi.*

— Bonjour ! lança-t-elle d'une voix tendue, les yeux plongés dans ceux de Deirdre. Je suis Cordelia, la petite amie de Niall.

Les sourcils parfaitement épilés de Deirdre frôlèrent sa frange.

— Oh ! bonjour ! répondit-elle d'une voix un peu trop enjouée. Moi, c'est Deirdre. Enchantée.

Sans déconner ?

Alors qu'elle se faisait cette réflexion, Niall intervint :

— Deirdre partait, justement.

— Exact.

Le regard de la fille passait alternativement de Niall à Cordelia, comme si elle essayait de mesurer le lien qui les unissait. Lorsqu'elles se croisèrent, Cordelia sentit le parfum de jasmin qui s'éleva dans son sillage.

Niall s'effaça pour la laisser entrer et dit :

— Désolé, je ne savais pas qu'elle... Elle est venue me parler de...

— Je sais, le coupa-t-elle. J'ai entendu.

Niall écarquilla les yeux.

— Ah oui ?

Il tenait le fameux dossier entre ses mains. Cordelia repensa à tout ce qu'elle avait entendu : cette histoire de *contrat*, de *salaire*, de *parts dans le business*. Elle n'y connaissait pas grand-chose au monde de la restauration, mais à en juger par la réaction de Niall c'était une affaire importante.

— Elle veut te faire ouvrir un nouveau restaurant ? demanda-t-elle.

— Oui. Ce serait le Fallen Star, mais à Londres.

— Et ce grand chef te veut absolument ?

— On dirait bien.

Il secoua la tête.

— Je ne peux pas accepter. C'est n'importe quoi. En plus, ça voudrait dire avoir Deirdre dans les parages et, ça, non merci. Viens...

Niall l'entoura de ses bras et l'attira vers lui pour l'embrasser.

— Désolé pour toute cette scène, j'ai cru halluciner en la voyant débarquer ici.

Cordelia lui rendit mécaniquement son baiser, le cerveau en ébullition.

— Comment ça, tu ne peux pas ? demanda-t-elle en se libérant de ses bras. C'est une occasion en or, on dirait.

— Oui, bien sûr. Ritchie Malcolm est l'une de mes idoles. C'est un dieu vivant, dans le monde de la gastronomie. Mais

Cordie, je ne vais quand même pas partir pour Londres. Comment ça marcherait ?

— Aucune idée, mais je parie que tu pourrais trouver. C'est ce que tu as toujours voulu, non ? Tu récupérerais ton pub. Ce serait même encore mieux car tu pourrais bosser avec l'une de tes idoles.

Pourquoi refusait-il de comprendre ?

— Tu aurais ton restau à Londres, Niall, imagine ! insista-t-elle. Comment veux-tu dire non à ça ?

— Viens avec moi, alors, dit-il en approchant.

Cordelia aurait dû s'en douter. Et pendant une fraction de seconde, elle essaya de se projeter. Mais les images étaient floues, de simples bribes. Rien à voir avec l'avenir qu'elle avait si nettement vu se dessiner pour eux à New York.

Pour la simple et bonne raison qu'il n'y avait pas d'avenir pour elle à Londres.

— Je ne peux pas, finit-elle par répondre. Il faudra que je rentre aux US quand mon visa expirera. Tu le sais.

— Tu pourrais demander un autre visa touristique. Revenir pour trois mois supplémentaires.

Cordelia secoua la tête.

— Il faut que je me trouve un taf en rentrant, Niall. Et puis qu'est-ce que je ferais à Londres ? Je ne peux pas travailler là-bas.

— Tu pourrais continuer tes publications sur Insta.

— Ce n'est pas du travail.

— Je te soutiendrai.

— Je ne peux pas te laisser faire ça.

Voyant qu'il allait répliquer, elle ajouta :

— Je ne veux pas te laisser faire ça. Je dois m'assumer toute seule.

— Et nous, dans tout ça ? demanda Niall. Tout ce qu'on s'est dit hier au fort, on en fait quoi ?

L'appréhension se peignait sur son visage.

Tout à coup, avec une lucidité terrible, Cordelia vit qu'elle devait lui mentir. Elle devait lui dire non. Elle ne pouvait pas le laisser venir à New York et travailler dans le premier pub venu alors qu'il avait une occasion extraordinaire de se faire un nom, de tenir son propre restau, sa propre cuisine. Elle n'allait pas le laisser abandonner ses rêves pour elle. De la même façon, elle ne pouvait pas renoncer à son indépendance pour le suivre à Londres, où elle serait incapable de gagner sa vie ou de rester sur le long terme. L'idée de le repousser était un vrai coup de poignard qui lui déchirait le cœur. Mais imaginer qu'il puisse laisser la chance d'une vie lui passer sous le nez ? Hors de question.

La mâchoire serrée, Cordelia s'obligea à prendre un ton neutre.

— Je ne peux pas t'épouser, Niall.

Elle vit la douleur déformer le visage de Niall. Et elle s'en voulut à mort.

— Pourquoi ?

— C'est trop tôt. C'est trop tout court, même. Se marier alors qu'on se connaît à peine...

— Mais...

Niall semblait chercher ses mots.

— Je pensais qu'on ressentait la même chose, toi et moi.

Elle sentit son estomac se tordre. Surtout, ne pas craquer.

— Tu ne peux pas passer à côté d'une chance pareille pour une amourette d'été. Ce serait de la folie.

Niall la regarda comme si elle l'avait giflé.

— Une amourette ?

— On a bien kiffé, pas vrai ? Souvenons-nous de ça.

Des larmes commencèrent à se former mais elle parvint à les ravaler. Il fallait qu'elle aille jusqu'au bout. Si elle flanchait maintenant, il saurait. Il verrait clair en elle. Et il refuserait de partir. Or s'il y avait bien une chose dont elle était certaine, terriblement certaine, c'était qu'elle aimait trop Niall pour le laisser tout plaquer pour elle.

— Tu devrais aller à Londres.

Quand les yeux de Niall se remplirent de larmes, Cordelia faillit flancher.

— Qu'est-ce que tu racontes, Cord ? demanda-t-il d'une voix atone.

Une grande inspiration et elle répondit :

— Je ne veux pas que tu viennes à New York avec moi, OK ? On a passé un super été ensemble, mais nos vies sont trop différentes. Tu as ta carrière à poursuivre et moi, je retrouve enfin mon goût de la photo.

— Je m'en fiche qu'on ait des vies différentes, insista-t-il. On pourrait venir de deux planètes différentes, ce serait pareil. Tu m'as sorti du fond du trou, Cord. Grâce à toi, ma vie vaut la peine d'être vécue. Je serais prêt à tout abandonner, tout, pour être avec toi. Et tu en doutes, pourquoi ?

Devoir lui faire du mal la déchirait, pire que si elle était à la merci d'un monstre féroce. Mais elle savait ce qu'elle avait à faire, même si elle se sentait taillée en pièces.

— Tu dis ça maintenant, tu n'en sais rien, Niall. Tu finiras peut-être par m'en vouloir. Ça pourrait mal tourner. Pas la peine de prendre un tel risque. J'ai déjà une vie à New York, et il n'y a pas de place pour toi. Tu ne... tu ne cadrerais pas avec le reste.

Cette fois, elle crut qu'elle allait craquer pour de bon. Ce mensonge était insoutenable.

— Tu n'as pas envie de moi, dit-il.

Cordelia se blinda pour porter l'estocade.

— Non. Je ne veux pas t'épouser. Rien ne t'empêche d'aller à Londres. Vas-y. Vas-y, Niall.

Elle osa chercher ses yeux. Leur bleu était d'une douceur, d'une tristesse infinie. Il fallait qu'elle parte, vite, loin d'ici, loin de lui. Sans quoi, elle allait s'effondrer à ses pieds et le supplier d'oublier tout ce qu'elle venait de dire. Elle saisit une dernière image de son visage abasourdi puis tourna les talons et remonta jusqu'au cottage à toutes jambes.

Róisín la trouva une heure plus tard en train de sangloter dans son oreiller.

— Grands dieux ! s'exclama-t-elle en venant s'asseoir sur le matelas. Cordie, ma toute belle, qu'est-ce qui se passe ?

Cordelia se traîna jusqu'à elle et posa la tête sur ses genoux. Le brin d'herbe serrée dans le creux de sa main, elle lui raconta toute l'histoire, de la demande en mariage de Niall à l'arrivée de Deirdre.

— Il ne faut pas qu'il sache que j'allais dire oui, s'écria-t-elle en se redressant brusquement. Surtout pas. Parce que sinon, il refusera d'aller à Londres. Et il doit y aller, Róisín. Il le mérite. Il...

— Pas d'inquiétude, ma fille, je serai une tombe, la rassura sa vieille amie en la scrutant de ses yeux noirs et perçants. Tu l'aimes vraiment.

— Oui.

Cordelia fondit à nouveau en sanglots, elle pleura sur les genoux de Róisín, le cœur déchiré. La blessure était tellement à vif qu'elle avait du mal à respirer. La vie qui s'ouvrait devant elle était vide, un désert sans limites, le monde avait perdu ses couleurs parce que Niall n'en faisait plus partie. Jusqu'à présent, elle n'avait pas mesuré combien il enchantait sa vie.

Son téléphone vibra, elle l'ignora.

— C'est qui, Kate Sarkesian ?

Róisín avait légèrement bougé. Cordelia se redressa.

— Quoi ?

— Elle t'a envoyé un mail.

Cordelia attrapa le téléphone, saisie par le vertige.

— C'est l'éditrice qui a publié mon livre de photos, dit-elle en ouvrant le message. Elle ne m'a pas écrit depuis des années, qu'est-ce qu'elle peut bien...

Sa voix se brisa quand elle commença à lire :

Chère Cordelia,

J'espère que ce message vous trouvera en bonne forme. Je vous écris car je vous suis sur Instagram et j'adore les photos et les histoires que vous avez postées récemment ! Le reste de l'équipe est fan aussi. Seriez-vous d'accord pour faire un nouveau livre chez nous, à partir de votre travail sur Inishmore ? J'ignore quand vous serez de retour de ce côté-ci de l'océan, mais essayons d'organiser un rendez-vous pour discuter...

Le reste du message se brouilla à mesure que les yeux de Cordelia se remplissaient de larmes. Un nouveau livre. Ils voulaient qu'elle fasse un nouveau livre. Si ce mail lui était parvenu la veille, elle aurait dévalé la route pour annoncer la nouvelle à Niall. Au lieu de quoi, elle resta immobile, les yeux rivés aux petits caractères sur l'écran, la poitrine vide et sans vie.

— Elle veut que je fasse un nouveau bouquin, parvint-elle à dire malgré la boule dans sa gorge. Avec les photos que j'ai prises ici.

— Eh bé ! s'exclama Róisín en refermant sa main fripée sur son épaule. C'est formidable, non ?

Cordelia acquiesça, les joues sillonnées de larmes. Son amie les essuya délicatement.

— Ça fait beaucoup pour une seule journée, dit-elle. Je vais préparer du thé.

Une fois seule, Cordelia se laissa retomber sur son oreiller. Son univers avait complètement basculé, et il y avait peu de chance pour que tout redevienne comme avant.

23

— Elle n'a pas pu faire ça ?!

C'était la cinquième fois que Colin le répétait.

— Si, je te dis, répondit Niall d'une voix tendue.

Il regardait fixement la cheminée vide, un verre de whisky à la main. Des heures qu'il ne s'était pas levé du canapé. Depuis la visite de Cordelia et son départ, plus précisément. Colin l'avait trouvé là, prostré et muet. Mais pas en larmes : ce serait pour plus tard. Pour le moment, il était simplement... vide.

— C'est n'importe quoi ! s'exclama son pote. Vous êtes faits l'un pour l'autre ! Je n'en crois pas un mot, Niall, il y a forcément autre chose. Elle ne peut pas... je veux dire, vous avez... enfin merde, pourquoi est-ce que Deirdre gâche toujours tout ?

— Cordelia a raison, répliqua Niall, la gorge serrée. Il faut que j'aille à Londres.

— Bien sûr, entièrement d'accord avec toi, même si l'autre connasse fera partie du décor. Mais Cordie pourrait venir avec toi !

— Elle ne veut pas venir, Colin, tu es bouché, ou quoi ? Elle ne veut pas, c'est mort.

Sur ces mots, Niall se leva si brusquement que Colin recula au fond de son fauteuil. Après avoir violemment plaqué son verre sur la table, il se mit à tourner en rond dans la pièce.

— Je n'aurais jamais dû la demander en mariage. Ça l'a fait flipper. Putain, bien ouej', Niall. L'univers essaie de m'envoyer un message, il faut croire. Il faut que je renonce à l'amour, c'est ça ? J'aime Cordelia, Colin. Tellement fort que ça me fait mal. Je l'aime et je l'ai perdue, putain, tout ça parce qu'il a fallu que j'ouvre ma gueule et que je me lance dans cette demande en mariage à la con. Qui fait ça au bout d'un mois de relation ? Personne. Évidemment qu'elle a dit non.

Colin revint à la charge :

— Mais on avait l'impression que vous étiez ensemble depuis des décennies. Je ne t'ai jamais vu comme ça avec qui que ce soit, pas même avec Deirdre. Mec, si j'étais d'avis que c'était une mauvaise idée, je te l'aurais dit.

Niall se laissa retomber sur le canapé.

— Laisse-moi, s'il te plaît, marmonna-t-il. Je n'ai plus envie d'en parler.

— Tu es sûr ?

— Barre-toi, allez !

— Comme tu veux.

Son pote se dirigea vers l'escalier. Niall entendit le bruit sourd de ses pas dans l'escalier, celui de la porte de sa chambre.

Alors seulement, il s'autorisa à pleurer.

Il lui restait une chose à faire avant d'accepter l'offre de Deirdre.

Très tôt le lendemain, Niall sortit de la maison et ne put s'empêcher de regarder en direction du cottage. Aucun signe de Cordelia. Il prit la direction de la ferme aux murs jaunes. La mine qu'afficha sa mère en lui ouvrant parlait d'elle-même.

— Qui t'a raconté ? demanda-t-il d'un ton abrupt.

— Il se peut que Róisín soit passée hier soir.

Fiona prit son fils dans ses bras.

— Oh ! mon garçon, je n'y comprends rien. Que s'est-il passé ? Vous alliez si bien ensemble...

— Où est p'pa ?

Il n'avait aucune envie de parler de Cordelia. Impossible. Il voulait cadenasser cette porte dans son cœur et jeter la clé, histoire qu'on ne puisse plus jamais l'ouvrir.

— Dans la cuisine, répondit sa mère.

Niall découvrit son père en train de cuire des œufs et des tranches de bacon. Il attaqua droit au but :

— Róisín t'a tout expliqué, alors.

Son père fit volte-face.

— Ne me fais pas des frayeurs pareilles, enfin !

Il prit le visage de son fils entre ses mains et ajouta :

— Oui, elle nous a expliqué. Dans les grandes lignes, du moins.

Niall sentit sa gorge se serrer. Ce poids au fond de lui, est-ce que ce n'était pas le fantôme de ce ressort qui l'avait torturé pendant des mois ?

— Elle t'a parlé de Deirdre ?

— Et d'un projet londonien ? Oui.

Niall s'assit à la table de la cuisine et raconta toute l'histoire à son père. Ils n'avaient jamais parlé à cœur ouvert, mais il avait besoin de ses conseils. Une partie de lui voulait envoyer Deirdre se faire foutre, foncer au cottage et supplier Cordelia de le garder.

— Qu'est-ce que je dois faire, p'pa ? demanda-t-il d'une voix sombre. Je n'ai aucune envie de travailler avec Deirdre, mais c'est Ritchie Malcolm, je...

— Accepte, fiston, le coupa Owen.

Il posa une assiette devant lui et s'assit à son tour. Deux œufs au plat observaient Niall tels une paire d'yeux jaunes.

— Cordelia a raison. Il faut que tu ailles à Londres.

Niall regarda fixement son assiette. En temps normal, il aurait été fou de joie d'annoncer à son père qu'il allait bosser avec un chef étoilé !

— Ça me désole de te le dire, poursuivit son père. Surtout maintenant qu'on t'offre enfin la chance que tu mérites. Je ne sais pas pourquoi Cordelia t'a dit non. Elle a sûrement ses raisons, et ce ne sont pas mes oignons. Mais le contraire ne m'aurait pas déplu. J'aurais aimé qu'elle te dise oui et qu'elle te suive là-bas, comme tu le souhaitais. Mais les choses sont ce qu'elles sont. C'est ton moment, Niall.

— Et le pub ?

— Le pub s'en sortira. Si ta mère t'a dit qu'on avait besoin d'aide, c'était pour te faire revenir. Tu l'as deviné depuis longtemps, je parie. Mais tu auras toujours ta place ici, Niall. Quoi qu'il arrive. Et puis...

Le visage d'Owen rosit légèrement, et il s'agita sur sa chaise.

— Je ne suis pas le mieux placé pour donner des conseils en matière de vie de couple, mais il me semble que si deux personnes sont faites pour être ensemble, elles arriveront à se retrouver. Vous n'êtes pas morts, ni toi, ni elle.

— Je te trouve bien optimiste, jusqu'à la fin...

Owen ricana.

— Je te l'ai dit, donner des conseils, ce n'est pas mon truc. Mais pour le moment, fais ce qui est le mieux pour toi. Même si ça t'oblige à bosser avec cette foutue gourgandine, comme dirait l'autre.

Niall se prit la tête entre les mains.

— Oui, finit-il par répondre. Tu as raison.

— Ouh là, il faut faire une croix sur le calendrier ! Je n'aurais jamais cru t'entendre dire ça un jour.

Niall lui adressa un pâle sourire.

— Allez, autant s'en débarrasser, et vite.

Maintenant que sa décision était prise, il n'avait aucune raison de s'attarder à Inishmore. Il voulait partir, là, maintenant, pour s'empêcher d'avoir une seule seconde de libre pour réfléchir. Ce serait comme s'enfoncer dans des sables mouvants : il finirait englouti.

Il emprunta la voiture de sa mère pour se rendre au Kilmurvey. Deirdre était dans le salon de l'hôtel. Un grand sourire illumina son visage lorsqu'elle l'aperçut. Puis elle tâcha de tempérer sa joie.

— Salut, dit-elle. Un café ?

— Je suis partant, lâcha-t-il. On part quand ?

Le lendemain, Cordelia apprit par Alison que Niall était parti.

Alison avait essayé de lui parler de ce qui s'était passé, mais c'était trop dur. Les mots ne voulaient plus sortir. Elle envoya un SMS à sa mère pour lui annoncer la nouvelle en quelques mots et eut toutes les peines du monde à expliquer toute l'histoire à Liz, en visio.

Les deux semaines suivantes, elle eut l'impression de vivre dans du coton. Ses yeux la piquaient sans arrêt. Un poids lui broyait la poitrine, et elle n'arrivait plus à fermer l'œil.

Elle était prise au dépourvu par ce vide, cette douleur qui ne la lâchait pas. C'était comme si on l'avait privée de la moitié de son être. La perspective d'un livre, ce nouveau départ dans sa carrière – rien ne pouvait apaiser la douleur qui refusait de lâcher son cœur à vif. Elle ne trouvait aucun réconfort nulle part, ni dans la photo, ni dans ses bouquins favoris, ni dans les grandes balades en compagnie de Róisín.

Niall était parti.

Cordelia cessa d'aller au pub. Pourquoi s'y rendre si Niall n'était pas là ? Owen devait lui en vouloir à mort, en plus... Elle recommença à manger des pâtes seule dans son cottage. Une fois, elle essaya de se préparer une omelette mais cela réveilla des souvenirs si insoutenables qu'elle se laissa tomber par terre pour pleurer. Cent fois par jour, elle prenait son téléphone pour écrire à Niall. Ou pour voir s'il l'avait contactée. Mais dans les deux cas, ça ne donnait rien.

Elle n'aurait plus jamais de nouvelles, c'était certain. Elle lui avait fait trop mal. Pourquoi aurait-il simplement l'envie de lui parler ? Elle lui avait arraché le cœur et elle l'avait réduit en miettes. Pourvu qu'il se plaise dans sa nouvelle vie à Londres. Pas avec Deirdre – non, c'était bien trop difficile d'espérer un truc pareil. Mais elle espérait que les choses se passent bien. Grâce à Róisín, elle grappilla quelques nouvelles.

Niall était arrivé à Londres.

Niall avait trouvé un appart à Camden.

Niall avait rencontré Ritchie Malcolm.

Niall travaillait sur sa nouvelle carte.

Rien de plus. Quatre infos de rien du tout. Dans ses fantasmes les plus fous, Cordelia l'imaginait revenir à Inishmore, débouler au cottage, lui déclarer que leur amour était plus important que tout le reste. Seulement, il l'avait déjà fait, et elle lui avait fermé la porte ! La seule responsable dans cette histoire, c'était elle. Elle méritait tout ce qui lui arrivait.

À la veille de quitter Inishmore pour rentrer à New York, Cordelia reçut la visite d'Alison et Róisín. Avec le poulet au curry qu'elles lui avaient préparées, la petite cuisine embaumait le cumin et la coriandre. Mais cela ne fit que la déprimer un peu plus. Les odeurs et les bruits de cuisine, il n'y avait rien de tel pour la faire souffrir. Róisín lui mit un verre de whisky entre les doigts.

— Bien, dit-elle. J'aimerais porter un toast. Lorsque tu as débarqué ici, gamine, je n'étais pas ravie.

— Sans rire ? s'exclama Alison. Alors là, pour une surprise...

Sa grand-mère lui répondit par un grand sourire.

— Moque-toi, va. Mais laisse-moi te dire une chose, Cordie. C'était une joie immense de te rencontrer. Et j'espère qu'on te reverra. Ce serait un grand bonheur pour les gens de cette île.

Vraiment ? Cordelia en doutait un peu. Les parents de Niall n'étaient sans doute pas ses plus grands fans, par exemple... Elle ne les avait pas recroisés depuis qu'il était parti.

— Entièrement d'accord ! renchérit Alison en levant son verre. Et surtout, donne des nouvelles, Cord.

— Bien sûr.

Voilà une promesse qu'elle ne tiendrait sans doute pas...

— Vous avez été formidables, parvint-elle à articuler malgré sa gorge serrée. Vous allez me manquer.

Les sentiments de Cordelia se disputaient son cœur comme au tir à la corde. D'un côté, elle avait hâte de quitter Inishmore et laisser derrière elle tous ses souvenirs de Niall. De l'autre, elle n'avait rien d'autre que ces souvenirs. Elle aimait cette île. Et pourtant, c'était loin d'être gagné à son arrivée, au mois de juin. Tout avait changé en si peu de temps. Si elle s'était écoutée, elle aurait foncé dans sa chambre pour s'enfouir sous ses couvertures, jusqu'à ce que sa vie rentre dans l'ordre.

L'ennui, c'était que la vie ne s'arrange pas toute seule. C'était elle qui tenait les rênes de son destin en main. Et

Niall, pareil. Il fallait qu'elle aille de l'avant, même si elle n'en avait aucune envie.

Quelques personnes passèrent la voir avant qu'elle s'embarque à bord du ferry, le lendemain - Darragh et Brogan, Aoife et Fergus. Mais aussi, surprise, Fiona, Colin et Pocket ! La mère de Niall n'avait pas l'air fâchée, bien au contraire : elle la prit dans ses bras.

— Je t'ai fait un petit panier-repas pour le train, dit-elle en lui passant un sac en papier.

— Je...

Avant qu'elle puisse poursuivre, Fiona la coupa :

— Prends soin de toi, surtout.

— Et donne des nouvelles, ajouta Colin en la serrant entre ses grands bras d'ours.

— Promis.

Pocket chercha sa main, Cordelia la gratta derrière les oreilles.

— C'est une chance d'avoir des amis comme vous, dit-elle. Merci beaucoup de... de m'avoir accueillie comme quelqu'un de votre famille.

Aussitôt à bord du ferry, Cordelia faillit craquer. Les souvenir de sa première rencontre avec Niall, des mois plus tôt, lui apparurent aussi clairement, aussi nettement que si c'était hier. Elle rangea son sac et se laissa tomber sur son siège. Le bateau venait de quitter le port quand la pluie se mit à tomber. Pocket courait le long du quai en aboyant comme une folle.

Cordelia posa la main sur la vitre.

— Au revoir, murmura-t-elle.

La journée fut longue et pénible. D'abord le ferry, puis le bus, puis le train, puis finalement l'avion. L'endroit où elle se trouvait ou ce qui se passait alentour l'intéressaient à peine. Elle n'arrêtait pas de sortir la bague improvisée de Niall pour la glisser à son doigt. Ce brin d'herbe représentait la vie qu'elle aurait dû avoir - elle n'avait pas le cœur à le jeter.

Lorsque l'avion se posa à l'aéroport de New York, Cordelia eut l'impression de revenir d'un autre monde, d'un autre siècle, d'une autre dimension. Au milieu de la foule, elle attendit ses bagages, tressaillant chaque fois qu'une voix teintée d'accent irlandais résonnait. Elle était tellement noyée dans sa déprime qu'elle ne remarqua même pas les ballons.

Toute sa famille était massée à la sortie : sa mère et Gary, Toby et Nikki, Miles et Grace tenaient une pancarte avec l'inscription : *Bienvenue à la maison, tata !* Liz était là aussi : son amie devança les enfants et fonça la prendre dans ses bras.

— Meuf, tu m'as tellement manqué, dit-elle tandis que Miles s'agrippait aux jambes de Cordelia.

— Tata ! cria-t-il. Tu nous as apporté des cadeaux ?

— Miles, le gronda sa mère, tu ne vas pas commencer...

Elle aussi vient serrer Cordelia dans ses bras quand Liz finit par la relâcher.

— Évidemment que j'en ai rapporté !

Pour la première fois depuis longtemps, Cordelia sourit. Encore un peu et ses joues craquaient...

— J'ai des pulls en laine d'Aran pour tout le monde. Mais... je ne pensais pas que vous seriez tous là !

— Tu méritais un accueil digne de ce nom, quand même ! répondit Louise en venant embrasser sa fille. Comment vas-tu ?

Cordelia haussa une épaule.

— Je ne sais pas, maman. On en parlera plus tard, si ça ne te fait rien...

— Bien sûr, ma chérie, bien sûr.

Tout sourires, Toby passa un bras autour d'elle.

— Ça fait plaisir de te revoir, frangine.

Le cœur déjà en miettes de Cordelia se serra douloureusement. Elle avait beau se sentir remplie d'amour, la tristesse n'était pas loin. Car il lui manquait l'amour de quelqu'un de spécial... Et le retrouverait-elle un jour ? Pas sûr...

— On pensait vous reconduire jusqu'à Harlem, Liz et toi, dit Gary.

— Hein ?

Cordelia regarda son amie sans comprendre.

— Tu viens à l'appart avec moi ?

La mine rayonnante, Liz leva un énorme *tote bag*.

— J'ai du vin. Du pop-corn. Des nouilles chinoises. Et non, ne me remercie pas. Je me suis dit qu'on pourrait se faire une soirée ciné comme on les aime, avec une comédie romantique pour moi et un thriller bien glauque pour toi.

Elle leva les yeux au ciel et ajouta :

— Mais c'est bien parce que c'est toi que je m'inflige ce genre d'horreurs.

Cordelia sentit les larmes lui monter aux yeux. Alors seulement, elle se rendit compte que se retrouver seule dans son appartement aurait été insupportable.

— Tata, tu nous racontes ton voyage ? demanda Grace en la tirant par la manche. Tu as vu des farfadets ? Miles, il croit que oui, mais je lui ai dit que ça n'existe pas.

— Si, ça existe ! insista son petit frère.

— Je n'ai pas vu de farfadets, dit Cordelia en prenant la direction de la sortie, la main de sa nièce dans la sienne. Mais je peux te parler du *púca* qui vit sur l'île. Lui, il est bien réel. Mon amie Róisín lui parle tout le temps.

— Wouah ! s'exclama Miles. Et euh... c'est quoi, un *púca* ?

Alors que Cordelia éclatait de rire, l'air humide de New York l'enveloppa. Avec un gros effort, elle parvint à garder le sourire au moment de dire au revoir à Toby et aux enfants. Elle viendrait les voir dans la semaine, promis. Là-dessus, elle grimpa dans la jeep de Gary. Revoir le paysage new-yorkais la toucha en plein cœur. Comment se lasser de cette vue, surtout quand le soleil faisait étinceler les gratte-ciel dans le lointain ? L'Empire State Building ressemblait à une flèche décochée droit vers le ciel.

Liz l'aida à remonter ses bagages jusqu'à son appartement. Tout était exactement comme au moment de son départ. Sa petite jardinière remplie de plantes grasses. Les cadres aux murs. Son îlot de cuisine monté sur roulettes lui rappela Niall – elle préféra regarder ailleurs. Le lit était recouvert de la même parure de couette colorée. Des photos de sa famille étaient affichées sur la porte de l'armoire. Elle posa l'appareil de son père sur sa table de chevet.

Et, à côté, sa bague brin d'herbe.

Une douche et elle se mit en pyjama. Liz avait mis à bouillir de l'eau pour les nouilles tandis que les pop-corn éclataient bruyamment dans le micro-ondes.

— Tiens, dit son amie en lui tendant un verre de vin.

Liz se chargea du service, et Cordelia se jeta sur son plat comme une goinfre. Encore un peu et elle se brûlait la langue ! Puis elle vida son verre et s'en resservit un autre.

— Bon, comment tu te sens ?

Cordelia sentit une boule lui écraser son estomac. Et ce n'était pas parce qu'elle avait mangé trop vite...

— Je...

Elle fondit aussitôt en larmes. Le chagrin lui était tombé dessus, sans prévenir.

— Ça fait si mal, putain, je veux que ça s'arrête, sanglota-t-elle. Je suis trop mal, Liz. J'aurais préféré ne jamais le rencontrer. Ne jamais tomber amoureuse.

— Non, ma belle, ne dis pas une chose pareille. Tu as fait au mieux. Pour toi et pour lui. Tu aurais été heureuse si tu l'avais suivi à Londres, franchement ? Réfléchis. Il doit sûrement bosser H24, avec son ex tarée, en plus. Sympa, l'ambiance... Qu'est-ce que tu aurais fait de tes journées ? Cela n'aurait pas été comme à Inishmore. Pas de Róisín pour te trimbaler aux quatre coins de l'île avec sa carriole. Et puis ton nouveau bouquin, tu en fais quoi ?

Cordelia hoqueta avant de faire remarquer :

— Techniquement, je pourrais bosser de n'importe où.

— Oui, mais est-ce que ce n'est pas mieux que tu sois là pour discuter directement avec Kate ? La dernière fois, tu n'avais pas trop aimé que tout se fasse à distance.

— Tu essaies de me remonter le moral, c'est tout.

Liz secoua l'index sous son nez et rétorqua :

— Ce qui va te remonter le moral, c'est la soirée qu'on va passer. Compte sur moi pour te noyer sous des tonnes de bouffe et de compliments, résultats garantis ! Mais ce n'est pas tout...

Elle s'empressa d'aller ouvrir le frigo.

— Guacamole et sauce fromagère ! annonça-t-elle en brandissant deux bocaux en plastique.

— De chez Cantina ? demanda Cordelia.

— Oui, la *miss* ! répondit son amie en sortant un paquet de chips du placard. C'est le mieux que je pouvais faire. Malheureusement, je ne peux pas forcer Niall à se sortir les doigts et venir jusqu'ici pour te demander pardon.

— Non, il faut qu'il...

Liz leva la main et la coupa :

— Je sais, je sais, c'est la chance de sa vie, nanani nanana. Je ne suis pas aussi magnanime que toi. Ma priorité, c'est que tu te sentes choyée. Et, pour ça, rien de tel qu'un repas mexicain. Tu n'as pas dû souvent en manger là-bas.

Cordelia esquissa un sourire.

— Non, j'avoue.

— Il finira par redescendre sur terre, dit Liz en plongeant sa chips au fond du pot. C'est obligé. Vous étiez...

— S'il te plaît.

Cette fois, c'est Cordelia qui l'interrompit, en l'attrapant par le poignet.

— Arrête. On a vécu quelque chose ensemble, c'est tout.

Tout en goûtant la sauce fromagère, le regard dans le vide, elle dit :

— Je m'y voyais déjà. Je m'y voyais parfaitement, même. Niall qui s'installe ici. Le quotidien à deux. Je sais que ce n'est pas rien, le mariage, et c'est dingue qu'il m'ait demandé de...

— Je te confirme, acquiesça Liz. Je ne sais pas ce que j'aurais répondu si tu m'avais appelé pour avoir mon avis.

Subitement, Cordelia quitta la pièce. Quelques secondes plus tard, elle était de retour avec la bague brin d'herbe qu'elle passa à son doigt.

Liz hasarda :

— Est-ce que c'est...

— Il me l'a fabriquée, répondit Cordelia en hochant la tête. En fait... j'ai envie de la porter. Juste pour cette nuit. Ce n'est pas trop bizarre ?

— Non, pourquoi ? Le choix n'appartient qu'à toi. Porte-la tant que tu veux, tu as le droit.

Cordelia secoua la tête.

— Non, ce n'est pas possible. Ce... ce ne serait pas sain. Il faut que je passe à autre chose, j'en suis consciente. Mais ce soir, j'ai envie de faire semblant. De faire semblant qu'il est en train de remplir une valise avec le peu qu'il lui reste à Dublin. Qu'il va bientôt monter dans un avion. J'irai l'accueillir à l'aéroport. Il verra la ville se dessiner au loin. Il trouvera ma cuisine trop petite et mes couteaux émoussés. Il...

Sa voix se brisa et de grosses larmes roulèrent sur ses joues.

— Juste ce soir, murmura-t-elle en serrant le poing.

— Juste ce soir, alors, murmura Liz.

24

— Cinq entrées pour la 14 ! cria Niall. Il me faut aussi deux pavlovas et un sorbet au citron pour la 22.

— Oui, chef, répondit son second, Michel.

La cuisine était un bordel sans nom, dans le meilleur sens du terme. Des flammes s'élevaient des postes de cuisson, de la viande grillait, les assiettes s'entrechoquaient, on détaillait des légumes à une vitesse folle. Il y avait des rangées de bouteilles en plastique remplies de sauces de toutes les couleurs et des bacs remplis de légumes. Les commis se charriaient entre eux. Cette cuisine était le seul endroit où Niall se sentait encore vivre. Entre ces quatre murs, c'était lui qui commandait, il contrôlait chaque plat et pouvait veiller à ce que chaque assiette soit parfaite.

Deirdre passa la tête et lança :

— Je viens d'installer une table de neuf, dit-elle. Tenez-vous prêts.

— Deirdre, laisse-nous deux minutes, bordel, grogna Michel. On est débordés.

— Désolés, je pensais que vous vouliez remplir la caisse, répliqua-t-elle. Je leur dis de dégager ?

Niall secoua la tête et lança :

— Michel, arrête de te plaindre et occupe-toi des entrées. Deirdre, offre-leur une coupe de champagne en attendant. Ça nous laissera le temps d'envoyer ce qui est urgent.

— Compte sur moi !

Un clin d'œil et elle repartit en salle.

Michel déposa deux steaks dans une poêle et dit :

— Sérieux, chef, je ne vous imagine pas du tout avec elle.

— Tant mieux, parce que ce n'est pas le cas, répliqua Niall. Moins de discussions, plus de cuissons.

Dans une cuisine, les secrets ne le restent jamais très longtemps. Des hôtesses d'accueil aux plongeurs, tout le monde connaissait la navrante histoire de Niall, Deirdre et du pub maudit.

Ils n'étaient pas au courant pour Inishmore, cela dit. Trois mois que Niall avait quitté l'île : il avait gardé cette partie de sa vie enfermée à double tour depuis qu'il était descendu de l'avion qui l'amenait à Londres, au mois d'août. Son seul moyen de survivre, c'était de ne pas y penser. Ce qui n'avait pas été une mince affaire à partir de sa rencontre avec Ritchie. Ils avaient commencé à plancher sur la nouvelle carte, tout en suivant le chantier de rénovation et en embauchant le personnel. Niall avait dû trouver un point de chute et partir à la découverte du quartier. Il devait se consacrer au restau à 100 %, conformément à ce qu'exigeait Ritchie... qui s'était fait plutôt discret depuis ce premier mois de folie. Mais il ne voyait pas d'inconvénient à donner de sa personne. Pas question de laisser à son cerveau un dixième de seconde pour gamberger !

Le reste de la soirée se déroula dans une espèce de brouillard. Le pub avait officiellement ouvert ses portes une semaine plus tôt et n'avait pas désempli, la cuisine était toujours en ébullition. Ce boulot était épuisant, c'était ce qui faisait son charme. Et tout ce qui le préoccupait, c'était que chaque client soit servi à temps.

Voilà exactement ce qu'il voulait.

Enfin, non, mais il n'avait pas d'autre solution pour s'offrir un semblant de vie. Il y avait un vide dans son quotidien, un vide si énorme que personne ne s'en rendait compte et qui lui donnait parfois l'impression d'être coupé en deux. Avant, un corps à la douce chaleur épousait parfaitement le sien, une cascade de cheveux dorés lui glissait entre les mains. À la place, il n'y avait plus qu'une ombre. Une ombre dont le nom évoquait des souvenirs trop douloureux pour qu'il ait envie d'y penser. Alors pourquoi en aurait-il parlé ?

Le *rush* du service finit par se calmer vers 22 heures. Niall confia la cuisine à Michel et alla faire un tour au bar.

— Tout se passe bien, Gemma ? demanda-t-il à la serveuse, une fille responsable, avec des lunettes rondes.

— Bonsoir, chef, répondit-elle en retirant la capsule d'une bouteille de vin.

D'une main experte, elle enfonça le tire-bouchon et *plop* !

— Je m'en occupe.

Niall aimait passer derrière le comptoir quand les choses se calmaient en cuisine. Ça lui rappelait ses racines. Il appréciait de parler aux clients, d'apprendre à connaître les habitués.

— C'est pour qui ?

Gemma pencha la tête.

— Le siège 7. Vous vous en chargez, chef, sûr ?

— Oui, tu peux aller t'en griller une.

Il ne restait plus que deux tables occupées et quelques clients au bar. Niall versa le vin. Un cabernet – son préféré. L'estomac serré, il reposa la bouteille et apporta la commande à une femme à la chevelure blonde. Il sentit aussitôt son cœur s'emballer. Puis elle se retourna. Évidemment que ce n'était pas elle. La cliente avait une coupe plus courte et des yeux bleus.

— Merci beaucoup. Will, tu prends quelque chose ? demanda-t-elle à un type qui retira sa veste avant de s'asseoir à côté.

— Tu penses !

Niall repéra son accent : un Américain. L'univers le torturait, ou quoi ?

— Je grignoterais bien un truc, si la cuisine est toujours ouverte.

— Bien sûr, répondit Niall. Pour une petite demi-heure encore.

— C'est vous le chef ? voulut savoir le type.

— En effet.

— Ce n'est pas souvent qu'on voit le chef tenir le bar. Will Kincaid.

— Niall O'Connor.

Ils échangèrent une poignée de main. Du coin de l'œil, Niall remarqua que Deirdre ne loupait rien de la scène, postée à l'entrée.

— J'aime sortir de ma cuisine une fois que le coup de feu est passé, expliqua-t-il. J'ai commencé ma carrière derrière le comptoir.

— J'adore ! dit Will. La plupart des chefs avec qui je travaille ont un melon de la taille d'une montgolfière. Ils ne s'abaisseraient jamais à servir un verre.

— Vous êtes dans la restauration, vous aussi ?

— Je suis investisseur.

Will observa la déco du pub.

— Ritchie a eu le nez creux.

— Vous connaissez Ritchie ?

— Oh ! pitié, ne le lancez pas là-dessus, gronda la femme. On dirait deux gamins qui passent leur temps à se tirer la bourre.

— Ritchie est un ami.

Le ton solennel de Will fit soupirer la femme.

— Passe ta commande, je t'en supplie, Will. Moi, c'est Julia, au fait, dit-elle. Et je n'y connais rien au monde de la gastronomie. Mais je vais dans tous les restaus qu'il me dit de tester.

— Très heureux que vous avez décidé de passer au Star.

Julia pencha la tête.

— Votre visage me dit quelque chose, nous nous sommes déjà rencontrés ?

— Je ne crois pas. Je me suis installé à Londres au mois d'août.

— Un Sazerac pour moi, déclara Will.

Niall lui passa la carte et alla préparer son cocktail. Deux personnes supplémentaires vinrent prendre place au bar. Il leur versa un peu d'eau et leur passa des menus.

Deirdre sirotait une eau pétillante près de la desserte.

— Tu n'as pas à tenir le bar, tu sais, lui glissa-t-elle.

— Je sais, rétorqua-t-il. Si je le fais, c'est que ça me plaît.

Elle plissa les lèvres.

— C'est vrai, désolée. Hé, c'était qui, le mec avec qui tu parlais ?

— Will Kincaid.

Elle écarquilla les yeux.

— Sans déconner ?

— Tu le connais ?

— C'est la version hétéro de Richie. Il vient d'ouvrir une table à Tokyo, je crois.

Niall avait l'impression de voir le cerveau de Deirdre tourner à plein régime.

— Incroyable. Il faut que je raconte ça à Ritchie. Tu me diras ce qu'il commande, d'accord ? On leur offre le dessert.

Alors que Niall hochait la tête, Will lui fit signe.

— Je vous écoute, dit-il en retournant auprès d'eux.

Will se frotta les mains.

— Pour commencer, nous allons partager une cocotte de moules.

— Ensuite, il y aura un risotto au homard, dit Julia.

— Moi, j'hésite encore entre le saumon et l'agneau, dit Will. Mais ce sera plutôt l'agneau. Avec une pomme de terre à la suédoise.

— Noté. Excellent choix.

Ce n'était pas tout à fait la recette qu'il avait conçue pour le pub familial à Inishmore, mais ça y ressemblait. Il aurait sans doute mieux fait de ne pas le mettre à la carte, mais il n'avait pas pu résister. Il voulait qu'un petit bout d'elle soit là.

— Je parie que vous dites ça pour chacun de vos plats, blagua Julia.

Niall répondit par un sourire tendu.

— Non, cette recette d'agneau me tient vraiment à cœur.

— Ah oui, vraiment ? s'étonna Will en se penchant. Il y a une histoire derrière ?

Merde, il venait de se piéger tout seul.

— Pas vraiment, non, répondit-il d'un ton évasif. Ça me rappelle un plat que je préparais souvent à la maison, voilà tout.

— Vous êtes de quel coin d'Irlande ?

— Oh ! euh... Inishmore. C'est l'une des îles de l'archipel d'Aran.

Le visage de Julia s'éclaira.

— Attendez… vous êtes Niall ? Le Niall du compte Instagram de cette photographe !

À ces mots, Niall sentit tout son corps se transformer en glaçon. Julia avait dégainé son portable.

— Elle a fait toute une série sur Inishmore, une splendeur. Une seconde…

— Je ne…

Niall tenta d'intervenir mais elle faisait déjà défiler son écran.

— Regarde, Will ! s'exclama-t-elle en brandissant son téléphone. C'est vous, hein ?

Tout se troubla autour de Niall tandis qu'il se voyait apparaître. C'était une photo de lui et de son père en train de remplir les pintes pour la course des Guinness, au moment de *Pátrún*. La gorge serrée, il se rappela les danses plus tard dans la soirée, le retour au cottage, la…

Non. Pas question de rouvrir la porte au souvenir de cette nuit.

— Eh oui, c'est bien moi, reconnut-il.

— J'adore son travail, dit Julia.

Sans même s'en rendre compte, cette femme était à ça de faire voler son cœur en mille morceaux. Il suffisait qu'elle dise son prénom…

— C'est une New-Yorkaise, elle passait l'été sur l'île et elle en a profité pour interviewer les gens du coin. Il y a par exemple cette vieille dame, mais son prénom m'échappe…

— Róisín, dit Niall.

— Voilà ! Trop drôle. Ça me paraît fou de vous rencontrer. Quand on dit que le monde est petit… Oh !

Julia était retournée à son téléphone.

— Elle va publier un livre sur son séjour là-bas, on dirait.

La cliente leva à nouveau l'écran vers Niall. Un post annonçait la nouvelle.

— Oh ! fit-il d'un ton raide. Cool.

Will sembla deviner sa gêne car il déclara aussitôt :

— Si la cuisine ferme bientôt, nous ne voulons pas vous retenir...

— Je vais transmettre vos commandes. À votre santé.

Aussitôt, Niall quitta le comptoir et s'engouffra dans le couloir qui longeait la cuisine. Tout au bout, il s'adossa contre le mur entre un balai et un seau, le cœur tambourinant dans sa poitrine. Il s'était juré de ne plus jamais revoir ces photos. Mais les souvenirs étaient si forts qu'ils s'étaient libérés de leur cage. Les poings plaqués sur les yeux, il aurait voulu les faire replonger dans les profondeurs de son esprit.

— Niall ?

Deirdre se matérialisa à côté de lui.

— Tout va bien ?

— Tu peux demander à Gemma de tenir le bar ? demanda-t-il d'une voix étranglée.

— Bien sûr. Que se passe-t-il ?

— Rien. Rien du tout. Je... il faut que je rentre. Maintenant.

— OK.

Avec un regard inquiet, elle posa délicatement la main sur son épaule.

— Tu es sûre que ça va ?

— Mais oui. Michel peut se charger des dernières commandes ?

— Bien sûr.

Après avoir bredouillé un merci, Niall attrapa son manteau et sortit sans un mot pour personne. D'ordinaire, il restait toujours un peu après la fermeture, le temps d'un pot avec l'équipe. Mais ce soir, il avait besoin de solitude.

Il traversa les rues froides de Londres jusqu'à son appart. Trois mois. Il aurait dû passer à autre chose, depuis le temps. Lui qui était certain qu'il s'en tirait plutôt bien. Qu'il avait réussi à mettre cet été derrière lui. Quelle blague. Il n'avait fait que le planquer dans un coin. Et maintenant que le rideau s'était déchiré, il était obligé de penser à elle, et rien qu'à elle. En un sens, il n'avait fait que ça, depuis le début, malgré tous ses efforts.

Décembre était arrivé, et Camden avait mis ses habits de fête. Niall passa devant des vitrines garnies de guirlandes électriques et d'arbres de Noël qui clignotaient aux fenêtres. Finalement, il arriva chez lui, un modeste studio avec cependant une cuisine spacieuse. Mais, pour l'heure, il n'y avait qu'un endroit où il aurait voulu être – au fond d'un lit minuscule, dans un cottage minuscule, sur une île minuscule. Autant rêver d'aller sur la Lune... Et puis ce n'était pas le cottage qui l'appelait, mais la femme qui y avait vécu. Et elle n'avait pas voulu de lui.

Elle préparait tout de même un livre, pensa-t-il en allumant la lumière avant d'aller se servir un whisky. Tant mieux pour elle, au fond. Elle devait être si heureuse. Partager à nouveau son travail avec les gens, c'était ce qu'elle souhaitait.

Niall vida son verre d'un trait et s'en resservit un autre. Puis il prit son téléphone. Et s'il lui écrivait ? Pour la féliciter ? Ce serait normal, non ?

Finalement, ce fut à Colin qu'il écrivit.

Elle prépare un bouquin.

Quelques instants plus tard, les points de suspension apparurent à l'écran. Réponse en cours...

Pardon, mec, mais de qui tu parles ?

Niall déglutit difficilement. Colin savait qu'il faisait tout pour éviter de dire son nom. Ou de l'écrire. Ou de le penser.

À partir de ses photos d'Instagram.

Au même moment, son téléphone sonna.

— Merde, dit son pote sitôt qu'il décrocha. Comment tu te sens ?

— Pas top.

À ces mots, la voix de Niall se brisa.

— Merde, répéta Colin.

— Tu étais censé être mes yeux. Te tenir au courant ce qu'elle poste, me raconter ce qui se passe.

— Oui, mais ça fait un bail qu'elle n'a rien publié... Oh ! attends, je viens enfin de voir l'annonce, ça date d'hier.

Hier ? En un sens, penser à la vie qu'elle menait à New York acheva de le réduire en miettes. Imaginer ses doigts fins taper ses textes sur le clavier de son ordi, le sourire qui devait la rendre radieuse à l'idée de fêter la grande nouvelle, enfin. Est-ce qu'elle pensait à lui, rien qu'un tout petit peu ? Elle avait sûrement dû regarder les photos de lui qu'elle avait prises. Qu'avait-elle ressenti à ce moment-là ?

Stop, s'ordonna-t-il. *Elle n'a pas voulu de toi.*

— Niall ?

— Euh... oui, désolé.

— Écoute, je me disais...

— Faut que je te laisse.

Et il raccrocha sans même tenter de trouver une excuse. Il s'affala sur son canapé et observa fixement son téléphone, les mains tremblantes.

— Et merde, grogna-t-il.

Niall ouvrit Instagram et se connecta à sa page.

Elle était là. Ses cheveux pareils à un rayon de soleil. Son petit nez retroussé. Une coupe de champagne à la main, elle trinquait avec la personne qui tenait l'appareil – Liz, songea-t-il avec soulagement en voyant les ongles jaune pétard. Il ne supporterait pas qu'elle sorte avec quelqu'un. Le simple fait de l'imaginer partager ces photos et leurs souvenirs avec un autre homme risquait même de le briser.

Soudain, ce nom qu'il avait voulu oublier envahit son esprit comme l'eau qui perce un barrage.

— Cordelia, dit-il dans un murmure.

Cordelia, Cordelia, Cordelia...

Prostré, il fit défiler les images de cette période qui avait été la plus heureuse de sa vie, jusqu'à ce qu'il tombe sur la toute première qu'elle avait postée.

Niall au Fort Noir.

Quelque chose se brisa au fond de lui, et il se prit la tête entre les mains. Il aurait tout donné pour retourner sur cette falaise.

25

— Cordelia ?

— Mmh ?

Cordelia releva brusquement la tête et balaya la salle de réunion d'un regard perdu. Kate l'observait d'un air concentré.

Ce n'était pas la première fois qu'elle décrochait. Ces derniers mois, c'était comme si son esprit voulait à tout prix vagabonder. Il s'envolait sans arrêt, loin, de l'autre côté de l'océan.

— Il nous faut d'autres photos de Niall, dit son éditrice. Vous ne nous en avez presque pas donné.

— Il y a celle au fort.

— On ne voit pas son visage. Les femmes l'adorent, Cord. Il faut qu'on le voie plus.

— D'accord, dit Cordelia.

Ce n'était pas la première fois qu'elles avaient cette conversation.

La semaine précédente, pouvoir enfin annoncer que le livre se ferait lui avait mis le cœur en fête. Tous les gens d'Inishmore avaient signé une déclaration sur l'honneur pour l'autoriser à utiliser les photos qu'elle prenait d'eux, elle n'avait donc même pas besoin de leur demander quoi que ce soit. Elle avait également imprimé de nombreux tirages commandés sur son site. Et elle avait accepté le travail proposé par Liz qui lui laissait pas mal de liberté. Les choses se présentaient donc plutôt bien, dans l'ensemble.

Seulement, voilà : elle n'était pas heureuse.

Oh ! elle avait essayé. Elle avait fait semblant. Ce changement de cap aurait dû la satisfaire. Après tout, c'était ce qu'elle voulait, non ? Le fait est qu'elle n'était pas ingrate. Mais rien ne se passait comme prévu. Tout semblait avoir perdu ses couleurs, comme la pâle photocopie d'une vie dont Cordelia n'avait connu qu'une seule fois l'original, débordant de lumière et d'intensité.

Elle aurait dû oublier Niall, depuis le temps. C'était débile, et même carrément maso, de s'accrocher aussi désespérément à son souvenir. Mais c'était plus fort qu'elle, elle ne pouvait pas s'empêcher de repenser au temps qu'ils avaient passé ensemble. Elle le faisait dès qu'elle avait une seconde de liberté. Ou lors d'importants rendez-vous qu'elle aurait mieux fait de suivre attentivement.

— Et pour Pocket, qu'avez-vous à nous proposer ? poursuivit Kate.

Cordelia montra les photos sur son ordinateur.

— Trop mimi, roucoula une assistante de son éditrice. Elle aime se promener sur l'île toute seule, c'est vrai ?

— Oui.

D'un œil mélancolique, Cordelia observait une photo de la chienne qui semblait sourire, la langue pendant sur le côté. Elle était assise sur un mur en pierre. Derrière, un troupeau de moutons.

— Une fois, elle a gratté à ma porte et elle m'a conduite jusque chez Niall pour le dîner.

À ce souvenir, ses yeux la brûlèrent, et une boule lui noua la gorge. Elle aurait mieux fait de ne pas y penser.

Mais c'était le but de cette réunion, non ? Passer en revue les souvenir de cet été, encore, et encore, et encore...

— Oh ! adorable ! s'exclama Miriam.

Cordelia se força à se concentrer jusqu'à la fin de la réunion. Le soulagement l'envahit quand Kate dit :

— Bien, c'est un bon début, me semble-t-il. Apportez-nous d'autres photos de Niall pour la semaine prochaine, c'est d'accord ?

— Pas de problème.

C'était comme si une main géante s'était refermée autour de ses poumons. Plus elle passait de temps devant ses photos de l'été, plus elle avait du mal à respirer. Elle rassembla ses affaires et regarda l'heure. Sa mère l'attendait dans Brooklyn pour déjeuner.

C'était l'un de ces jours de décembre froids et clairs où on peut marcher en sentant la chaude caresse du soleil new-yorkais. Cordelia mit son cache-oreilles et se dirigea vers la bouche de métro en zigzaguant entre un vendeur de hot dogs et un groupe de touristes partis admirer l'immense sapin de Noël du Rockefeller Center.

Lorsque son téléphone vibra, son cœur fit un bond dans sa poitrine. Il fallait qu'elle cesse d'avoir ce genre de réactions. Au bout de trois mois, elle aurait dû comprendre que Niall ne la contacterait sûrement jamais. Et pourtant, elle continuait de s'accrocher à cet espoir insensé.

Pourquoi n'avait-elle pas tourné la page ? Elle ne se remettrait jamais en couple, sans ça. Pas étonnant qu'elle ait évité les relations sentimentales, durant toutes ces années. C'était de la souffrance inutile.

Le message était de Liz.

Liz : Comment ça s'est passé ?
Cordelia : Bien.

Liz : Rejoins-nous tout à l'heure ! Meena et moi, on va à Trailer Park.

Cordelia s'arrêta net devant l'entrée du métro. C'était chouette que Meena et Liz soient restées amies, mais elle avait toujours l'impression d'être la pièce rapportée. Une petite pièce triste et mal fichue.

Ah, un autre SMS de Liz.

Je sens que tu réfléchis très fort à une excuse. Je n'en croirai pas un seul mot, sache-le. Rdv à 19 h 30.

Cordelia laissa échapper un soupir. Bah, elle n'avait rien de prévu, alors...

À tout à l'heure, alors.

Elle descendit à la station de Smith Street et se dirigea vers le café où l'attendait sa mère. C'était un charmant petit endroit tenu par des Français, la porte était entourée de papier cadeau et le bar était décorée de branches de houx. Des enceintes diffusaient des chansons de Noël en sourdine. Louise était assise à une table dans un coin, en train de déguster un café latte. Elle lui fit signe en la voyant entrer.

— Coucou maman, dit-elle en faisant une bise à sa mère tandis qu'elle se débarrassait de son écharpe.

— Alors, cette réunion ? demanda Louise avec impatience.

— Très bien. Ils veulent d'autres photos de Niall.

Même le simple fait de dire son nom tout haut était douloureux.

— Pas étonnant ! Tes photos de lui sont magnifiques.

Louise pinça les lèvres et ajouta :

— Et toi, comment vas-tu, ma chérie ? Ne me dis pas « bien » pour me faire plaisir. Comment vas-tu, pour de vrai ?

Cordelia haussa les épaules et hasarda :

— Super mal ? C'est vrai, quoi, j'ai eu tout ce que je voulais. J'ai retrouvé le feu sacré en allant à Inishmore, j'ai décroché un contrat pour ce bouquin et mon site Internet tourne tout seul, seulement...

— Seulement, tu as perdu quelque chose au passage, finit sa mère. C'est normal que tu le vives mal.

Depuis qu'elle était rentrée d'Irlande, Cordelia et elle avaient très souvent déjeuné ensemble ou dîné à la maison avec Gary. Louise avait cessé de se mêler de sa vie sentimentale pour devenir la fan numéro un de sa fille : elle lui posait toujours des questions sur son travail ou demandait à voir le résultat de ses sorties photo. De son côté, Cordelia s'était lancée dans un nouveau projet : trouver les endroits à travers lesquels son père semblait encore vivre, pour raconter son histoire en photos. Sa mère l'aidait en se replongeant dans ses souvenirs pour lui suggérer des lieux que Christopher James avait aimés.

Et Cordelia était contente - contente de se sentir proche d'elle. Car elle était encore là.

— J'ai eu tort, maman, tu penses ? demanda-t-elle. J'ai failli dire oui. Est-ce que j'aurais dû... partir pour Londres ?

— Premièrement, ma chérie, je doute que précipiter les choses aurait été une bonne idée. D'accord, je voulais te pousser dans cette voie, mais nous avons tous fait des progrès, non ?

Avec un clin d'œil, elle serra l'épaule de Cordelia.

— À mon avis, tu n'aurais pas été heureuse à Londres. Parce que tu y serais allée pour lui. Tu es un esprit libre, Cordie.

— Oui. Sans doute.

— Ce que je ne comprends pas, poursuivit sa mère, c'est pourquoi tu ne l'appelles pas. Ou alors, va le voir ! Londres-New York, ce n'est pas non plus la mer à boire.

— Maman, je ne peux pas débarquer à Londres, dit Cordelia.

— Pourquoi pas ? Ce serait tellement romantique.

— Ce serait tellement gênant, surtout. S'il voulait me parler, il m'aurait contactée depuis longtemps, tu ne crois pas ?

Louise réfléchit une seconde puis répondit :

— Est-ce que tu as essayé de l'appeler, au moins ? Non. Si ça se trouve, il se dit peut-être la même chose de son côté. Je vous ai vus ensemble, rappelle-toi. J'ai vu le lien qui vous unissait. C'est rare, crois-moi.

— Mais tu viens de dire que j'ai fait le bon choix en refusant et en rentrant à la maison !

Cordelia avait presque crié. Sa mère répondit :

— Je suis flattée de voir que tu accordes tant d'importance à mon avis. Et je ne t'ai pas déconseillée d'être avec lui. J'ai dit que vous n'aviez aucune obligation de vous marier, nuance. Vous avez fait comme s'il n'y avait pas d'autre alternative : le mariage ou rien ! Vous êtes deux personnes intelligentes, vous auriez pu trouver une solution. Cordelia, c'est ta vie. Si tu as envie de retrouver Niall, va le chercher. Je ne vois vraiment pas où est le problème.

— Si Gary partait, tu sauterais dans un avion pour aller le chercher ? demanda Cordelia.

— Sans hésiter une seconde, répondit sa mère.

— Oh.

Cordelia se cala au fond de son fauteuil en soufflant.

— En fait... je voulais te parler d'une chose.

Louise tripotait nerveusement sa serviette.

— Quoi ? Vous allez vous marier, Gary et toi ?

Cordelia l'avait dit sur le ton de la boutade. Mais voyant que sa mère ne réagissait pas...

— Attends, maman... Vous allez vous marier ?

— On envisage de se fiancer, répondit délicatement sa mère.

— Sérieux ?

— Je voulais en parler avec mes enfants d'abord. Et il compte en faire autant avec Jon. C'est que... il me rend si heureuse, Cord. Ça fait bientôt un an qu'on est ensemble, et nous ne sommes plus tout jeunes. On sait ce qu'on veut. Mais ne va pas penser que je me fiche de...

Cordelia avait déjà sauté à son cou.

— Maman, c'est formidable !

— Vraiment ?

Louise était abasourdie.

— Mais oui, maman, répondit Cordelia, tu sais que mon blocage avec Gary, c'est de l'histoire ancienne. C'est un type super, qui t'aime... et qui arrive à te supporter !

— Arrête tes bêtises, la gronda sa mère sans pouvoir cacher son immense sourire. Oh ! là, là, j'étais dans tous mes états à l'idée de t'annoncer la nouvelle ! Toby m'a répété que ça n'avait aucun sens, mais j'avais peur que tu te mettes en colère.

— Parce que Toby est déjà au courant ? Alors là, oui, je vais me mettre en colère !

Cordelia éclata de rire puis poursuivit :

— Oh ! maman, je suis vraiment heureuse pour toi. Où est ta bague ?

Elle avait beau observer les mains de sa mère, elle n'en voyait pas.

— Je n'ai pas besoin de bague, répondit-elle. Les bagues, c'est secondaire. C'est la promesse qui compte.

Le sourire de Cordelia se figea, et son esprit vola jusqu'à la bague brin d'herbe qui n'avait pas quitté sa table de chevet, chez elle. Elle aurait dû la ranger dans le tiroir, ou la jeter, mais elle n'en avait pas eu la force.

Elles passèrent le reste du déjeuner à débriefer le rendez-vous à la maison d'édition et parler du nouveau club de lecture de Louise. L'épineux sujet des relations sentimentales était loin, si loin... Cordelia aurait aimé croire sa mère. Oui, il suffisait peut-être qu'elle grimpe dans un avion pour Londres et qu'elle avoue ses sentiments pour Niall. Mais il avait sûrement tourné la page. Les filles devaient se battre pour sortir avec lui. Et comment ne pas les comprendre ? Il était sublime, son éditrice ne manquait d'ailleurs jamais de le rappeler.

Plus tard dans la soirée, Cordelia sortit retrouver les filles au Trailer Park. C'était un petit bar de quartier, sur la 23e Rue, avec des inscriptions au néon sur la devanture et des guirlandes de fanions qui pendaient au plafond. Les tables étaient en formica et les sièges étaient recouverts de protections en plastique coloré. Des plaques d'immatriculation et des photos en noir et blanc habillaient les murs. Pour couronner le tout, une pompe à essence tout droit venue des années 1950 trônait à une extrémité du bar. Avec son rouge pétard, impossible de la louper !

Elles étaient assises à une table dans le fond et se partageaient un pichet de margarita.

— Cordie ! s'exclama Meena en se levant pour la serrer dans ses bras.

Elle avait de longs cheveux noirs soyeux et des yeux vert pâle.

— Ça me fait trop plaisir que tu sois venue.

— Tu es sublime ! renchérit Liz.

Hum. Adorable mais... bizarre, cet accueil.

— Pas du tout, répondit-elle en se glissant sur un siège tandis que Meena la servait. Je suis exactement comme d'habitude.

— Tu as toujours l'air magnifique, dit Meena

Étrange aussi, ce coup d'œil furtif qu'elle venait d'adresser à Liz.

— C'était bien, ton déj' avec Louise ? demanda celle-ci.

— Oh ! les filles, vous ne devinerez jamais... Ma mère... est fiancée !

Liz poussa un petit cri de souris tandis que Meena criait :

— Quoi ? Mais non !

Cordelia leur raconta toute l'histoire. Pour conclure, Liz leva son verre.

— À Louise et Gary, dit-elle. Qui aurait deviné, franchement ?

— Moi, dit Meena pendant qu'elles trinquaient. Je l'avais totalement venu venir.

— N'importe quoi.

— Je t'assure. Pardon, Cordie, mais ta mère est assez compliquée, dans son genre. Quand ils ont passé le cap des six mois de relation, j'ai su que Gary serait là pour un bon moment. Il avait fait le plus dur.

Liz leva des yeux excédés.

— Mais bien sûr... Oh ! Meena, raconte à Cordelia l'histoire dont tu me parlais. Ce client qui a essayé de te pécho.

Meena bossait pour une grosse boîte dans le domaine de la défense. La plupart du temps, elle traitait avec des connards accusés de détournements de fonds, entre autres gracieusetés.

— Ah bon, comment ça ? demanda Cordelia.

Meena lui expliqua comment un mec de soixante-quinze ans passait son temps à l'appeler sa « petite chérie » et à la complimenter pour son style « exotique ».

— Pouah !

— Comme tu dis ! s'exclama Liz.

Alors qu'elle levait la tête, ses yeux s'écarquillèrent.

— Hé, Meena, ce n'est pas ton collègue Jeremy ?

En se retournant, Cordelia vit un type se diriger vers leur table, en costume, ses cheveux bruns rabattus sur le côté.

— Salut, dit-il.

— Salut Jeremy, dit Meena. Contente que tu aies pu te joindre à nous.

Te joindre à nous ? Cordelia fusilla Liz du regard. Mais celle-ci fit mine de ne pas s'en rendre compte...

— Tu te souviens de Liz..., poursuivait Mina. Et voici Cordelia.

— Bonsoir, dit Jeremy en tendant la main. Enchanté.

Cordelia l'ignora.

— Liz, je peux te parler une minute ?

Sans lui laisser la moindre chance de discuter, elle alla se planter près de la pompe à essence.

— OK, ne m'en veux pas, mais...

Cordelia explosa avant même que sa meilleure amie ait fini sa phrase :

— Non mais je rêve ? Tu essaies de me mettre avec ce type ?

— Non. Enfin, pas vraiment.

Devant son air circonspect, Liz enchaîna :

— Je me suis dit que ça pourrait être marrant ! Zéro pression, hein, mais ce serait chouette que tu te remettes à parler aux mecs. Pour sociabiliser.

— Pourquoi faire, Liz ?

Cordelia avait les larmes aux yeux.

— Parce que tu t'enfonces dans ta déprime, Cord. C'est comme si tu te noyais, je ne vais pas te regarder couler sans réagir.

— Et tu as cru quoi ? Que Jeremy serait ma bouée de sauvetage ?

— Mais non ! Que tu pourrais te changer les idées. Tu n'es pas obligée de te marier avec lui...

Avec un petit cri, Liz plaqua la main sur sa bouche. Cordelia sentit le sang refluer de son visage.

— Oh ! merde, Cordie, je ne voulais pas dire ça. Je suis trop conne, vraiment, excuse-moi.

— Je ne me sens pas super bien, la coupa Cordelia. Je rentre.

— Non, la supplia son amie. Je vais demander à Jeremy de partir. Pardon, Cord. J'ai merdé.

— Comme tu dis.

Elle retourna à la table pour prendre son manteau et quitta le bar sans se retourner.

Plus tard dans la soirée, Cordelia était allongée sur son lit, les yeux levés vers le plafond, et se posait des questions. À quoi avait ressemblé la journée de Niall ? Et le lendemain, que comptait-il faire ? Puis son téléphone sonna. À nouveau, même si elle savait que c'était complètement débile, elle espéra voir le nom de Niall s'afficher à l'écran.

Ce n'était que Liz.

J'ai été la pire amie de l'histoire de l'humanité. Est-ce que tu me pardonnes ? Promis, je ne recommencerai plus. Je suis prête à me mettre à genoux et à te supplier. Je ramperai sur du verre pilé s'il le faut. C'était une connerie monumentale et je ne peux pas croire que je t'ai fait autant de mal.

Cordelia eut un pâle sourire.

Pour des excuses, ce n'était pas mal.

Son téléphone sonna aussitôt.

— Oh ! Cord, je n'en reviens pas d'avoir été conne à ce point, dit Liz.

— Pas de souci. Je n'aurais pas dû partir.

Elle se tourna sur le côté et ajouta :

— Tu penses vraiment que je suis en train de me noyer ?

Liz hésita à l'autre bout du fil. Puis répondit :

— Tu n'as pas cette impression ?

Une larme brûlante glissa le long du nez de Cordelia.

— Si. Mais avant ce soir, j'avais l'impression de mieux le cacher.

Liz gloussa.

— Tu n'as jamais été très bonne actrice.

— Non, sans doute pas, admit-elle en jouant avec le coin de sa taie d'oreiller. Il fait quoi en ce moment, à ton avis ?

— Il doit sûrement dormir. Le décalage horaire, tout ça.

— Et est-ce qu'il pense à moi ?

— Évidemment que oui, nounouille ! Pourquoi ce serait le contraire ?

Cordelia déglutit difficilement.

— J'aurais préféré ne pas lui faire autant de mal.

— Moi pareil, ma belle, dit Liz. Moi pareil.

Un ange passa. Et sans doute même plusieurs.

— Tu as sûrement raison, finit par dire Cordelia. Je devrais commencer à... à voir du monde.

— Bah, je te pressais pour rien. En plus, Jeremy est un gros nullos. Mais je ne savais pas qui d'autre inviter. Les mecs avec qui je travaille sont gays. Je me suis dit que flirter un peu te ferait du bien. Mais ce n'est pas trop ton style, hein ? Désolée. J'aurais dû le savoir.

— C'est bon, t'inquiète, murmura Cordelia.

La vérité, c'était qu'il n'y avait rien à faire ou à dire pour arranger les choses à sa place.

Elle devait aller chercher Niall par ses propres moyens.

26

Niall avait hâte que la période des fêtes se termine.

Tout autour de lui, il ne voyait que des couples heureux qui se tenaient par la main, qui partageaient un vin chaud en riant ou qui s'embrassaient en plein milieu du trottoir, ce qui l'obligeait à les esquiver. À ce moment de l'année, tout vous mettait une pression de dingue pour être heureux et amoureux. Et il en était loin, mais alors très loin.

Il comptait passer sa journée de Noël à cuisiner un bœuf bourguignon et à se siffler la bouteille de whisky de quinze ans d'âge qu'il gardait soigneusement chez lui.

Lorsqu'il arriva pour ouvrir le restaurant le 24, il dut toussoter pour que les deux tourtereaux qui se regardaient les yeux dans les yeux devant les portes en verre du Star daignent s'écarter du passage. C'est quoi, le délire des gens en couple avec Noël ? Ce n'est pas la fête de l'amour, si ? Deirdre avait accroché du gui au-dessus de l'entrée, au prétexte que c'était « trop mim's » et que les clients « kifferaient trop ». D'un œil noir, Niall aurait bien aimé le désintégrer.

Assise au bar, son ex était plongée dans les livres de compte.

— Salut, dit-elle. Il a commencé à neiger ?

— Pas encore, répondit Niall en retirant son écharpe.

Un détour par son bureau pour déposer ses affaires, et il passa en cuisine. Michel était déjà à pied d'œuvre.

— Bonjour, chef, lui lança-t-il.

Michel était pro jusqu'au bout des ongles, il n'était presque jamais nécessaire de lui donner des directives. Niall put donc se préparer un café et alla s'asseoir à côté de Deirdre.

— Comment ça se présente ? demanda-t-il.

— Dans quelques mois, ça risque d'exploser, dit-elle d'un air radieux. Pas mal, hein ? J'ai suggéré à Ritchie qu'on devrait songer à se développer.

— Déjà ? Alors qu'on vient d'ouvrir ?

— Il faut capitaliser sur ce succès. Notre nouvel horizon, c'est l'Amérique. Ce ne serait pas incroyable d'avoir une table à San Francisco, ou à New York ?

Niall sentit son estomac se nouer. Connement, il laissa un rayon d'espoir éclairer son cœur, mais il le fit aussitôt disparaître. *Même si tu vas à New York, ça ne changera rien à l'affaire. Elle n'a pas voulu de toi*, se rappela-t-il. Et puis la perspective d'ouvrir un nouvel établissement l'épuisait, rien que d'y penser. Il venait à peine de prendre ses marques à Londres.

Mais c'était du Deirdre tout craché. Toujours en train de penser au coup d'après. Toujours à en vouloir plus. Il ne pouvait pas s'empêcher de penser que ce restau était d'abord celui de Ritchie et Deirdre, avant d'être le sien.

Elle posa une main sur son épaule, et il sursauta.

— Tu étais où ? demanda-t-elle.

— Hein ?

— Tu avais l'air parti très loin. Ce regard-là, tu l'avais seulement au supermarché. Tu pouvais passer des heures au rayon fruits et légumes à regarder la même courgette. Tu te souviens ?

Elle avait pris cette habitude d'évoquer des souvenirs de leur relation. Et ça avait le don de le mettre sur les nerfs. Travailler avec elle n'avait pas été une catastrophe de A à Z, contrairement à ce qu'il avait pu craindre, mais elle devenait un peu trop mielleuse à son goût.

— Je ne sais pas. Je réfléchissais, sûrement, dit-il. Je vais attaquer la mise en place.

— Michel peut s'en charger.

— J'y tiens, Deirdre.

— D'accord, se contenta-t-elle de répondre, le nez déjà replongé dans les livres de compte.

Tout en découpant des champignons qu'il avait soigneusement brossés, Niall laissa son esprit vagabonder tandis que Michel discutait avec les autres Français de la brigade.

En dehors des deux nouveaux plats à la carte, tout était comme au Fallen Star à Dublin, jusqu'au carrelage de la cuisine sur lequel il avait trouvé Patrick et Deirdre en train de s'envoyer en l'air. Et vu que ce n'était pas lui qui avait ouvert ce restau, il ne se sentait pas vraiment comme à la maison. Aussi dingue que ça pouvait sembler, le pub familial lui manquait. Les blagues de Darragh lui manquaient, les concerts quotidiens de Colin et le sourire enjoué de Shauna aussi. Et même le caractère grognon de son père.

On a parfois d'étonnantes surprises, dans la vie…

Il n'y a pas que ça qui te manque, songea-t-il avec amertume.

La clientèle londonienne était à des années-lumière de celle d'Inishmore. Niall en avait marre que des gens renvoient leur assiette en cuisine, tout ça parce qu'ils ne savaient pas préciser la cuisson de leur steak ou parce qu'un ingrédient ne leur convenait pas. Mais que faire ? Où pouvait-il aller ? Il était le chef de sa brigade, il aurait dû être un peu moins ingrat. Il avait eu tout ce qu'il voulait.

Il n'avait pas cette impression, pourtant.

— Tout va bien, chef ?

La voix de Michel de tira de ses pensées.

— Oui, oui, répondit-il

C'était n'importe quoi. Avec tout ce qu'il avait, tout ce qu'il avait réalisé, pourquoi vouloir être ailleurs ?

Le service commença, et Niall se laissa emporter par le tempo effréné de la cuisine. La soirée promettait d'être intense. Il imaginait d'ici le flot de clients qu'on essayait de contrôler.

— Roger, j'ai besoin de plus de moules, lança-t-il à un commis. Luis, tu me surveilles la cuisson du risotto et... au fait, Michel, la garniture, elle est où ?

— Ici, chef !

— Oui, chef !

— Les moules sont lancées, chef !

Deirdre fit irruption dans la cuisine.

— Niall, tu as de la visite !

Il fut tenté de l'envoyer paître. Il était occupé, ça ne se voyait pas ? Mais un visage familier apparut soudain derrière son épaule.

— Hors de mon chemin, gourgandine !

Róisín écarta Deirdre sans ménagement. Michel fut soufflé par cette entrée fracassante.

— Ah, Niall, mon garçon, te voilà ! Grands dieux, regardez-moi cet endroit !

— Róisín ! s'exclama-t-il. Qu'est-ce que tu fais là ?

— À ton avis ? On est venus voir ton restaurant, grand couillon !

— Comment ça, « on » ?

La note d'espoir qui perçait dans sa voix était si perceptible que même sa vieille amie l'entendit. Elle grimaça.

— Tes parents sont là aussi, expliqua-t-elle. Mais Owen a tenu à ce qu'on ne te dérange avant la fin du coup de feu.

Comme si c'était mon genre d'embêter les gens ! Oh, mais ça sent rudement bon, dis-moi !

Un serveur venait de partir chargé d'une assiette de risotto et de moules.

Niall ne savait pas s'il devait rire ou pleurer. Il vint la prendre dans ses bras.

— Róisín, ma chère Róisín ! Écoute, je suis dans le bouillon, laisse-moi juste...

— Bien sûr, occupe-toi de ton travail, dit-elle en agitant la main. Je m'éclipse. Mais si tu pouvais nous faire apporter quelques-unes de ces moules délicieuses, ce serait bien gentil de ta part.

— Je vais demander à ce qu'on vous soigne, t'inquiète, dit Niall. Mes parents sont déjà en salle ?

Róisín se pencha pour lui glisser :

— Tu aurais vu ton père bomber fièrement le torse en entrant ! Il a failli faire péter les boutons de sa veste.

Niall sentit une vague de chaleur envahir sa poitrine. Róisín tourna les talons et quitta la cuisine, non sans avoir fusillé Deirdre du regard.

— Une amie à vous ? demanda Michel.

— Elle est de la famille, répondit-il avec un sourire.

Plus tard dans la soirée, une fois le *rush* passé, Niall put enfin aller voir ses parents.

— Mon garçon, dit sa mère en le prenant dans ses bras.

— Vous auriez dû me prévenir !

— Tu aurais été foutu de nous dire non, ricana Róisín.

Niall chercha son père d'un œil inquiet.

— Le repas t'a plu, p'pa ?

Owen hocha lentement la tête.

— Un régal, Niall. Du feu de dieu.

Róisín et Fiona échangèrent un sourire radieux dans le dos d'Owen. Niall se sentit rougir.

— Tu as aimé, alors ?

— Si j'ai aimé ? Tout est beau et bon, ici. Le risotto est un peu sophistiqué pour mon goût, mais la cuisson de ton saumon était impeccable.

— Sans cette gourgandine, ce serait parfait..., grommela Róisín.

— Bah, avec l'habitude, on s'y fait, fit remarquer Niall.

Sa vieille amie lui adressa un regard perçant.

— Vraiment ?

— Je veux dire...

— Fiche-lui la paix deux secondes, Róisín, intervint Owen.

D'un air hésitant, Fiona dit :

— On espérait que la surprise te ferait plaisir. Tu nous manques tellement, et ça faisait des années qu'on n'avait pas passé les fêtes ensemble. Alison reçoit toutes sortes de promos. Alors quand elle en a reçu une pour un hôtel à Londres, on s'est dit pourquoi pas ?

— C'est une merveilleuse surprise, maman, dit Niall. Je suis super content.

— Tant mieux. Par contre, je te trouve un peu maigrichon. Tu manges bien, rassure-moi ?

Niall leva les yeux au ciel.

— Mais oui, maman. Vous n'avez qu'à venir déjeuner chez moi demain midi. Je compte faire un bœuf bourguignon.

— Oh ! tu as invité des amis ? demanda sa mère d'un ton enjoué.

— Euh... non, admit-il en toussotant. J'avais envie d'en préparer un, c'est tout.

— Avec grand plaisir, en tout cas, dit Róisín. C'est pour te voir qu'on est venus. Parce que Londres ! On en fait tout un foin, mais franchement...

Niall leur donna son adresse puis les serra tous dans ses bras avant de leur donnez rendez-vous pour le lendemain. Sur le chemin de la cuisine, il aperçut un visage familier au bar.

Will Kincaid lui fit signe. Niall vint lui serrer la main.

— Ah, Will ! Content de vous revoir ! Joyeux Noël !

— Joyeux Noël à vous aussi. Je pars pour les States demain, mais il fallait que je revienne pour savourer cet agneau, une merveille.

— Ça me touche beaucoup. Permettez-moi de vous offrir quelque chose. Vous avez déjà testé le fromage de chèvre rôti ?

Son client éclata de rire.

— Non, mais je risque d'apprécier ! Au fait, voici mon contact.

Il lui tendit une épaisse carte de visite de couleur crème.

— Si vous passez aux US, à Tokyo ou à Lisbonne, venez faire un tour dans mes établissements, vous me direz ce que vous en pensez.

— Avec joie, répondit Niall en glissant la carte dans sa poche. Je demande qu'on vous prépare votre chèvre et votre agneau tout de suite. Gemma !

La responsable du bar leva le nez.

— C'est moi qui offre les boissons de M. Kincaid.

Will se récria. Ce n'était pas nécessaire ! Mais Niall insista. Il se sentait plus léger. Sans doute le fait d'avoir vu ses parents et Róisín. Une petite dose d'Inishmore.

Après la fermeture du restaurant, l'équipe se rassembla pour quelques verres autour du bar. Niall aimait ce moment. La plupart des lumières était éteintes, les chaises étaient sur les tables et les ribambelles de bouteilles d'alcools jetaient des reflets séduisants. Alors qu'il dégustait son second whisky, il se sentit gagné par l'agréable légèreté qui va avec. L'esprit un peu moins aux aguets, la poitrine remplie d'une douce chaleur. Michel faisait valser Gemma au milieu de la salle et deux serveuses s'embrassaient dans la cuisine.

Son père avait aimé cet endroit. Niall n'avait jamais imaginé ce qu'il aurait pu en penser, partant du principe qu'il ne viendrait jamais... Il l'avait rendu fier, à sa façon, avec ses moyens.

Si seulement il avait pu le dire à Cordelia...

Et merde. Il prit son téléphone, porté par le courage offert par le whisky. Il se lança dans un message.

Salut, Cord... Non, trop familier. *Hé, devine quoi ? Mon père est venu au restau, ce soir.* Encore pire. Il n'allait pas faire semblant d'être resté en contact avec elle alors qu'ils ne se parlaient plus depuis des mois.

— Bon.

Deirdre posa sa coupe de champagne sur le comptoir.

— J'y vais, Niall. Tu rentres en métro ?

Il leva distraitement les yeux.

— Hein ? Oh ! euh... oui.

— Ça t'ennuie de faire le chemin avec moi ?

— Non, non, dit-il en se levant.

Il ferait mieux de rentrer, lui aussi. Alors qu'il enfilait son manteau, Michel le chercha du regard. Mince, tout le monde était déjà parti.

— Joyeux Noël, chef !

Son second rabaissa son bonnet sur son front et sortit. Deirdre boutonnait son manteau. Niall passa chercher ses affaires et la suivit jusqu'à la porte. Soudain, elle l'attrapa par le coude pour qu'il s'arrête.

— Quoi ? demanda-t-il.

Elle gloussa en lui indiquant le plafond.

— On est sous le gui.

Puis elle se pencha pour l'embrasser.

Niall recula brusquement.

— Mais ça va pas ou quoi ? Deirdre, merde.

— Quoi ? demanda-t-elle, les yeux écarquillés. Je pensais que...

— Que quoi ?

Deirdre fit un geste vague.

— Ce restau, c'est chez nous, Niall. Comme tu as accepté, j'ai pensé que tu voulais... enfin...

— Si j'ai accepté, c'est parce que je voulais bosser dans mon propre restau ! cria-t-il. Je te l'ai dit dès le début, ça n'a rien à voir avec nous.

— Oh ! pitié, le coupa-t-elle. Les mecs disent toujours ça. Tu n'en pensais pas un mot.

— Si, répliqua-t-il, saisi par un vertige. Et c'est toujours le cas. Tu m'as fait cette offre pour qu'on se remette ensemble, alors ?

Il y eut un silence. Puis Deirdre finit par dire :

— Non. Enfin, pas seulement.

Niall attendit. Il la connaissait trop bien. Elle avait encore une carte dans sa manche.

— Ritchie te voulait dans l'affaire, dit-elle avec le rouge aux joues. Après que je lui ai parlé de tes talents.

— Après ?

Une vague de feu brûlait la nuque de Niall.

— Tu es en train de me dire... qu'il n'y tenait pas tant que ça ?

— Eh bien, non. C'est moi qui ai insisté. Tu es bourré de talents, Niall, et je savais qu'après t'avoir rencontré Ritchie penserait pareil. Mais tu es tellement borné... Si je n'avais pas formulé les choses de cette façon, tu ne serais jamais venu.

Niall dut se retenir pour ne pas vomir.

— J'y crois pas. Vraiment, j'y crois pas. C'est toujours pareil avec toi, Deirdre. Ce que tu veux, tu finis toujours par l'obtenir, pas vrai ? Que ce soit de ton père, de Ritchie, de Patrick, de tout le monde. Eh bien, pas moi.

— C'est à cause de cette fille ? demanda-t-elle. Celle d'Inishmore ? Carla ?

— Cordelia, gronda-t-il, la mâchoire serrée. Elle s'appelle Cordelia. Et non. Même si elle n'avait jamais existé, même si je ne l'avais jamais rencontrée, tu serais venue à Inishmore pour me servir le même mensonge... Tu veux toujours tout contrôler, Deirdre. Tu manipules le monde comme ça t'arrange et tu t'attends à ce que les gens filent droit. Eh bien moi, j'en ai marre, tu entends ? J'en ai marre.

— Niall...

Il était tellement furieux que ses oreilles bourdonnaient.

— Je me barre, dit-il d'un ton sifflant. Trouve-toi un nouveau chef.

Et sur ces mots, il tourna les talons et sortit sous la neige.

— Tu as fait quoi ? s'écria Fiona.

— Je me suis barré.

C'était la troisième fois qu'il le répétait.

— Oh ! Nie, dit sa mère. Ce... c'était nécessaire, tu penses ?

— Oui, m'man, je t'assure, dit-il. C'était censé être ma chance, pas un moyen de permettre à Deirdre de revenir subrepticement dans ma vie. J'aurais dû m'en douter.

— Foutue gourgandine, marmonna Róisín.

— Owen, dis quelque chose !

Le père de Niall était dans la cuisine et s'occupait de peler les oignons pour le bœuf bourguignon. Niall jeta un coup d'œil dans sa direction, mais il haussa les épaules.

— Tu ne peux pas obliger quelqu'un à faire quelque chose dont il n'a pas envie, Fiona.

— Mais cet endroit était parfait, tu l'as dit toi-même !

— Oui, tant que Niall y trouvait son compte. Et ce n'est pas le cas. Plus maintenant, du moins.

Owen agita un couteau dans la direction de Niall.

— Et maintenant, regarde-le. Il a du talent. Il a de l'expérience. Il peut aller n'importe où.

Pas n'importe où, songea Niall avec amertume. Il ne savait pas trop quoi faire, à présent. Il entendit son téléphone vibrer mais l'ignora une fois de plus. Deirdre n'avait pas arrêté de le bombarder d'appels et de messages. Mais elle ne le ferait pas changer d'avis, jamais.

Niall finit de détailler ses carottes et nettoya son couteau.

— Tout va bien, Róisín ? demanda-t-il. On ne t'entend pas, c'est curieux.

L'amie de la famille était assise sur le canapé, en salopette même pour un 25 décembre, un verre de whisky à la main.

— Fiona m'a expressément demandé de garder mon opinion pour moi.

Niall fronça les sourcils.

— Et depuis quand ça te dissuade de la donner quand même ?

— Ne fais pas ça, dit sa mère.

— Quoi ?

Le regard de Niall courut entre Fiona et Róisín.

— Oh non..., marmonna Owen.

Au même moment, Róisín reposa violemment son verre sur la table basse et se leva.

— Elle comptait te dire oui, grand couillon ! s'écria-t-elle. Voilà, ça commençait à me ronger. Mais si elle a renoncé, c'était pour te laisser partir à Londres. Et Fiona, tu admettras que c'est parti en jus de boudin...

— Tu lui avais promis de tenir ta langue, répliqua la mère de Niall.

Róisín soupira.

— Je t'ai tout dit, alors...

— Ce n'est pas pareil, et tu le sais.

— Tout le monde peut se calmer une seconde ?

Même s'il avait senti son pouls accélérer, Niall préférait ne pas s'emballer. Il avait peut-être mal compris...

— Qu'est-ce que vous racontez, vous deux ?

— Cordelia comptait te dire oui, avoua Róisín. Le jour où cette foutue gourgandine s'est pointée à ta porte. Tu m'entends ? Elle comptait te dire oui.

Niall cligna les yeux. Il avait compris le sens de ses mots mais son cerveau buggait complètement.

— Mais... elle a dit que... qu'elle ne voulait pas de moi.

Le visage de sa mère se figea tandis que Róisín semblait bouillir. Elle répondit :

— C'était du flan, la voilà, la vérité ! Elle savait que tu ne serais pas parti si elle t'avait répondu oui. Elle ne pouvait pas te suivre à Londres. Maintenant, pourquoi teniez-vous tant à vous marier, de nos jours ? Alors là, ça me dépasse, mais peu importe : elle comptait accepter. Et si elle a dit le contraire, c'est parce qu'elle t'aime à la folie.

Les yeux réduits à deux fentes, elle ajouta :

— Depuis des mois, tu restes planté là à croire qu'elle ne voulait pas de toi ? Niall, je te croyais plus malin que ça !

Niall était encore trop abasourdi pour répondre. D'un regard, il chercha l'aide de son père. Celui-ci haussa à nouveau les épaules et répondit :

— Vous n'êtes pas morts, ni toi, ni elle, je te l'ai déjà dit. Il y a toujours de l'espoir.

— Alors vous saviez ? Vous étiez tous au courant de cette histoire ?

Fiona s'empressa de répondre :

— Róisín, seulement. Elle nous a tout expliqué avant qu'on vienne.

— J'ai fait une promesse à Cordelia, précisa l'intéressée. Mais à mon avis je ne rends service à personne en gardant cela pour moi.

— Que... Je ne sais même pas ce que je suis censé faire, avoua Niall.

— Bon sang de bonsoir, Niall, qu'est-ce que tu as dans le crâne ? Monte dans un avion pour New York, enfin. Il ne faut pas tout t'expliquer, si ?

— Je ne peux pas prendre le premier vol pour les States, protesta-t-il.

La perspective était tentante, cela dit...

— Oh ! pardon, tu as des choses plus importantes à faire à Londres ? Aux dernières nouvelles, tu as démissionné.

— Mais... elle n'a pas voulu de moi, dit-il d'un ton sombre.

Avec douleur, il constata qu'il s'était accroché à cette idée de toutes ses forces. Mais à présent qu'il la sentait s'effacer pour laisser place à l'espoir, il refusait de souffrir à nouveau. Róisín parut s'en rendre compte. Elle vint le voir et lui tapota la joue.

— Écoute-moi, mon grand. J'ai vu Cordelia après votre discussion. Je l'ai regardée pleurer sur mes genoux, une vraie fontaine. Elle t'aimait et elle t'aime encore. Je le sens dans mes vieux os. Et cet instinct-là ne me trompe jamais, pas vrai, Fiona ?

La mère de Niall acquiesça.

— Toi aussi, tu l'aimes encore, poursuivit Róisín. Ça se voit comme le nez au milieu de la figure. Tu n'es pas heureux ici. Regarde autour de toi. On croirait l'appartement d'un fantôme. Pas de personnalité, pas de Niall. Tu peux travailler dans n'importe quel pub, mais il n'y a qu'une seule Cordelia. Et tu sais où elle est. Alors va la chercher.

Niall chercha à nouveau le regard de son père. Owen faisait revenir la viande dans une cocotte en fonte.

— Ne compte pas sur moi pour contredire Róisín, le prévint-il.

Niall tourna les yeux vers sa mère. Elle faisait de son mieux pour masquer son sourire.

— Fonce, mon chéri. C'est ce que tu veux, je le vois dans tes yeux.

Niall avait presque le vertige. L'idée de revoir Cordelia gonflait sa poitrine comme un ballon, son cœur était près de s'échapper.

— Je peux ?

C'était d'abord à lui-même qu'il posait la question.

— Je peux aller à New York ?

Elle comptait dire oui.

— Bien sûr que tu peux ! s'exclama Róisín en joignant les mains. Va chercher ton ordinateur. Pendant ce temps, Fiona, remets-nous un petit whisky. Quoi de plus beau que de réserver un voyage le jour de Noël, franchement ?

Peu après, Niall était assis sur le canapé, entouré de de sa mère et Róisín. Face à eux, des sites de compagnies aériennes.

— C'est complètement dingue, dit-il. Je ne sais même pas où elle habite.

— J'ai son adresse, lui glissa sa vieille amie avec un clin d'œil. Vous ne vous parlez peut-être plus, mais je l'ai appelée une ou deux fois. Et Alison a mené sa petite enquête de son côté. Elle a le moral au fond des chaussettes, comme toi. Si je vivais à New York, j'aurais déjà foncé chez elle pour lui remettre les idées en place.

Elle comptait dire oui. À lui. À eux. Niall avait encore du mal à réaliser.

— C'est pas vrai ! dit Fiona. Tous les vols sont complets jusqu'au 31 décembre, on dirait.

— Alors dépêche-toi de réserver, mon garçon, insista Róisín. Ce n'est pas si loin.

— Vas-y, fiston, renchérit Owen en cuisine.

Niall prit son portefeuille. Quelques minutes plus tard, il était l'heureux détenteur d'un billet Londres-New York.

27

Cordelia était plutôt fière d'elle, tout bien considéré.

Elle avait passé le 24 décembre avec Liz, à boire du vin et à regarder des téléfilms de Noël idiots. Le jour J, elle était allée voir son frère et sa famille. C'était sympa de fêter ça avec les enfants. Nikki avait prévu des pyjamas renne pour tout le monde, et Grace ne l'avait pas lâchée de la journée, un vrai pot de colle.

Elle avait voulu s'amuser et elle l'avait fait. Pas question de laisser cette douleur lancinante lui gâcher ce moment, même si elle pensait fort à Niall. La semaine entre Noël et le 31 décembre avait été bizarre, comme hors du temps, comme si elle était tombée dans une faille spatio-temporelle où les jours se confondaient. Mais quand le moment de la grande bascule arriva, Cordela se dit que c'était peut-être l'occasion de sauter le pas et d'être heureuse pour de bon. Une nouvelle année. Comme une page blanche.

Elle avait même accepté de se rendre à la soirée que Liz organisait. Elle détestait ça, en général, mais cette année, faire une exception la tentait. Rester seule chez elle ? Bonjour la déprime. En plus, Liz n'habitait qu'à trois stations de métro de son appart. Parfait pour fuir, en cas de besoin.

*

Cordelia débarqua à 20 heures et faillit faire demi-tour dans la seconde. L'appart était bondé, la musique, assourdissante, et elle ne repérait aucun visage connu. Petit à petit, elle se rappela pourquoi elle fuyait les fêtes à New York. C'était toujours trop – trop de pression pour s'amuser, picoler ou rouler des pelles à quelqu'un à minuit.

— Cordie ! s'exclama Liz, qui semblait avoir déjà bien profité du champagne. Entre, je vais te présenter.

Elle accepta de se laisser trimbaler et présenter aux autres décorateurs d'intérieur avec qui son amie travaillait. Un peu plus loin, Meena lui colla un gin tonic entre les mains.

— Elle s'est lâchée sur la déco, hein ? demanda-t-elle en jetant un coup d'œil alentour.

Liz avait accroché des ballons dorés qui formaient l'inscription BONNE ANNÉE, et tout le monde avait reçu une paire de lunettes fantaisie ainsi qu'une langue de belle-mère en entrant. Des guirlandes pendaient dans les couloirs et une boule à facettes jetait des rayons aux couleurs de l'arc-en-ciel sur les murs et les tapis.

— Comme tu dis, admit Cordelia en avalant la moitié de sa boisson.

Elle fonça aussitôt dans la cuisine pour se resservir. En passant, elle dut contourner un couple qui se roulait des pelles près du four. Les gens n'étaient pas censés attendre minuit ? Un peu de glace pilée au fond de son verre, et elle attrapa la bouteille de gin.

Une heure plus tard, elle ne s'amusait pas plus qu'au moment de son arrivée. Il faisait une chaleur à crever dans l'appart de Liz, et on entendait que dalle. À part Meena, elle ne connaissait pour ainsi dire personne. Les invités dansaient, riaient et s'embrassaient. De son côté, elle avait l'impression de venir d'une autre planète. La tristesse lui tomba dessus d'un coup. Comme si elle n'était pas à sa place ici mais, surtout, comme si elle ne pourrait jamais l'être. Cette joie-là n'était plus pour elle.

Lève-toi, sors et profite de ta journée.

J'ai essayé, papa, songea-t-elle faiblement. Au même moment, un mec la bouscula et renversa sa boisson pile sur son chemisier.

— Oh merde, désolé !

Le mec riait, la fille avec qui il était aussi. *Allez, assez rigolé.*

— Pas de souci, dit-elle en serrant les dents.

Cordelia avait déjà tourné les talons. Le temps de récupérer son manteau, elle sortit dans la nuit froide. Elle décida de rentrer chez elle à pied. Cela lui prendrait une demi-heure, mais c'était mieux que d'attendre le métro au milieu d'une foule de fêtards. À croire qu'elle devenait asociale… Elle écrivit un texto pour s'excuser d'être partie sans dire au revoir.

Comment Niall appelait-il ça, déjà ? Ah, oui. Partir à l'anglaise ou plutôt à l'irlandaise…

Elle rejoignit son appart alors que ses bottines lui faisaient un mal de chien. Elle laissa traîner ses vêtements au fur et à mesure qu'elle se déshabillait. Direction : la salle de bains. Une bonne douche lui ferait du bien.

Et Niall ? Il fait quoi, en ce moment ?

Il fallait qu'elle arrête de penser à ça, mais on aurait dit qu'un petit démon squattait un coin de son esprit et surgissait toutes les cinq minutes pour lui souffler cette question. Niall ? Il pouvait faire ce qui lui chantait, elle n'en avait rien à cirer. Elle avait enfin franchi le pas et envoyé la quasi-intégralité des photos de lui qu'elle avait prises à

Kate. Sa chère éditrice n'aurait qu'à faire le tri. Une fois le livre sorti, elle pourrait tourner la page. C'était peut-être ça qui l'avait retenue jusque-là.

Le robinet d'eau chaude coupé, elle enfila le pyjama renne offert par Nikki. Très confortable. C'était une combinaison tout en pilou, avec une fermeture Éclair qui remontait jusqu'au cou. Oui, elle avait l'air d'un clown, et alors ? Elle s'en fichait aussi d'avoir quitté une fête du 31 décembre pour traîner chez elle toute seule dans un accoutrement ridicule. Elle lança un épisode d'une série documentaire sur les crimes irrésolus, se versa du vin et fit bouillir de l'eau pour se préparer des nouilles chinoises.

Si c'était comme ça qu'elle souhaitait attendre la nouvelle année, libre à elle. C'était aussi bien qu'une soirée à la con. Mieux, même. Parce que, en étant seule dans son appart, elle n'avait pas à faire semblant que tout allait bien.

Une idée lui traversa l'esprit. Elle hésita de longues secondes... puis céda. Quelle importance, au fond ? Elle était déjà dépressive au dernier degré, il ne manquait que la cerise sur le gâteau. Alors en avant.

Cordelia se rendit dans sa chambre et attrapa la bague brin d'herbe sur sa table de nuit. Non, elle ne l'avait toujours pas rangée. Comme une vraie maso, bien atteinte.

Elle la passa à son doigt. L'herbe avait séché mais elle avait vaguement gardé sa forme. Elle la regarda un moment. Que serait sa vie si elle avait été un peu moins égoïste ? Si elle avait dit oui et pas non ?

— Ne sois pas bête, osa-t-elle se dire tout haut.

Sa mère avait raison, le mariage n'était pas la solution. Ce qu'elle voulait, c'était simplement un monde où elle pourrait être avec Niall. C'était tout. Mais « ce qui est fait est fait », comme disait son père. Elle laissa échapper un soupir. C'était la dernière fois qu'elle mettait cette bague.

Il fallait qu'elle s'en débarrasse. Il était temps de passer à autre chose.

Ça veut dire que je peux la garder pour cette nuit, se dit-elle en regagnant la cuisine pour ajouter de la sauce dans ses nouilles. Beau raisonnement tordu...

Alors qu'elle dégustait bruyamment son bol devant sa série, on sonna à la porte. Les sourcils froncés, elle resta à sa place. Dans l'immeuble, quelqu'un organisait peut-être une fête et des invités débiles s'étaient trompés d'étage. De toute façon, elle n'attendait personne.

La sonnette retentit à nouveau. Et si c'était Liz qui essayait de la faire revenir à sa soirée ? Non, Cordelia l'avait trouvée déjà bien éméchée au moment de son départ. Mais son amie pouvait se montrer très persuasive, une fois bourrée.

Ding. Encore !

— J'arrive !

Cordelia fonça ouvrir... et resta scotchée.

Parce que là... devant sa porte... à New York... Il y avait Niall.

— Salut, dit-il tout bas.

Elle le regarda fixement. Il n'avait pas bougé d'un poil. Toujours cette tignasse de cheveux noirs qui lui retombaient sur le front et cette légère ombre de barbe sur sa mâchoire. Ses yeux étaient d'un bleu plus intense que dans son souvenir, comme s'ils s'ingéniaient à lui échapper pour mieux l'attirer. Il avait gardé le même parfum : bois et laine.

Oh ! merde. Elle avait basculé pour de bon. Elle avait carrément des hallucinations.

Niall fronça ses épais sourcils. Ça lui avait tellement manqué.

— Cordelia ?

— Tu es bien réel ?

Il fallait que ça sorte.

Il cligna les yeux puis son petit creux dans la joue apparut en même temps que son sourire. À ce moment, elle crut entendre un *crac* dans sa poitrine.

— Oui, dit-il. Je suis réel.

— Co... comment ça se fait que tu sois là ? demanda-t-elle.

Ses jambes tremblaient, et elle manquait d'air.

Niall haussa les épaules d'un air gêné.

— C'est Róisín. Elle, euh... elle m'a avoué ce que tu lui avais raconté. Quand... quand on s'est séparés. Ne te mets pas en colère, s'il te plaît. Je n'aurais rien su si je n'avais pas quitté mon boulot à Londres. À ce moment-là, elle a estimé qu'elle n'avait plus besoin de tenir sa promesse. Elle a aussi dit que j'étais bête de croire que tu ne voulais plus de moi. Elle avait une idée bien arrêtée sur la question, comme tu peux l'imaginer, mais bref. Elle m'a ordonné de monter dans un avion et de venir t'avouer ce que je ressens. J'ai dû attendre aujourd'hui pour avoir un billet, mais me voici. Il y avait des chances pour que tu sois invitée à une soirée, mais...

La voix de Niall se brisa, et il se dandina d'un pied sur l'autre.

— Est-ce que j'ai tout foiré ? Est-ce que c'est trop tard ? Si tu veux que je parte, je comprendrai.

— Que tu partes ?

Cordelia essayait encore d'assimiler tout ce qu'il venait de dire. Car à l'évidence, elle lui avait manqué, et il voulait la reconquérir, mais elle s'était tellement forcée à ne pas nourrir un tel espoir que son esprit pédalait dans le guacamole.

— Pourquoi je voudrais que tu partes ?

Les joues de Niall se teintèrent de rose.

— Peut-être que tu as un mec en ce moment, que tu es passée à autre chose, ou que...

Soudain, l'émotion qui avait tout fait pour s'échapper du corps de Cordelia parvint enfin à ses fins. Et elle éclata de rire, si fort qu'on aurait pu la croire folle à lier.

— Cord ?

Niall avait l'air inquiet, c'était bien compréhensible. Mais elle ne pouvait pas s'en empêcher. Elle rit jusqu'à ce qu'elle ait mal aux côtes. Puis elle finit par le regarder, là, dans le couloir de son immeuble. Niall était bel et bien chez elle, en chair et en os, et c'était comme si le soleil se levait dans son cœur, comme si le monde avait été repeint en fluo. C'était presque aveuglant.

Cordelia leva la main à laquelle elle portait la bague brin d'herbe. Niall parut profondément remué quand il la vit.

— Je ne suis pas passée à autre chose.

À ces mots, sa voix se brisa. Puis elle reprit :

— Je n'ai pas de mec en ce moment. Il n'y avait que toi, Niall. Pendant tous ces mois, je n'ai jamais réussi à me concentrer plus d'une seconde, je n'ai pas été heureuse, je n'étais plus rien. Je...

Cordelia n'eut même pas la possibilité de finir sa phrase, car en une grande enjambée, Niall avait bondi dans son appart. La porte se referma derrière lui. Il la prit dans ses bras et leurs bouches se trouvèrent. Le cœur de Cordelia battait si fort qu'il aurait pu éclater.

Elle l'embrassa comme un condamné mange son dernier repas. Elle avait faim de lui, de sa bouche avide et pressante. Elle se lova contre lui, les mains accrochées au revers de son manteau, comme si elle avait voulu le déchirer et le réduire en lambeaux, à mains nues. Elle avait envie des courbes du corps de Niall, des muscles de son torse, du creux de ses hanches, des formes arrondies de ses épaules. Elle avait envie de goûter la base de son cou et le creux au bas de son dos. Elle avait envie de le dévorer de la tête aux pieds. Les mains de Niall plongèrent dans ses cheveux tandis qu'elle se bagarrait avec les boutons de son manteau. Elle l'arracha, et on l'entendit tomber par terre.

Elle s'écarta, uniquement pour le contempler, pas encore sûre à 100 % que tout ceci était bien réel.

— Pourquoi tu me regardes comme ça ? demanda-t-il dans un murmure.

Cette voix rauque déclencha des frissons le long de sa colonne vertébrale.

— J'essaie de comprendre si tu es une hallucination.

Niall ricana tout bas. Le bruit résonna jusque entre ses cuisses.

— Je suis bien réel, promis, murmura-t-il. Attends, je vais te le prouver.

Il prit sa bouche délicatement, avec un mélange de patience et de détermination. Il remonta jusqu'à son oreille gauche en déposant plusieurs baisers et en attrapa le lobe entre ses dents. Cordelia laissa échapper un cri. Ce simple geste avait suffi à faire revivre un flot de souvenirs. Il recommença son manège jusqu'à son cou, puis le long de ses omoplates.

— Très joli pyjama, dit-il en jouant avec la fermeture Éclair.

Cordelia avait complètement oublié qu'elle le recevait dans cette tenue ridicule. Elle rougit si fort que ses cheveux faillirent se dresser sur sa tête.

— Oh ! s'exclama en plaquant les mains sur sa bouche.

Loin de se formaliser, Niall grogna :

— J'avais oublié à quel point tu es belle quand tu rougis.

Aussitôt, sa bouche fondit sur elle. Il ouvrit la combinaison jusqu'au milieu de sa poitrine, révélant un grand carré de peau. Il caressa le bas de son sein du bout du pouce. Elle crut manquer d'air.

— Je sens ton cœur, murmura-t-il dans son oreille. On dirait un oiseau qui chante.

— Je veux sentir le tien aussi, susurra-t-elle.

— À tes ordres.

D'un geste fluide, Niall retira son sweat. Il se dressait face à elle torse nu, sa peau d'une blancheur d'ivoire recouverte d'une fine toison noire. C'était trop, il ne pouvait pas s'offrir à elle, impossible. Elle allait fondre par terre comme une flaque ou s'évaporer dans l'air tel un nuage de fumée, *pof*. Ce qu'elle éprouvait était trop immense pour son corps minuscule.

Cordelia posa la main sur son torse et sentit le cœur de Niall battre intensément. Il respirait à grand bruit.

— Tu sais, dit-il, j'avais prévu tout un discours.

— C'est vrai ?

Émerveillée de sentir ces muscles tendus sous sa peau, elle laissa courir ses ongles le long de son ventre, ce qui le fit frissonner. Elle s'agrippa à la ceinture de son jean.

— Oui, dit-il, ça devait être… oh, putain.

Elle venait de glisser la main entre ses cuisses et sentait ce membre dur au bout de ses doigts. C'était plus fort qu'elle. Les discours attendraient.

— J'ai besoin de te toucher, dit-elle. J'ai besoin…

— Moi aussi.

Niall l'arracha du sol, comme lors de leur toute première nuit d'amour.

— Où est ta chambre ?

— Au bout du couloir.

Niall porta Cordelia sans vraiment regarder où il mettait les pieds.

Il ne pensait pas que les choses prendraient cette tournure. Ou du moins, qu'elles iraient aussi vite. Oh ! il ne s'en plaignait pas, loin de là. Il pouvait mourir, là, maintenant, cela ne le dérangerait pas. Après l'avoir reposée délicatement, il baissa la fermeture Éclair de son pyjama renne aussi ridicule qu'adorable, jusqu'au bout. Elle était complètement nue en dessous. Il grogna à nouveau. Son sexe était tendu à se rompre et elle l'attrapa entre ses mains tandis que la tenue tombait par terre.

Niall la fit s'allonger sur le lit. Cordelia était magnifique, avec cette peau satinée et ses cheveux qui s'étalaient en éventail autour de son visage. Il s'agenouilla, le nez à la hauteur de ses genoux, et embrassa la peau douce à l'intérieur de sa cuisse. Il la sentit frémir sous ses doigts, jusqu'à ce que sa bouche atteigne son sexe. La vache, elle était déjà humide. Avec la langue, il traça lentement une longue ligne qui lui fit pousser un cri étranglé. Pas le temps pour le jeu, pas le temps pour la timidité. Derrière ce cri, il y avait un désir dévorant, à l'état pur.

Il la lâcha le temps de se débarrasser de ses vêtements puis grimpa la rejoindre sur le lit, tout en caressant son sein. Cordelia glissa une main entre ses jambes, attrapa son membre viril d'un geste assuré et grogna lorsqu'elle glissa une jambe autour de lui pour se positionner.

— J'ai envie de te sentir en moi, dit-elle.

Comment ne pas lui obéir ?

Il agrippa ses fesses d'une main, il enroula l'autre autour de son cou pour qu'ils se retrouvent tous les deux sur le côté et face à face lorsqu'il la pénétra. Lorsqu'elle se donna à lui, Niall crut manquer d'air : il était comme consumé par elle. Il picora ses lèvres, ses pommettes, sa mâchoire. Une chaleur grandissait en elle, une chaleur qui l'appelait, presque en le suppliant. Il enfonça son sexe pour la satisfaire.

— Niall, gémit-elle.

Alors la maîtrise dont il avait fait preuve s'écroula. Il la prit avec force et vigueur, mais cela ne suffisait pas. Elle réclamait encore plus lorsqu'il la retourna sur le dos. Elle se tortilla sous son corps, les mains griffant sa peau.

Niall explosa comme une digue cède face à l'océan, il sentit les ongles de Cordelia se planter en lui quand elle jouit à son tour. Tout lui sembla si loin, comme s'il était aspiré dans un tourbillon où plus rien n'existait hormis cette femme, l'odeur de sa peau, la douceur de ses cheveux, l'endroit chaud, sombre et vibrant où ils n'avaient plus formé qu'un.

Il laissa échapper un dernier soupir tremblant puis s'immobilisa, la tête sur l'oreiller à côté d'elle, la forme chaude de son corps sous le sien. Leurs cœurs battaient l'un contre l'autre, à tout rompre. L'haleine de Cordelia posait un mince voile sur son épaule.

— Niall, finit-elle par croasser. Je crois que tu m'écrases.

— Oh ! merde ! s'exclama-t-il en se relevant d'un bond.

— Non, reviens, réclama-t-elle aussitôt en tendant les bras vers lui.

— Je suis là, dit-il en la berçant contre lui.

Cordelia enroula ses jambes autour des siennes, comme si elle avait peur qu'il puisse lui échapper. Les lumières claires de la ville entraient par la fenêtre. Elle pencha la tête pour mieux l'observer, en caressant les contours de sa mâchoire du bout des doigts.

— J'aurais dû me raser, dit Niall. Mais je suis venu directement de l'aéroport.

— Tu es venu jusqu'ici, murmura-t-elle. Pour moi.

— Oui.

Et il l'embrassa tendrement.

— J'étais tellement certaine que tu adorais la vie londonienne.

Cordelia se releva si brusquement qu'il sursauta.

— Attends… et le restaurant ? Que s'est-il passé ?

— Ne parlons pas de ça maintenant, répondit-il en l'attirant contre lui. Disons que ce n'était pas comme je l'avais imaginé, alors je me suis barré. Je te raconterai toute l'histoire, mais… un peu plus tard. Je veux profiter d'être là. Avec toi.

Niall plongea le visage dans ses cheveux et s'enivra de leur parfum de pin maritime et de bergamote.

— Je n'aurais jamais cru revivre ça un jour. Te tenir entre mes bras. Bon sang, j'ai eu peur de ne jamais revoir ton visage.

Cordelia resta muette de longues secondes. Puis il sentit une goutte glisser le long de son omoplate.

— Cordelia, tu pleures ?

Elle se releva à nouveau, des larmes dans les yeux.

— Je n'aurais jamais dû te dire des choses pareilles, bafouilla-t-elle. Je suis désolée, Niall. Je n'en pensais pas un mot, je voulais ce qui était le mieux pour toi, c'est tout. Je…

— Hé.

Niall se redressa et attrapa son visage entre ses mains.

— Ne t'inquiète pas, je comprends. Heureusement que Róisín était là. Je ne sais pas comment elle a fait pour tenir sa langue pendant ces longs mois.

Avec un petit rire, il ajouta :

— C'est la première fois qu'elle garde un secret de toute sa vie.

Cordelia rit aussi.

— Elle me manque.

— C'est réciproque. Mais elle est ravie d'être dans ton livre.

Même dans la pénombre, Niall sentait l'intensité du feu qui empourprait ses joues.

— Tu es au courant ?

— Bien sûr.

Avec un grognement, Cordelia se laissa retomber sur le lit, les mains sur les yeux.

— Tu sais, mon éditrice m'a tannée pendant des semaines pour avoir d'autres photos de toi. « Les femmes adorent Niall », elle n'arrêtait pas me répéter ça. Pff, j'étais bien placée pour le savoir.

Elle le regarda à travers ses doigts déployés en éventail.

— Et te voilà. Nu dans mon lit. C'est... ce n'est pas un rêve, tu es sûr ? J'ai des rêves qui paraissent très réels, tu sais.

Niall se pencha pour l'embrasser.

— Ce n'est pas un rêve, promis. Quand tu te réveilleras, je serai là. Et je serai encore là tant que tu voudras de moi.

— Pour toujours, dit-elle dans un souffle.

Il prit la main de Cordelia, celle qui portait le brin d'herbe dont il avait fait une bague, des mois plus tôt – il pendait mollement à son doigt. Il posa les lèvres dessus et lui sourit.

— Tant mieux. Parce que moi aussi, je veux être avec toi pour toujours.

ÉPILOGUE

Ce fut la clarté grise qui entrait par les fenêtres qui réveilla Cordelia.

Au début, elle crut qu'elle était de retour à Inishmore. À cause de la lumière, bien sûr, mais surtout à cause de l'homme qui ronflait tout bas à côté d'elle. Et puis les contours de ce qui l'entouraient se précisèrent. Ce n'était pas Inishmore. C'était New York.

Et Niall était là.

Elle pivota pour l'observer. Il avait les cheveux en bataille, les yeux clos. La perfection incarnée. Elle avait encore du mal à croire qu'il était bien réel, qu'il avait fait tout ce trajet. Rien que pour elle.

Niall ouvrit un œil, comme une aigue-marine dans son écrin.

— Tu me regardes dormir ?

— Oui.

Il ouvrit l'autre œil.

— C'est un peu glauque, tu sais.

— Je t'avais dit que j'étais un peu chelou, répondit-elle en souriant.

Il tenait la main pour la recoiffer.

— À quoi tu penses ?

— Je t'aime, dit-elle.

Du bout du pouce, il suivit la courbe de sa lèvre.

— Moi aussi, je t'aime.

Cordelia se lova dans le creux de son épaule, la tête sous son menton.

— On fait quoi, maintenant ? demanda-t-elle.

— Petit déj' ? Ce serait un bon point de départ.

Elle leva les yeux au ciel.

— Sois un peu sérieux... tu restes combien de temps ?

Elle sentit son cœur accélérer. Puis, dans un murmure, Niall répondit :

— Cordie, je ne vais nulle part.

Elle crut que son sang se glaçait.

— Co... comment ça ?

— Je suis parfaitement bien ici, où veux-tu que j'aille ?

Elle sourit contre son torse musclé.

— C'est vrai ?

— J'ai toujours rêvé de vivre à New York.

— N'importe quoi.

— Bon, OK, j'avoue, ça n'a jamais été mon rêve.

Cordelia se recula pour mieux observer le visage de Niall.

— Tu plaisantes ? Comment on va faire ? On est de retour à la case départ, et je ne suis pas sûre que le mariage...

— Chhh, la coupa-t-il. Pas de précipitation. Tu as raison, pas besoin de brûler les étapes. Mais il y a forcément une autre solution. J'ai trois mois pour la trouver. Et si ce n'est pas le cas, je repars en Irlande une semaine et *hop* je reviens ici juste après. Je vais trouver, Cordelia. Être séparé de toi n'est pas une option.

La réalité commençait à se dessiner. Cordelia se sentit si légère qu'elle aurait pu se détacher du lit et flotter jusqu'au plafond. Elle sauta pour se mettre à genoux, les mains à plat sur le torse de Niall.

— Oh ! Niall !

Elle se pencha pour l'embrasser puis se releva. Il éclata de rire.

— On va bruncher ? C'est très new-yorkais. Le brunch du nouvel an. On pourrait y aller avec Liz ! Si sa gueule de bois le lui permet. Oh ! là, là, elle va halluciner en te voyant.

Niall riait encore lorsqu'il ramassa ses vêtements par terre.

— Ça ne te dérange pas que je reste chez toi, alors ? Comme je n'ai aucun point de chute...

— Tu rigoles ? Tu n'iras nulle part ailleurs. C'est... c'est... Ahhhh !

Cordelia se jeta au cou de Niall pour l'embrasser à nouveau.

— On va trouver une solution, fais-moi confiance. Avec un peu de chance, Meena connaît quelqu'un, c'est sûr. Ou alors...

Niall regardait son portefeuille, la mine froncée.

— Quoi ? demanda-t-elle.

— Je crois... que je viens d'avoir une idée.

Lentement, il leva une carte de visite au nom de Will Kincaid.

— C'est qui ?

— Je t'expliquerai pendant le brunch, dit-il en la détaillant sous toutes les coutures.

Puis ils s'écroulèrent à nouveau sur le lit.

Cordelia sentit les cicatrices et les déchirures du passé guérir sous les doigts de Niall et la caresse de son souffle sur sa joue.

Tout était enfin rentré dans l'ordre.

Et, dans les yeux de Niall, elle était à sa place.

Remerciements

J'ai écrit ce roman au plus fort de la pandémie, alors que je traversais une très mauvaise passe – j'étais loin d'être la seule. Le voir prendre forme m'a apporté une joie, un espoir et un réconfort immenses, mais je n'aurais jamais cru qu'il serait publié. Comme vous vous en doutez, je suis absolument enchantée que mon ancienne bouée de sauvetage soit devenue un livre, un vrai, et qu'il soit parti à la découverte du vaste monde. J'espère qu'il aura su vous procurer joie et réconfort à vous aussi, chères lectrices et chers lecteurs.

Comme on n'écrit jamais les livres du haut d'une tour d'ivoire, je tiens à remercier ici les nombreuses personnes qui m'ont aidée à faire naître l'histoire de Niall et Cordelia. À commencer par Jess Verdi, la meilleure éditrice qu'une autrice ou un auteur puisse souhaiter. Merci pour ton soutien de tous les instants, pour tes conseils avisés et la patience avec laquelle tu as répondu aux mille et une questions dont je te bombardais pour que ce livre soit juste et parfait, dans les limites de ce qui est humainement possible. Tu es la meilleure et je t'adore.

Un immense merci à toute l'équipe d'Alcove Press, qui m'édite aux États-Unis : Thai Fantauzzi-Pérez et Rebecca Nelson, le duo de choc du service fabrication ; Dulce Botello et Mikaela Bender, du service commercial ; Megan Matti et Stephanie Manova, qui ont permis à ce livre de traverser les frontières (c'est grâce à elle que vous le lisez en France) ; Laura Apperson et Matt Martz. Merci aussi à Ana Hard pour l'incroyable couverture de la VO ! Je n'aurais pas pu espérer de plus beaux atours pour ce roman.

Charlie Olsen, ma formidable agente, merci de m'avoir accompagnée sans relâche tout au long de ces dures années

Covid. C'est un vrai cadeau de t'avoir à mes côtés, quoi qu'il arrive.

Marlies Hartmann, merci beaucoup d'avoir pris le temps de me faire profiter de tes connaissances encyclopédiques en matière de photographie. Ton aide précieuse m'a permis de cerner le point de vue de Cordelia. C'était un privilège d'apprendre toutes ces choses grâce à toi. Londres mérite aussi que je lui rende hommage !

Caela Carter, je ne peux rien écrire sans ton regard avisé. Merci de m'avoir constamment encouragée alors que mon syndrome de l'imposteur me donnait du fil à retordre.

Pep Funcia, *mi Pepito abejito*, tu as fait entrer tant de joie dans ma vie, je ne sais même pas par où commencer pour te remercier. Merci pour ton soutien inconditionnel, pour ta façon de me faire rire et ton conseil imparable quand je me torture le cerveau (« *¡ Relaja la raja !* »). J'ai une chance incroyable de te connaître et de passer du temps avec toi chaque jour. Je t'aime, *corazón*.

Ali Imperato, que serait ce livre sans toi ? Dès le tout début, tu m'as demandé à lire des pages et tu m'as permis d'avancer. Grâce à toi, j'ai cru que rien n'était impossible. Et je ne serais jamais allée au bout de cette histoire si tu ne m'avais pas remonté le moral. Merci d'être la meilleure amie du monde.

À tous mes autres amis, les formidables Corey Ann Haydu, Alyson Gerber, Matt Kelly, Erica Henegen, Melissa Kavonic, Jared Wilder, Michelle Zink, Carissa Normil, Audrey Meihak, Lindsay Ribar, Sadie Roberts et Heather Demetrios, merci pour votre soutien de tous les instants. Vous avez été mon rempart quand il m'arrivait de craquer.

Un grand, un très grand merci à ma famille – à ma mère et mon père qui m'ont toujours encouragée à suivre mes rêves, mais aussi à Ben, Leah, Otto et Bea, pour leur présence, leurs encouragements et les câlins de groupe. Je vous aime et je ne ferais rien sans vous.

Merci aussi à Faetra. Tu me manques tous les jours.

Édité par HarperCollins France

Composition et mise en pages
Nord Compo à Villeneuve-d'Ascq

Achevé d'imprimer en juillet 2024.

FIRMIN-DIDOT

à Mesnil-sur-l'Estrée (Eure)

Dépôt légal : août 2024.

Pour limiter l'empreinte environnementale de ses livres, HarperCollins France s'engage à n'utiliser que du papier fabriqué à partir de bois provenant de forêts gérées durablement et de manière responsable.

Imprimé en France